王旭 ◎ 著

崔如琢 评传

你要知道的一位中国画家

中国社会科学出版社

图书在版编目(CIP)数据

你要知道的一位中国画家:崔如琢评传/王旭著. —北京:中国社会
科学出版社,2022.3(2022.6重印)
ISBN 978 - 7 - 5203 - 9836 - 7

Ⅰ.①你⋯ Ⅱ.①王⋯ Ⅲ.①崔如琢—评传 Ⅳ.①K825.72

中国版本图书馆 CIP 数据核字(2022)第 037798 号

出　版　人	赵剑英
责任编辑	郭晓鸿
特约编辑	杜若佳
责任校对	师敏革
责任印制	戴　宽

出　　版	中国社会科学出版社
社　　址	北京鼓楼西大街甲 158 号
邮　　编	100720
网　　址	http://www.csspw.cn
发 行 部	010 - 84083685
门 市 部	010 - 84029450
经　　销	新华书店及其他书店

印刷装订	北京君升印刷有限公司
版　　次	2022 年 3 月第 1 版
印　　次	2022 年 6 月第 2 次印刷

开　　本	710×1000　1/16
印　　张	17.5
字　　数	255 千字
定　　价	138.00 元

本书作者与崔如琢先生合影

序　言

　　突然接到青年学者王旭的邀请，让我给他的新书作个序，欣然答应后才知道这本书是写的关于我的评传。历史上引领文学艺术、哲学思想思潮的先贤太多了，作为一名当代之画家，我何德何能，值得去大书特书？

　　王旭是我培养了18年的学生，年轻人做件事不易，《崔如琢评传》一书是他的学术研究成果，应当鼓励。他克服了许多困难，花了四年时间才写完。我问他为什么要花几年时间去研究一位当代画家，而不去研究历史名家？他说，第一，他了解我，写我只是他给其他人写评传的一个尝试，想积累些经验。第二，目的是为了正本清源，引领当代绘画健康发展。这听上去是一个理由，即便冠冕堂堂，也算合理。事实上，我一直强调学生要学历史，不该学老师。做学术也是，宁做历史文化的守护者，莫做老师的影子。郑板桥在其印章里有一句话："青藤门下走狗"，齐白石则有诗曰："青藤雪个远凡胎，缶老衰年别有才。我愿九泉为走狗，三家门下转轮来。"由此可见，借古比泥今或者袭一家之面目、承一家之学说更为博大。学生拘于老师之学的结果是，艺术陈陈相因，毫无生机，一代不如一代。所以，我希望我的学生王旭能引以为戒！

　　至于王旭对我的评价，每个人心里有一杆秤，不做赘述。意外的是，我看了书稿，尤是以文化思想、社会发展史的角度旁通艺术史，解答艺术史上的具体问题，其观点新颖，论据充分，可以说，这本书在书写方面，给绘画史论研究提供了新思路、新方法。我了解王旭，在我的指导下，他有过 14 年闭关的传统文化研究经历，对哲学思想史、文学史、绘画史、社会变革史掌握得较为纯熟，这体现在他的字里行间。

给画家写评传，看似简单，实则不易，可借鉴的成熟模本少之又少。毕竟，画家在文化史中的地位比较边缘化。回望历史，一部绘画史恰是一部苦难史，是苦难造就了绘画的辉煌。王旭在写该书的时候，着重阐述了这个问题，我看到徐渭、石涛、八大山人、"扬州八怪"、任伯年、吴昌硕、齐白石、黄宾虹、潘天寿、傅抱石、徐悲鸿、蒋兆和等以及我的两位恩师李苦禅、秦仲文先生的艺术经历时，不禁落泪，深感前辈们的曲折与担当。他们要么从乡村走向城市，稳固了传统文化的根基，要么在家国变故时用文艺上达民族血脉、民族理想，直观地反映了社会变革的主流思想，并在民众心理上建立了一个伊甸园式的情感托靠。除此，中华人民共和国成立后，涌现出的一批优秀的画家如黄胄、石鲁、周思聪等秉承艺术为人民服务、为国家建设服务的宗旨，将绘画与现实结合，想国家和人民之所想，将绘画的实用功能发挥到最大，从而使绘画真正意义上与文学并肩，起到实用的宣传、说教功效。至此，画家的社会作用真正显现。

我是在历史滋养中成长起来的画家，不敢说自己的艺术成就如何，也不敢说自己给社会做过多少贡献，但优秀的历史文化给予了我一颗为国家、为人民、为民族鞠躬尽瘁的心，人的价值在于担当，我希望，在有生之年能将我的光和热发挥至最大，即便微不足道，但初心不变。

在传统文化伟大复兴的时代，我有一个梦想，可能在别人眼里是笑话或者梦话：那就是从我做起，让传统文化正本清源，继往开来。让传统文化走向世界，让世界感受到不一样的中国文化，不一样的民族智慧！

此书难免偏颇，希望方家多批评指教！

目

录

第一章　家庭背景及百年学术思想变迁

第一节　从崔如琢的祖父、父亲处探究
　　　　当时的社会心理

近代文化转型，带给当代的影响是宗族意识、家庭观念被当作旧文化消除，族谱退出了历史舞台。这意味着在新的历史境遇中，人们的内心境界、思想意识和行为规范都要重新建立。确切地说，固有社会中密不透风、坚不可摧的亲情、师生、朋友关系被斩断，致使今天我们对家族史的追溯仅凭记忆或口口相传，很少有人能了解其祖父之前的事情。因此，我在写崔如琢的家族背景时，只能从其祖父处写起。

祖父崔得胜

崔如琢先生的祖父名叫崔得胜，生于 1860 年，属猴，习武，相传是晚清山海关副总兵，享年 97 岁[①]。

"得胜"二字，读起来简单顺口又好记，但在晚清，却是愤怒、焦虑、迫切的民族情绪。在清朝的八旗军、绿营军打不了仗，逢战必输时，每一位接受过传统教育的知识分子，身怀"国家有难、匹夫有责"的儒学担当，时刻准备着为国家和民族牺牲自己。我想，崔得胜的父母

---

① 见柯文辉主编《崔如琢》，河北教育出版社 2010 年版。

也属于这样的人，要不怎么会给孩子取名"得胜"呢？

崔得胜出生的这一年，中国匪患成灾，社会治安主要由家族式的武装组织团练维持，家族长老起着领导、组织作用。他们有资产、有文化、有道德、有威望，对经典感知透彻，忠贞不二，视死如归。在税收、公路、水利建设、教育、慈善、平乱方面起了非常大的作用。若没有他们，清朝的命运或许在1860年之前结束。而1860年，西学虽没有完全普及，但也算流行，洋人、传教士、信徒飞扬跋扈，享受治外法权（外国人在中国境内不受中国本地法律约束的非法特权），太平军、捻军、秘密社会等异常活跃，晚清政府疲于应付。《剑桥中国史》① 中有一句评价当时广西的话："无处不山，无山不洞，无洞不匪。"

这还不算什么，更为严重的是，第二次鸦片战争清政府战败，象征国家无上权威、尊贵、繁荣的皇家园林圆明园被列强放火烧得支离破碎，清朝政府被迫分别与英、法、俄等国签订了《北京条约》（签订时间：1860年10月24日—11月14日），致使鸦片贸易合法化，外国人之治外法权在全中国实现了，换一句话说，中国半殖民化程度进一步加深了。

得胜，难！老百姓多文盲，因衣食问题自顾不暇，对国事漠不关心。社会精英、军事将领焦躁不安，一时半会儿找不出救国、救世之良方，拥有的只是一颗忠肝义胆的心，期待有朝一日赴死沙场。1894年甲午海战，诸多将士宁死不降、舍身成仁的事迹就能说明这个问题。②

"自强""以夷制夷""中体西用"（三者为洋务运动指导思想）是崔得胜童年、中年时期体验过的时代新生词，曾国藩、李鸿章、张之洞是这代人所熟知的大人物。在此大背景下，崔得胜接受的教育尽管传统，但也受到一些西化。

得胜老人早年所读的书是科考规定书目，以儒家论理（包含伦理）为主，为学力求致用（清初朴学、乾嘉学派观点，后愈演愈烈）换言之，

---

① 《剑桥中国史》，中国社会科学出版社1992年版。
② 见萧公权《中国乡村：19世纪的帝国控制》，九州出版社2018年版；〔美〕费正清著，刘广京编《剑桥中国晚清史》，中国社会科学出版社2007年版。

就是为了考取功名。他18岁走上仕途，但何时、何地、因何做到了山海关副总兵一职，尚待考证。不过，可以肯定，他是一位早年得志、才华横溢、有抱负有理想之人。过去，知识分子可以捐官，但所捐官位只是虚名，像他这样有实权的职位，只能凭借实干才能得来。晚清，不经过科考而以推荐、务实出来的人才虽然说不上很多，但也不少，康有为、袁世凯就是例子，想必，崔老也有这方面的情况。

做山海关的副总兵须智勇双全，内外处理得当。慈禧垂帘，弱国无外交，西方列强动辄用武力威胁炮轰天津、占领北京。而山海关这支属于汉人统领的绿营军，在装备、战力、军纪、后勤、训练、保障十分有限的情况下充当守卫北京门户的重要武装力量，可想而知，其地位十分尴尬。遇到紧急情况，打不能打，不打又不行，因为老佛爷朝令夕改，没有主见，官兵战战兢兢，无所适从。作为一军二把手，崔副总兵面临的难题不是冲锋陷阵，而是筹备军费。自从有了颐和园，慈禧将所有的军费几乎都用于此，使得每一位将领不得不充当化缘的角色，为了粮饷四处忙碌。因此，从某种意义上来说，清军是一个家长式的组织，"养家糊口"的责任全落在长官身上。

崔副总兵赶上了晚清军事向现代化转变的阶段，请外国教官、走正步、立正、稍息、绑腿、喊口号、挎洋枪、操作大炮等新式军事操练科目被视为"以夷制夷"的最快捷径，而他入伍时擅长的骑马射箭、耍棍弄枪、游泳凿船之古典技能，正在成为过去，只能当作情怀，用在平时和告老还乡后的强身健体上。据崔如琢回忆，其祖父崔得胜晚年还能做踢腿等武术动作。

可是，清军学习西方，心有余力不足，表面而已。请专家、请教官、买装备对于长官来说，困难不少，这个问题谁也解决不好。那个年代，学习西方的过程只是运动式的照搬，缺乏思想指导，不能合而为一，洋为中用只是个口号。况且，由于时代局限，中西文化之碰撞无可避免，对传统的无法割舍，对西化的满心抗拒，造就了自强之"中体西用"（冯桂芬提出）的悲剧。崔得胜晚年还穿中式服装，戴毡帽，穿圆口布鞋，读书赋诗，谈古论今，完全是民族文化气质。

崔得胜妻子的姓氏暂时还不清楚，遗留事迹颇少。据崔如琢说："祖母是大家闺秀，比爷爷小八岁，念过私塾。1966年前家里有一张老人家的照片，穿旗袍，戴金表，装束讲究，不裹脚。可惜这张照片在1966年后被烧毁了。"

古代妇女一般在幼儿时期开始裹脚，有全裹、半裹两种。清朝除了满族女子被禁止裹脚外，其他民族妇女皆视此为本分，到20世纪末，城镇、乡村里还能见到三寸金莲的女性老人。康有为、梁启超曾经为此呐喊过，但当时，社会上对妇女裹脚这件事并不在意。崔夫人生于1868年，按理说，四五岁时应该裹脚，但她的家长并没有这样做，只能这么说，其家庭接触海外舶来的信息较广，思想较一般家庭开化一些。有可能，她的父亲常游走于开放口岸等中西商业贸易较为发达的地方，换句话说，其父亲不是商人也是有一定权力的人。

晚清读书妇女十分稀少，仅限于民族资本家、高官、知识分子等权贵家庭的孩子，普通人条件有限，没有受教育的机会。尤其在1875年前后崔夫人读私塾时，土地、粮食问题已经成为国家稳定的头等民生大事，一切内乱皆生于此，读书对老百姓来说，遥远而不切合实际。

金表俗称怀表，民间尚有留存，拍卖行常见，目前的市场价格几万元、几十万元甚至百万元不等。19世纪末20世纪初，大户人家佩戴金表，是对身份的认可与象征。像崔夫人这样的贵族妇女，其佩戴的金表一般外壳镶嵌钻石，并有掐丝珐琅彩绘图案，表盘是白珐琅，有三根滴滴答答的走针。这是西方国家专门为中国高端客户量身定制的外贸奢侈品。由此可见，崔夫人出身不凡，非富即贵。不裹脚，读过书，戴金表，这三项就已经透露了她的成长环境十分优越。

父亲崔墨林

进入20世纪，文化转型较为激进，在西学输入的大背景下，经济贸易和殖民入侵带给中国在教育、铁路、通信、邮政、宪政、军事等方面一系列的变革，可谓荣辱与共。在列强的"胡萝卜加大棒"政策（与传统中国的羁縻政策相对应）与不平等条约下，人们开始认识到社会发展遵循弱肉强食、野蛮淘汰的"达尔文进化论法则"①。崔墨林是在这个乱世的高峰期呱呱坠地的。

崔墨林即崔如琢的父亲，生于 1900 年，兄弟中排行老三，性直、寡言、重理、豁达、轻财。他是实业家、民族资本家，中华人民共和国成立前践行"实业救国"，经营汽车制配、面粉生意。妻子张淑贞，小他八岁，地道老北京人，在家行五，幼年读过书，能识字作文。夫妻二人于 1920 年在北京新街口购置了一处大院，房屋达百间，中华人民共和国成立初期被没收充公，分配给群众，如今里面还住着近 100 户居民。墨林先生刚降生时，山东拳民进京，京城治安极差，反洋情绪由极端走向暴力，凡是用洋货、信洋教、与洋人接触过的人都被称为"毛子"，与洋人待遇一样，会遭到杀身之祸。确切地说，义和团进京对新式知识分子、官僚、资本家极为不利，可这一回，崔家因是军事将领家庭，躲过一劫。义和团进京，慈禧盲目地向八国宣战，导致了 1901 年《辛丑条约》产生，标志着晚清政权即将崩盘，中国领土、铁路、矿产、海洋等资源正式被疯狂瓜分。

崔墨林受教育时期。自 1905 年起，新式教育在北京开始普及，物理、数学、化学以及形形色色、琳琅满目的革命启蒙书籍和外国翻译读本在书摊上随处可见。日本留学生陈天华的《警世钟》《猛回头》，邹容的《革命军》，用极具忧患、迫切、惶恐的醒世言辞来唤醒世人抵抗洋人、推翻满清、保国保种的救亡意识。墨林先生即是在这种环境里初受启蒙教育，青年时又在北京的新式书院、学堂里接受着新鲜奇特的新学洗礼。机械制造原理、大型车间设备维修是必修课，为其以后的事业打下了坚实基础。

---

① ［英］赫胥黎《进化与伦理》，严复翻译为《天演论》。

他是在新文化（西学、新学）里成长起来的民族资本家①，一生接受的全是一个"新"字，这其中有他对政治、国家、民族的理解。尤其在1915年新文化运动开始，一个尚处治学期的十几岁孩子，容易被外界感染。那些为革命献身的青年才俊、外交家、实业家、文学家、诗人、思想家都是他所崇拜的人，可他唯独对绘画不感兴趣，因为，特殊时代造就了其特别心理。邹容、陈天华、陈独秀、胡适是拒斥固有价值、固有文化之先锋，而传统绘画正是这种价值和文化之一，所以才不受重视。我向崔如琢求证过："父亲对您走绘画这条路支持吗？"他答："不支持，他觉得画画没出息！"

尝试建立新思想、新道德、新社会、新秩序是20世纪初的时代特征。到底"新"到何等程度？总统制、内阁制是新生的，矿产、制造、铁路、通信、邮政、军事、诗歌、小说、杂文等无一不新，尤其是家境较好、有能力出国留学的年轻人，其"新"更彻底。对于本土培育的像崔墨林这样的本土年轻人，在行为上即便追求合乎时代之理，但其在内涵上稳重沉郁，耳目口鼻、视听言动之功近乎中庸。不过，新时代里，邹容、陈天华、吴樾、黄花岗七十二烈士等前辈视死如归、不计得失、冲锋陷阵的牺牲精神，影响他很深坦荡磊落，在危难时敢于较真，这就是崔墨林的优点。

墨老的一生是中国历史最危难、最艰难的时期。1900—1978年，中国在曲折中百折不挠地进行着现代化建设。这78年，新旧知识、财产福祸相依。他20岁购置了新街口大院，意味着事业旺盛，飞黄腾达。不可回避的是，这时社会各个阶层之间的矛盾开始激化，佃农、雇工由19世纪末针对政府关于地租、工钱的基本生存诉求，转向了对雇主的政治斗争，愈演愈烈。所以，如何在紧张的环境里逆向发展，考验的是崔墨林的智慧。

幸运的是，中华人民共和国成立前，他与雇工之间的劳资纠纷从未

---

① 见柯文辉主编《崔如琢》，河北教育出版社2010年版。

出现过，自家的汽车制配厂、面粉厂的工人都勤勤恳恳、一丝不苟地劳作并能与其和谐相处。不幸的是，20 世纪初的商人，担负的税收压力超乎寻常，军阀统治下的混乱社会，商人就是案板上的肉，任人宰割。1945 年日本投降后，崔家除了有新街口大院，在财富积累上与 1937 年前的鼎盛时期相比已有天壤之别。

从 1920 年崔家的商业王国最鼎盛到 20 世纪 40 年代末彻底坍塌，近 30 年里崔墨林目睹的是战乱、政权更替、百姓水深火热、经济萧条、通货膨胀以及各种政治运动。

道家有云："得之坦然，失之淡然。争其必然，顺其自然。"[1] 1978 年，崔墨林走完了人生的最后一段历程。此时崔如琢 34 岁，已在画坛崭露头角。

第二节　名字的由来及学术考证

中国几千年的哲学，一直将高古与圣贤气质看成学问的理想境界。用儒家的标准来说，富有神话色彩的历史人物尧、舜、禹以及西周的周文王才是这样的人。历史上，儒家、道家或者后来不成主流的其他诸家（纵横家、杂家、墨家、名家、法家、阴阳家、农家、小说家），虽在论理（知）、实践（行）上有差异，但对上述几位有超凡境界、能力的真人（至人，德行兼备之人）是肯定的。所以，传世儒家典籍里，所谓的圣贤君子、天人合一的道德化身，都在三代时期（夏、商、周）。自"六经"（《诗》《书》《易》《礼》《春秋》《乐》）问世以来，中华民族从史前到清末，政治礼仪制度、社会行为规范、文化发展理论都以此为源泉、为依据。截至目前，中国人的是非之心、道德修炼、行为规范以及文学艺术创作，同样受到了其影响。尤其是《诗经》《易经》所带来的影响。正如崔先生的名字"如琢"二字出自《诗经》："有匪君

---

[1]　出自《道德经》。

子，如切如磋，如琢如磨。"

这是崔如琢的父亲在国族危难、感时忧国时给他起的名字，希望孩子在世衰道危之际，保持高尚的德行、自由的心性、纯粹的人格。一言以蔽之，"如琢"即君子之道。

君子本是历史的、文学的、哲学的统一体。到晚清康有为主张的"新今文经学"（东汉隶书记载的典籍）时，这种含义更丰富，有素王、无冕之王的意思，直接与儒学之开山人物孔子联系在一起。可见，崔先生的父亲虽谈不上是文人，但在新学异常风靡时，对传统的留恋，可见一斑。此种情况可以小观大，能探视当时社会精英、文人墨客之心理。

康有为重提西汉以董仲舒为代表的新今文经学，意味着《诗经》《春秋》《书经》《易经》《礼经》在译注、讲义方面与传统意义上的儒学古文典籍会有不同。就是说，孔子在"六经"中的角色不是"述而不作"①的继承者、口述者，而是原创者。这样做的目的，从学术思想的角度，孔子无疑是独一无二儒学典籍的创立者、道德的至高者，其崇高性凌驾于君权。康有为之所以要把西汉之今文经再次搬出来，一方面是对以古文经为主的主流儒学在政治、学术、道德、生活等方面从实用性角度提出质疑，这种因国族危机引起的对中国人崇尚的哲学主体的疑虑，自魏源、龚自珍时就有；另一方面，新今文经的重提，是哲学从玄化向质实②转化。康有为试图将董仲舒的阴阳五行学说与西方的自然科学合为一体，遗憾的是，与时代不符的西汉谶纬学与近代康有为崇尚的一些外来宗教学说，让儒学从学术派别摇身一变成为儒教，多少有些离经叛道。

人非圣贤，孰能无过？康有为所做的不是为一己私利，是为重塑国民的道德、精神而努力。晚清以来，自"国民"③一词完全现代性后，国家精神、学术精神、民族精神到底是什么？一直成为中国在现代化道

---

① 《论语·述而》："述而不作，信而好古，窃比于我老彭。"
② 宋末元初张炎《词源》："此清空、质实之说。"
③ 《左传·昭公十三年》："先神命之，国民信之。"

路上的头等哲学、思想难题。

康有为之学术思想给了我们这样的启示，近代人在格理上，在寻求救国救世之真理上，本质上还是寻根溯源，用了中国式的方法。《诗经》《春秋》《易经》在近代文化现代化的路上，给文人提供了养分。即使说，在康有为乃至在崔得胜、崔墨林这里，出自《诗经》里的"如琢"一词在内涵上与过去有了出入，但不能说他们是错的。每一个时代都有其必然之不同，汉赋、唐诗宋词就是以《诗经》为根须的，因此，我们不能墨守成规，以四言之标准去否定五言、七言等诗。崔墨林是商人，不是文人，在他求学的时期，科举已经被废除，对经史子集的了解理所应当不如知识分子深入。不过，在他的教育经历里，《三字经》《孝敬》《论语》《孟子》《大学》《中庸》在其幼儿启蒙之学里还是起了作用的，尽管像他这样的富家子弟在青年时期的新学课堂上传统国学已经不是必修课，可西学之自然科学始终代替不了融入其血液的本土哲学思维。用"如琢"给孩子起名，可以说，他对传统文化之源头是了解的，对文化之核心——"君子之道"是崇尚的。

"如琢"就是君子，《诗经》里有解析，《易经》里也有。

在诸子百家里，对名实之辩，除了儒家对名分的讲究外，以惠施、公孙龙为代表的名家对此更为重视。那么，我们要说，"如琢"二字，崔墨林用在自己儿子崔如琢处，到底是不是名实合一？这是崔先生父亲希望的，也是崔先生一生努力的。我想，《你要知道的一位中国画家：崔如琢评传》这本书应该就是解答这个问题的。

崔先生出生的时间是 1944 年，这一年的中国尚未脱离外部世界的军事文化侵略与殖民统治。崔墨林在孩子出生时，想起了《诗经》，大概，他和历史哲人一样在临危或居安时总习惯了借助更为古老的先秦典籍来表达心境、寄托希望。当然，这只是趋善的人性向往光明、祈福祥瑞的一种文化表达方式。更为有趣的时，怀着美好祝愿的父爱之仁慈心意，出现在孩子的名字里，更是这种情况。所以，崔如琢之名的来历应该如此吧。

第二章　启蒙及师承关系

第一节　秦仲文对崔如琢的影响

传统与现代之间的冲突

秦仲文是崔如琢的绘画启蒙恩师，生于 1895 年，卒于 1974 年，在笔墨即血泪的时代，他在新学（即晚清民国西学）环境里，与蔡元培、章炳麟、金城、黄侃、潘天寿等一样，为学问而学问（胡适曾提过"为学术而学术"的观点），为真理而真理。只可惜，在后来的实用文艺风暴来临时，像他这样以宋明儒学为内修，追求不偏不倚（儒家"中节"，道家"无为"）的画家，势必会显得不合时宜。或许，他没有陆游、辛弃疾、王蒙、石涛的才华，但在不同的历史境遇里却与他们有着相同的内心焦虑与文化感伤。

秦先生的一生中，传统学问给他带来的麻烦，不仅仅是现实生活中的举步维艰与学术上的冷落，也有生与死的抉择。从象征着近代政治、法制、民主、文化现代化的北京大学里走出来的高才生，不知为何放弃了能给他带来名利的且具有西学精神的政法学专业，转而从事了绘画，去礼敬传统精神？这一举动，昭示着特立独行的人文精神，在现实主义文艺面前格格不入。1954 年，他与徐悲鸿、王逊的学术论争事件（中国画的"内容"与"形式"问题），给他的艺术命运草草收场埋下了伏笔①。

秦仲文反对徐悲鸿，是传统文人对绘画功利性的抵制，这个问题，不似张之洞以及后来的章炳麟对康有为所主张的新今文经学的批评，因为，与徐比较起来，包括他的老师康有为，也包括五四文人，他们在维护自己新思想的正统性时，都离不开本土之学，离不开春秋诸子百家以及西周文化的拓古开今。徐悲鸿则不然，他是用西方思想来力证中国画之笔墨、造型及哲学性、文学性、伦理道德在内的传统体系之虚弱一面，取而代之的是能在现实社会中发挥立竿见影功效的实用绘画。中华人民共和国成立初期，以素描为骨的绘画笼罩画坛，画家在讴歌时代方面起到举足轻重的作用，一系列的凡俗文学（如《山乡巨变》《小二黑结婚》《杨白劳》《白毛女》《智取威虎山》等）转化成了绘画作品，影响甚广。

当素描成了革命文艺的一种绘画表现"形式"（素描、透视法、写生、油画技术，与传统绘画民族形式相对），许多传统画法的画家不可抗拒地屈于时代召唤，响应了"科学的写实主义"（素描、透视法、油画技术及现实内容）到农村、田野、公园、工地、山里"写生"（西画技术），或对照现有资料创作。傅抱石的《虎踞龙盘今胜昔》、《江山如此多娇》（与关山月合作），李可染的《井冈山》就是证明，存留至今。

平心而论，徐悲鸿不是激进，秦仲文也不是陈腐。甲午战争后，中国文化在民族主义情绪的侵染下，总体朝着激进的方向发展。少数的一些人，如章炳麟、刘师培、梁漱溟、黄宾虹、秦仲文等，尽管在文艺上追求纯粹之"民族形式"（20 世纪的特有词），但在时代观念上，相较康有为、梁启超要激进许多。

在积弱积贫的近代史里，徐悲鸿所主张的西式思想，代表了一个时

---

① 见王逊《对目前国画创作的几点意见》，《美术》1954 年 8 月号；秦仲文《国画创作问题的商讨》，《美术》1955 年 2 月号。

代崇尚西学兴国的主体民族激进情绪，文艺与国家命运联系在一起，与枪炮联系在一起，与暴力革命联系在一起，与唤醒、争取的广大乡村百姓联系在一起，还有与建设的西式社会理想联系在一起，他们用了最简单、最粗暴或最温情脉脉的方法，与群众搭起沟通、信任的桥梁。

总体来说，徐悲鸿没有错，秦仲文也没有错。徐遗留的问题是晚清至今都没有解决了纠结的难题。而秦仲文则将此问题推向尖锐化，当中体与西学本末倒置时，作为传统文人，他大胆地提出了自己的看法。现在看来，秦仲文的疑虑变成现实，徐悲鸿之"素描作为中国画的造型基础"之教学法，后遗症不少。

1974 年，秦仲文的作品被认定为"黑画"，他在道德、学术上被双重否定[1]，艺术生命趋于终结[2]，同年秋，抑郁而终，年仅 79 岁。在他人生最后的几天里，小他 30 岁的妻子张敬九与学生崔如琢一直陪伴着他。临终时，他费力地、断断续续地给崔先生交代了一句："如琢，好好画画……将来，你一定会比我强！"然后，昏了过去。那双含着泪的眼睛再也没有睁开，留下的只有他在 1934 年所著的《中国绘画史略》[3]。

今天看来，秦老在美术史上的尴尬，恰是传统文化、道德、价值进入当代的遭遇，内涵、身份皆得不到认同。过去的慎思笃行、含蓄内敛、置身世俗之外的修行，在 20 世纪前半段的集实用、机会、功利主义于一体的时代面前，异常脆弱。确切地说，古典人文情怀在西方进化论感应下的现代社会哲学里，只能被当作历史记忆包袱扔掉。这不仅仅是当代才出现的事，清朝代替明朝，民国推翻清朝，在思想上都进行了对前朝文化的回避。特殊的是，19 世纪末至 20 世纪前七十多年，在正溯思想方面，试图对西周至清的所有典籍进行否定、抛弃[4]，乃至在特殊时期，给予了与之相关的人惩罚。因此，画界的秦仲文、潘天寿以及

---

① 见《荣宝斋》期刊 2016 年总第 137 期。
② 见《荣宝斋》期刊 2016 年总第 137 期。
③ 北京和记印书馆立达书局出版，大开本 16 开印刷。
④ 《文摘报》2015 年 7 月 14 日第 6 版：《"打倒孔家店"的由来》。

画西画的林风眠等失去了生命。

对比秦仲文与潘天寿，我们会惊讶地发现，被视为"保守"的文人，他们在写生非生、死非死，及失意落寞时兼顾了对过往的缅怀与思考。

秦先生很特别，他没有像潘老那样用晚唐、明代遗民之歌哭无端（如徐渭之癫狂、八大山人之"哭之笑之"）的笔墨惆怅写己意。当以清朝为代表的封建社会及与之相匹配的文化成为禁忌时，他依然恪守在"元四家"（黄公望、王蒙、倪瓒、吴镇）、明代诸家（沈周、文徵明、唐寅等）、清初"四王"（王时敏、王鉴、王翚、王原祁）的绘画脉络上。从他早期的求学背景、绘画笔墨、日常践行看得出，他对文化的是非判断，没有私心。晚明遗民哲人黄宗羲、顾炎武、王夫之以及近代在自强与变革道路上有先进思想和崇高品格的人，都是被礼赞的对象。

如果说，继承明代遗民笔墨是秉承了隐逸的遁世精神，那么，秦老是在此种基础上直截了当地做了道释儒文化寻根探源的殉道士。他的画存世不多，更重要的是体现了自己的独立之人格、自由之精神。不管别人看得懂看不懂、欣赏不欣赏、符不符合外界所要求的各项现实实用功能，他都义无反顾地坚持了自己的原则。再对比傅抱石、李可染、黄胄、陆俨少，六七十年代，他的画反倒清淡、平静些，鲜有时代特征上的"内容"（以现实生活、时代精神为素材）、"形式"、设色靠拢。

总之，在秦先生的时代，他不是用哀怜的眼泪作画，而是用生命。作品里没有遗民文人在困境时即哭即笑的悼亡怀故，纯以体现磊落之心性、品格为主。当传统文化尤其是儒学成为"旧"习气被摧毁时，他依然用笔端祭祀着宋元明清之正统绘画。他画"四王"，不是泥古，而是面对不可一世的各种西学侵袭时，对传统文化与国族命运，从过去之鼎盛到现在之衰败的本质探究。值得肯定的是，近代传统文人在各种西化路上、情感上都是怀旧的，西周、汉唐、北宋、康乾鼎盛时期就是这种血脉情怀的虚拟归宿。书法家、画家、文学家、哲学家、史学家在笔墨与伦理上努力地体现了这种观念。秦仲文笔下的"四王"法，有清初遗民哲学家对传统儒学的再思考。他的画，不是李苦禅、潘天寿的浑朴厚重、凄凉哀婉一路，也不像"四王"纯粹的端正谨慎，而是重拾源头，让笔墨之理更充实。其笔下的隐士、游士深入与之相合的苍朴明快景界、天人合一的力量尽显。不是说秦先生不重视道释之逍遥恬淡，哲学至宋代以后，尤其进入明代，道释儒三家合流，儒学已不是原有的春秋孔孟之学。明代陆九渊、王阳明之心学，融入了道释之虚灵空寂，玄之又玄。所以，明亡后，遗民文人因对固有学说的思考，开启了朴学（代表人物：黄宗羲、顾炎武、王船山、李贽）的发展，学问向质实迈进，用通俗的话来说，就是入世，即治国平天下功夫。经历了魏源、龚自珍到康有为、梁启超，这种功夫在西学的浸染下真真切切。

时代造就了秦仲文异常失落的现实情绪。抗日战争爆发后，秦先生在笔墨处所体现的是刚强、壮大，没有丝毫懊丧、哀鸣、隐匿山林的意思。应该说，秦先生的让人意想不到之处，恰是近代中国文人的不同凡响。在面临外敌入侵或者国土沦陷后，行动上、笔墨上处处有力量、有气机。所以，不管秦先生写"四王"也好，"元四家"也好，都有气力充盈于笔端。不过，他的画大多出自"文革"时期，抗战时期的作品，留下来的太少了。

历史规律证明，衰世造就了文艺的深度与曲折悠远。20世纪50年代后，包括文学家在内，发挥了创作天性的人少之又少。茅盾、巴金、老舍、丁玲，以及画界——尤以傅抱石、李可染为例，他们的创作才华与60年代之前相比退步了。作为个例，秦仲文的艺术创作高峰出现在50年代至70年代初期。这期间，他的山水、竹石一改之前的儒学正统，境界上呈现出了道释之自由。面目上虽然凄迷琐碎，但干干净净。

秦仲文对崔如琢的影响

秦先生对弟子崔如琢绘画所起的作用，不如李苦禅先生大。在崔先生的思想里，秦师不仅仅是画家，更重要的是文人，一位具有典范式的、有超凡智慧与中西文化是非判断的知识分子。正是他的循循善诱，才使弟子在自幼心灵深处形成了文人就应该有的格调：风骨、良知、责任、担当等存在的一切至善之理。

绘画上，秦仲文给予崔先生的，不是一招一式之成法，是通达的绘画心法和寻根探源的学术思想。其中有对历史、对当下、对未来的文化思考，也有对人生、对自身、对社会、对家国民族在各种变故时所立的态度。今天看来，秦仲文的大度、正气、磊落，特别是波澜不惊的君子之气，在崔先生的身上都有。

如果说，在绘画上，李苦禅先生（见后文）让崔如琢领悟到了近代以来的绘画之理是浑厚华滋（黄宾虹观点）、质朴大方（清初以来朴学观点），那么，秦仲文则让他明白了明辨历史、重拾对元明清山水画的自信，即止本清源（见下文）。然而，践行此功夫，首先要做的就是将 20 世纪初期，对"元四家"、清初"四王"的历史否定转为肯定，并加以研究。此中不可避免地存在着对徐悲鸿体系之绘画"科学观"与方法论的一些反省。事实上，时至今日，我们何尝不处在个人自省、文化反省所包含的道德、思想、行为等一系列漫长的历史省察之中呢？联系崔如琢的"四主人"之说（见后文），这种意味明显。比恩师秦仲文幸运的是，崔如琢处在一个空前包容的时代，国家容许各种内涵、形式的绘画存在。但某种程度上，崔如琢面临的学术形势比秦仲文时更严峻。今天，西式画法已经形成了坚不可摧的思想、现实堡垒，传统画法如何在强大的堡垒外发展壮大？难度不小。至少，有一束光芒在绽放：学术理想与文化良知！

秦仲文去世与崔如琢的指墨画诞生相隔 30 年，但他给了崔如琢的山水画（指墨，见后文）的创作启示：内方外圆的传统山水，若要从笔法上提升骨力、增强古法，以"四王"为末端的，由五代画家董源、巨然开启的，元代黄公望、王蒙完备的，又经过沈周、文徵明、董其昌融合发展的以披麻皴权变为主线的山水画，是画家学习、借鉴、提升创作才能的正统文本。崔如琢的治学历程不外乎此理。假若没有董其昌之秀润平和，王蒙之繁密明艳，他的绘画境界必会大打折扣。所以，学画必先求其根，然后求活（即松活）。欲先求活，必先求平，求松。此是心法，也是笔法。黄宾虹在"五笔七墨"（五笔：一曰平、二曰圆、三曰留、四曰重、五曰变；七墨：浓墨法、淡墨法、破墨法、泼墨法、积墨法、焦墨法、宿墨法）法里将"平"置于首位，自然有其哲理上的重要性。

绘画现代性的后遗症及当下思考

文化转型史告诉我们，文化走向现代化在短时间内收到明显的成效，但也有饮鸩止渴的意思。从 1840 年算起，不到两百年的时间，中国在政治、军事、外交、经济等方面加入世界一体化潮流，取得了伟大成就，但在价值、道德、是非判断、审美方式诸方面，远离了民族之本真。文学、绘画里的场景、修饰、精神，多是唯物的实用辩证理论。中华人民共和国成立以来，先生是公认的大师，然其画对书法笔法的重视，对传统绘画所要求的诗意表达、哲学境界，淡化了许多。应该说，其内涵属于写实文艺的范畴。

不可回避，鲁迅式的具有批判性的文艺态度，是五四文艺及之后的诸多画家寻找中国精神的文艺坐标。至 20 世纪 30 年代后，绘画跟文学一样，尝试着在世俗化的、百姓喜闻乐见的物事中实现艺术为时代服务的价值。石鲁、吴冠中就是在"内容高于形式"的文艺路线上走出来的卓越画家，二人都忠诚地笃信着清初遗民画家石涛与民国文人鲁迅的自由与针砭时弊精神。石鲁没有留下让人记忆深刻的理论，而吴冠中晚年的一系列关于书法、绘画言论，惊世骇俗。如《内容决定形式》《笔墨等于零》《一百个齐白石也比不上一个鲁迅》等，基本来说没有脱离现代文艺之蹊径。只要留意一下吴老的留洋背景，一切便会迎刃而解。

中国从晚清起始，留洋派是主宰政治、文化转型的主力军，徐悲鸿虽是后起之秀，但其力量不容小觑，对中国传统绘画向现代化转型，起了决定性作用。和其他的变革者一样，他毫不例外的在激进中有着幼稚的一面。近代，西方舶来的各种主义泛滥之际，知识分子在文化抉择上没有反映出明确的共识，也没有清晰的思路，徐悲鸿对法国艺术的理解，与一些人对实用主义、巴黎公社的崇拜没什么两样。只不过徐是幸运的，他的艺术主张如鱼得水的在渴求西方真理的中国得以实现，横跨两个世纪。究其原因，西方绘画与中国社会共鸣的写实性，更能适应近代现实主义社会的服务、实用功能。一言以蔽之，徐氏所主张的艺术，其功能性能立竿见影，在启蒙、感化各种阶层，尤其在乡村阶层，更具效果。这种效果，从19世纪末到20世纪中期，越来越明显。相反的，随着民族主义革命启蒙转化为武装斗争，最后到弘扬胜利果实，传统绘画的神秘性、无他性，则显得不合时宜，自然而然地被认为是站在了现实的对立面，与之关联的人，其道德、价值、行为上有"瑕疵"，需要改造。秦仲文被列入了这个群体。

在当代民族文化伟大复兴的道路上，知识分子会扮演非常重要的角色，崔如琢成为挑战素描在中国画创作地位上的代表。他扛起了传统画法走向复兴的大旗，开始实施着一系列举措。素描能不能退出历史舞台？传统绘画能不能走向辉煌？需要时间来解决！

第二节　李苦禅对崔如琢的影响

崔如琢的一生有三位老师：一位是秦仲文，一位是李苦禅，还有一位是历史。与前两位老师的因缘，离不开好邻居刘子实。20世纪五六十年代，刘先生也住在新街口，在崔家大院的后院位置，其生辰不详，独眼，以行医为业，酷爱收藏，与书画界的许多老先生有来往。除秦老、苦老外，他还把画家吴镜汀（1904—1972年）、王雪涛、陈半丁（1876—1970年）、王铸九（1900—1966年）、胡佩衡（1892—1962年）、书法家郑诵先（1892—1976年）等画家介绍给崔如琢。其中，郑诵先老人是崔先生的书法老师。在崔先生的自述《崔如琢》① 一书里，

---

① 柯文辉主编：《崔如琢》，河北教育出版社2010年版。

提到此事。"文革"来临，刘的政治成分被划为"地主"，后含冤而死，李苦禅则被关进牛棚（单位临时拘监场所），从此，再也没有回到教学岗位。

李苦禅是 20 世纪最重要的大写意花鸟画家之一。其画不仅影响了弟子崔如琢，也影响了当代传统大写意花鸟画的发展方向与美学思想。从乡村社会走出来的这位画家，带着其与时代极不相容的名号"苦禅"，让人不禁感叹传统知识分子在文化转型中孤苦落寞、顽强挣扎、朝不保夕的生存状况。他既没有优越的家庭出身，又没有华丽的受教育经历，师承关系是唯一的学术名分。有趣的是，近代传统文化就是靠师生这种单一的、极具本土化的文化传承方式存活下来的。

崔先生与李苦禅先生

　　研究李苦禅的人生、治学历程、学术思想是一个很复杂的课题。他不像秦仲文等自始至终是生活在城市的知识分子，有解读时事、了解世界、接洽现代文明的天然优势（此种优势，给予后来的学者对城镇知识分子顺理成章的研究思路与著书立传之便利）。而苦老这个群体，似乎是19世纪以来文化语境里特指的"保守"文人，因此，要收集一些对他们有利的文字记载，少之又少。他们的曲折、荣辱、生死，反映了传统文化在现代社会中的方方面面。所以，如何写苦老，就关乎乡村、城市、中西文化冲突、时代束缚等因素。总而言之，传统文人的坎坷与圆满，在他的身上得到体现。

　　1966年是崔先生拜师李苦禅的第七个年头，他的绘画水平与理论水平有很大提高，苦老也非常赏识他，总是画一些作品让他拿回家做参考。"抄家风"（1966年6月）开始，崔先生的手里有20多幅苦老的作品。他家面临的麻烦非常大，作为衰落的资本家，虽然没有大量的金银、货币、银行存单，但古旧家具、明清瓷器、名人字画及自己的藏品、作品该如何处理？是一个令人头痛的问题。崔先生是很聪明又很爱惜文物的人，急中生智，将家里收藏的珍贵瓷器、青铜器寄存在北京故宫（1979年在故宫找回了三件），凿开墙，将手里的苦老作品塞进三个墙洞里，分别用事先从新华书店买来的三张毛主席像遮挡，谁也没敢动。这一招，着实让一向擅长挖地破墙的红卫兵没了办法。只可惜，他自己的许多作品，被母亲大人撕毁了。现在人看来，这是一笔巨大的精神财富和物质财富，但那时，与"牛鬼蛇神"画等号，是祸，一旦被发现，就会被打成阶级敌人，后果不堪设想。许多老画家、老书法家的字画等收藏品，乘着夜色销毁了。有资料记载，画家吴昌硕的后人，将许多字画撕毁，当废纸卖掉一百多斤。林风眠将自己的作品溶入浴缸，倒进马桶冲走，这些作品是林老一生全部的精品，目前遗留下来的，都没有这么精①。书法家沈尹默将他收藏的一大批明清大书法家的真迹及

---

① 见《林风眠，画从记忆中来》，《中华读书报》2016年5月11日第12版。

自己的作品撕成碎片，在夜深人静时倒进了秦淮河。

庆幸的是，目前还能看到崔先生在 20 世纪六七十年代初作的八幅作品，具体为：《仿陈老莲人物图》（1960 年，98cm×70cm）、《白梅》（1962 年，410cm×90cm）、《仿石溪山水》（1963 年，89.5cm×55cm）、《仿渐江山水》（1964 年，93cm×48.5cm）、《仿石涛山水》（1964 年，111cm×52cm）、《仿龚贤山水》（1964 年，137cm×69cm）、《仿陈老莲山水》（1963 年，89.5cm×55cm）、《仿八大山人蕉石图》（1972 年，184cm×50cm）。这些作品大多是之前赠给友人的，2000 年他回国，又陆续从朋友处用新作置换了回来，于 2010 年开始的"大写神州——崔如琢书画巡展"、2013 年开始的"太璞如琢"巡回展中陆续亮相，并刊载在几本大型画集里。如 2006 年、2010 年人民美术出版社先后出版的《崔如琢》和《崔如琢画集》，2012 年 6 月文物出版社出版的《崔如琢艺术》，2013 年故宫出版社出版的《崔如琢画集》。

《仿陈老莲人物图》（1960 年，98cm×70cm）是崔先生拜师李苦禅的当年（拜师之前）所作。这幅作品舍去了原作中器皿、莲花、山石的宗教设色，弱化了禅家虚空的神秘氛围，增强了道释儒之兼信融合，有借古写今的思想意义。陈老莲（陈洪绶，号老莲，1599—1652 年）原作的器皿、莲花，是典型的六朝设色与佛家内涵，与身份显贵的人物置于一景，体现了佛学或者佛教的传播在文人权贵阶层很受欢迎，充斥在生活的各个方面。变异的石头，超现实的芭蕉叶，充满灵光的茶具、莲花，还有那东晋具有仙佛鬼怪与因果轮回意思的青绿山石氛围，在周身充盈着般若智慧的隐士的清谈中，具有点化境界的作用。

每一个时代有一个时代追随历史的情怀与缘由，陈洪绶作为明朝遗民，造成他以魏晋六朝写心，拒绝合作，向往遁隐山林，是历史境遇使然。而崔如琢是前人将这种隐逸怀古变成学术传统后，对文化进行了隔代感通。同是一幅作品，陈的虚玄幽幻与崔的浑朴实在，正好是宗教抒情与天地哲理的两种境界阐述。崔先生在笔法、墨法、气质上追崇了明代遗民之自由、淡泊的朴素心性，特别是石法之皴染，尤有八大山人

（朱耷）的意思。

崔先生不是人物画画家，这幅作品既是临写作品，也是他一生仅有的两幅人物画作品之一，另一幅是其 2003 年所作的《钟馗》（90cm×60cm）。从气息上看，二者的文化脉络，都着落在魏晋六朝、明代遗民思想上。

作为一个 16 岁的少年，笔墨里的超脱，文化格理上的透彻与我之为我①，具有一个时期的典范意义。悉数 20 世纪人物画，不敢说有如此纯粹的传统画法者不多，但至少可以说，有如此灵性与天才者实属罕见。当别人还在山水、花鸟、人物上寻找国际化面目时，他如此小的年纪，竟尝试着在人物画上与先贤感通，寻找时代之理。

20 世纪 60 年代，用传统大写意画法作人物画的画家十分稀少。崔先生当初在人物画上所走的路，比他在山水、花鸟方面存在的挑战更大，因为，在他的前面，齐白石、黄宾虹、潘天寿、李可染、傅抱石等老先生皆以大写意山水或花鸟为主，人物只是戏笔，偶然玩之，娱己而已，一生留下来的也就那么几幅，因此，缺乏借鉴素材。加上自晚唐以来，人物画在历史变故、动荡中没有形成寄情言志的主流传统，到近代是如此，崔如琢处亦是如此。似乎文人受道释之影响，刻意避讳人的存在，心怀高古之志，崇尚纯洁无瑕之山林本真。宋元文人尤喜写空寂无人之境，到当代，崔先生又发扬了这个传统。无论是他的山水、花鸟还是人物，在有物处反倒是无的境界，无物处却是精神闪烁，那种超道德的朴素超拔情怀，还有那种接通天地灵性的无所不能德行，使得他行圣人之道，让物各复其性②。这注定了其山水、花鸟、人物画的面目与其精神一致，孤独冷清、曲高和寡，多了文气，无暴戾习气。

从《钟馗》看崔先生人物画的笔墨之法来自山水、花鸟画功夫的触类旁通。不同于"扬州八怪"（常以画派论，不局限八人数字。代表

① 《苦瓜和尚画语录》变化章第三："我之为我，自有我在。"
② 《道德经》第16章："致虚极，守静笃。万物并作，吾以观复。夫物芸芸，各复归其根。"

人物：金农、郑燮、黄慎、李鱓、李方膺、汪士慎、罗聘、高翔、华岩、闵贞、高其佩（号且园）、高凤翰等）、不同于"海派"（19世纪末20世纪初期的生活在上海的画家组成的画派）、不同于齐白石、不同于李可染，也不同于潘天寿等一路大写意人物画外在的刚劲雄肆、疯癫古怪，崔先生所用的笔法是道释的松活、清淡，内涵是儒家的忧郁、担当。但与近代先贤一样，荒寒孤寂、落寞无助是他直面现实的写心常法。

"孺子可教，后生可畏！"这是已故绘画大师王铸九老先生在（1959年）崔如琢携一大卷花鸟画登门求教时，对这位小青年做出的评价①。王铸九对崔先生的绘画，也起了点拨的作用。每次拜访，都"对症下药"，教崔先生如何理解金农、汪士慎梅花的密而疏，繁而简，古而清，如何用笔用墨，如何逃脱前人布置蹊径，自具面目，如何刚柔相济，增强内涵，他的朴实、修养，令人折服。这个事实说明，崔先生在秦仲文的教导下，在拜师苦禅老人之前，已转益多师，在王铸九、王雪涛、吴镜汀等大师的授业解惑下，有非常扎实的画学功底。

如果说秦仲文从宋元明清山水的高明博厚，万变无束中循循善诱，给予了崔如琢远大的志向与广博的胸怀，以及渴望真知、钻研历史的乐趣，那么王铸九、王雪涛、吴镜汀、胡佩衡、陈半丁以及现有资料里从未提到过的老画家郭味蕖（1908—1971年）等，则在崔先生求真的路上精微至善。李苦禅先生则起了上下贯通的作用。

在16世纪至今的大写意花鸟画史上，李苦禅与徐渭、八大山人、吴昌硕、齐白石、潘天寿等一样，具有不可或缺的历史意义。他的大境界花鸟，能将山石、荷花、禽鸟等作为一个整体表现，加上其淳朴厚重的金石笔法，有自己的优势。他的画追求书法用笔与文人情怀，崇尚以金石笔法提升骨力，以人格力量丰富内涵，以历代文化思想权变涵养本源。《老子》曰："知白守黑。"李苦禅不是从表面上发扬了徐渭（1521—1593年）、八大山人花鸟画的空灵华滋、随心所欲，而是在本真处对这

---

① 见柯文辉主编《崔如琢》，河北教育出版社2010年版。

种灵性做了极致探索。他的笔墨切入时代，上溯北宋山水画的浑厚华滋与冷峻劲拔后，借魏晋六朝文人之超脱，直追先秦。他的笔法雄壮、墨法浑厚、石法刚强，富含天趣的一草一木、禽鸟鹰鹭，除了有人的智（知）识（儒家之知后识），还在传统道释美学感染下，有历史洪钟发出的凄婉悲悯、正大浑朴。他始终将自己的情怀与家国、民族、文化命运联系在一起，这一点深刻影响了崔如琢。

李苦禅将花鸟画推向了极高境界，他的笔法、墨法、设色、布置、内涵，着重体现了传统哲学的深不可识与左右逢源境界。花鸟画在他处，由怡情小调的文人墨戏走向了朴实宏大的精神担当。

回过头来看历史，李苦禅在绘画的诸多方面有超越：他将章草笔法融入画法，使得其画彰显出来的古朴气息与众不同。历史上，唯有苦老用章草笔法作画，也唯有苦老用章草笔法题跋。其章草，不是汉代人的一招一式，而是经过自己的思考，融入了魏晋的历史与哲思。因此，他的画，蕴含了对庄释、对历史文化传统的上达（儒家讲下学上达，即贯通意），并兼容了儒学之处世、立身哲学。其禽鸟、鹰鹭、八哥等，眼明、羽丰、嘴方，有君子少言寡语、稳重大方、宠辱不惊的本质。

崔如琢在笔法上继承、发扬了苦老之绘画长处。同样以章草入画，但行书、草书的味道更加浓厚。他除了花鸟还涉猎山水，对历史的借鉴、研究更为广泛。他一生所画的花鸟题材，也是苦老、白石老人、吴昌硕、石涛、八大山人等所喜爱的。以荷花为例，其与苦老的标新立异之处不在于过分强调情感的表露、文学的修饰，而在于对天地、人生哲学的过去、当下、未来的思考。苦老的荷花用萧寒凄迷来体现境界，笔法以泼墨为主，而崔如琢创生了积墨荷花（见后文），极尽天理与人性共有之光明。似乎明亡后，传统大写意文人画家，在抒写胸臆、表达情怀时，从未有过如此的阳刚、自信。

《白梅》（1962 年，410cm×90cm）、《仿八大山人蕉石图》（1972年，184cm×50cm）是崔先生跟随苦老习画初期的作品。前一幅作于拜师后的第三年，后一幅作于拜师后的第十三年。

白梅,1962 年,
410cm×90cm　18 岁作品

仿八大山人蕉石图,1972 年,184cm×50cm
收藏者:著名收藏家、企业家虞松波先生

　　《白梅》最早出现在人们视野的时间是 2007 年,位于北京朝阳区来广营东路,崔如琢的第一座私人美术馆(即静清苑美术馆)(见后文)

开馆的那天。这幅作品悬挂于展厅楼梯过道的墙壁上，颇有气势。要不是画的落款处有这么几个字："笔墨气势颇正确，从此努力可矣，癸卯正月题以勉之，禅"，大家根本无法相信，偌大尺幅的丈二匹古意梅花，竟是崔先生青年时期的习作！对照时间，癸卯即 1963 年，正好是崔如琢在中央美术学院附中读书期间，这时候，苦禅老人在中央美院做教授。若是按苦老的题画时间，《白梅》是崔先生 18 岁时的作品。有学者认为，将《白梅》放在当代，也是一幅了不起的经典作品，它的笔墨、布置之法、面目、气韵完全出于己意，达到了融会贯通，无八大山人、金农、罗聘、汪士慎、赵之谦、吴昌硕、齐白石、李苦禅之窠臼。不过，这幅画给我们一个信息，古代山水画的构图立意与徐渭、八大山人的不拘一格、磊落大气对崔先生花鸟画的发展起了作用，这是不可回避的事实。崔先生凭着超常的天才与后天努力，的确做到了山水画、花鸟画的相济相生、相得益彰，所以他在山水上有花鸟的柔和随意，轻松愉悦，花鸟上有山水的正大光明、浑厚端谨。过去是，今天也是。

在《白梅》之前，苦老就对崔先生的学习领悟能力异常吃惊。1960 年，在崔先生跟苦老习画仅仅几个月时间时，就拿着自己创作的一幅山水册页给老师看。老人看了异常兴奋，连连赞叹："你大学毕业了！"

1972 年，崔先生作了一幅仿八大山人的作品《仿八大山人蕉石图》，此时，他已经在画上极具心法，颇有名气，广州交易会邀请他作画近百幅。1977 年，他的作品被中国海关列入限制出口的 131 位画家名单之列，并从三里河小学直接调至中央工艺美院（现清华美院）陶瓷系任教。而他真正的艺术神话，起始于 1981 年，他出国寻找艺术梦想的那一天。

第三章　美国十年

第一节　出国留洋与短时间内站稳脚跟的因素

从中国的第一位留学生容闳（1828—1912 年）1847 年留美算起，迄今，美国是中国留学史上的一个最为重要的国家之一。特别是改革开放后，国内艺术家在精神、思想、作品、身份的转型（从被动转主动）中，对其所代表的"国际性""现代性"充满好奇，渴求一睹庐山真容。毫不例外，崔如琢也算其中的一位，与前辈一样带着浓重的乡土气息去美国接受现代文明洗礼，追崇现代文明之"真谛"。不得不让人怀疑，比中华人民共和国还大几岁的这位青年人，除了与生俱来的儒学价值血统，还有如影随形伴随他三十多年的现实主义教条，能不能与海外崇尚自由的个人主义人文精神相适应？是一个疑问。基于这一系列的问题，我们只能往下看。

1981 年，崔如琢 37 岁，在香港、澳门逗留了两月，费尽周折买了去美国的机票，于当地时间 3 月 4 日上午落地，这一天距离 1978 年 11 月 26 日（他生日）他拿到护照，有两年多的时间。至于他为何能在港澳两地待如此长的时间，说来与给他帮忙办理出国手续的两位中间人有关：一位是原香港《大公报》的易锡和先生，一位是陈威仪先生。柯文辉在其口述体传记《崔如琢》中简单提过陈、易二人与崔先生之间的故事，往深处我们无处考究，也无必要。不过，这不是什么重要的问题。重要的是，在崔如琢的留洋经历里，这两位大先生的存在是真实的，正负作用也是真实的。他们向崔先生索取了300幅作品和几十件旧藏的好处后，最后还是把事情办成了。

　　1979年（我）与刘美华结婚后，外来的信息渐渐多起来，于是想出国。正好我认识原香港《大公报》的易锡和，公安局的陈威仪。易君说："我可以帮你办理赴美国，条件是你必须给我200张画，拿到香港开画廊，五五分成。"我满口答应。媳妇跟我吵："你不了解对方，怎么随便把东西都给人家？"我说："机不可失，时不再来。身外之物丢了可以再得，根本无所谓。"没有听她的。第二次见面，我给了他300张作品，几十件旧藏。因为"文革"时人人互相提防着，尔虞我诈，见我这么实在，他们有点感动。我心里非常清楚：我待他以诚，如果骗了我，他会一生都不安。藏品中李可染、傅抱石、徐悲鸿的作品是我原来买的，我都给他拿走。这超常的傻子般的行动感动了对方，他真帮我办成了。那年（1978年）11月26日拿到护照，正好是我的生日，巧得简直不可思议。接下来忙着做走的准备，媳妇不同意，老母亲生气说："儿子崔远刚出生没满月你就跑了！"我没有理会。把挣的钱全放在家里，画都运了出去。12月31号离开北京坐飞机到深圳，经罗湖桥进香港，陈威仪和易锡和按时来迎接。当时陈易二人想把我留在香港帮他们开画廊赚钱。

　　以前有才华的人到香港都立刻给身份，后来来的人太多，从1980年开始，内地来的人不许留香港。我走了好多地方，有中文大学，还有金庸所办的《民报》。我给金庸画画，金庸送我全套书，但是谁也办不了留港。后来澳门新成立的东亚大学让我去教书，卖画所得2万多美元控制在人家（陈、易二人）手里头。我说不行，澳门人太少，除了赌场妓院没东西，环境差。美国入境时间截止到3月4号。我在香港待到2月底，再不出境就得回国，否则就成"黑人"了。3月3号我买了飞机票,大陆和美国时差是半天,等我到洛杉矶进关的时候是3月4号上午,签证有效期的最后一天。

易、陈二人和崔先生之间发生的事情,会让人思考这么一个问题:80年代初,社会关系与利益交换在人们的私下依旧起着作用,知识分子在实现某种理想时,因一时找不到正常门路,不可避免地遵循了异端固有社会之"潜规则"。这种看似不合理的东西,因个人之间达成某种协议时,容易成了当然与理所应当。一边是君子的仗义疏财,对办事效劳者的一种非现金的劳动酬劳,一边是凡夫俗子的满心欢喜。假如当初没有这300多幅书画作品作信物,那崔先生的艺术人生可能会是另一种版本。

1982 年崔先生在美国

由于崔如琢出国前从来没有学习英语的经历,因此,从飞机落地美国机场那一刻起,语言不通首先成了他接触、融入美国社会的头等大事。虽然崔先生不这样认为,甚至到现在为止他也不这样认为,但生活在当地的华人谁也不能回避英语问题。连胡适、蒋梦麟这些前辈,去美国后的第一件事就是以读报的方式恶补英语①。不过,胡、蒋这两位师

---

① 见蒋梦麟《激荡的中国:北大校长眼中的近代史》,九州出版社 2019 年版。

1982 年崔先生在纽约

兄弟去美国的初衷、时代背景，与崔如琢完全不同。因此，不能将他们放在一起比较，因为，崔如琢所处的时代环境，没有救亡的意思，那么，也就没有前辈们火烧眉毛般地去学英语、照搬西洋之必要。这只是崔先生不学英语的一个方面，绝不是本质。就是放在现在，即将出国的，或者在国外发展的，能找出不会说英语的一两个人来，难度还真跟抓彩票一样，是一个很小的概率问题。

历史有时候不能用常道去解析。20 世纪，在救亡启蒙路上，那些显赫的、对中华民族命运起了重要作用的一些大翻译家，就是在不通英语的情况下去国外留学，又惊世骇俗地翻译了很多外国哲学著作。如严复翻译的《天演论》。崔如琢跟严复一样，对西学的理解、应用，不是直接从国外的原版书籍上读来的，而是通过别人简单的汉语翻译，然后再根据自己的意思折中，最后形成新的见解、理论，同时也付诸实践。应该说，这二人在对西学实践的时间都不长、都不彻底的情况下，越是了解西学，对自己民族的文化越留恋。根本上，与生俱来的儒学民族主义情绪与民族主义理想，与他们的人生观、价值观、世界观融为一体，即便经历了"文革"，中国人的这种品质也没有改变，且不降反升。优劣共存的集体主义教条，加固了文人和平民百姓为国家、民族的牺牲意识，将自己的生命、事业、家庭与社会、国家、民族联系在一起。

崔如琢刚到美国三个月后的某一天，正为房租所苦时，接到了一个电话，是自称王度的人打来的，说其妹妹王安想拜访下崔先生，问有没有时间。崔先生了解情况后和他约好在当天下午两点见面，见面的地点是崔先生的住处兼画室的地方。地方不大，收拾得很整洁，是地下室。

王安是谁？说起来来头实在不小。她的公公是台湾"总统"严家淦，老公叫严隽泰，老师是张大千和黄君璧二老。替她打电话的哥哥王度是个收藏家，在曼哈顿23街开了一家非常有名的餐厅，很有实力。柯文辉编的《崔如琢》一书里，有过这样的叙述：

> 下午两三点她来了，和她聊天时，我不只讲当代，也讲历史，她特别感兴趣："崔教授，我们俩合作一张画吧？"
>
> "行！"
>
> 她一动笔我就知道她基本不会画，不过是个漂亮的阔小姐，玩票的。一看的确是师从张大千、黄君璧，但画得很差。她说："买你几张画行吗？"
>
> "行啊。"
>
> 她挑了四张后问价。
>
> "大家朋友嘛，是同道，按说不应该要钱。我刚从大陆来，很艰难，能给多少给多少吧。"
>
> 她打开皮包："给你2000美元行吗？"
>
> "行。"我脸上没什么表情，但心里很乐：这正是"及时雨"啊！
>
> 随后，她请我到状元楼美餐了一顿。我边吃边动脑筋：她买我几张画，怎么能发挥点助力？随即想到她是张大千、黄君璧的徒弟，便说：
>
> "王小姐，我有个小小的请求，你能否把这四张画让我非常仰慕的两位大师过过目？给我提提意见，令兄回纽约再把意见转达给我，对我的艺术会有帮助。"

她满口应诺。

第二天，兄妹俩就回到台湾，先去黄府，黄先生一看那几张画挺高兴，说：

"安安啊，他画得不错，我拿我一张山水换崔先生的一张画好吗？"

于是，王安拿我的芭蕉鱼换给了黄君璧。转天王安又拿着三张画去看张大千，问道："老师，您看看这大陆的画家画得好不好？"

张大千说："笔墨不错！"

"您看看这画家有多大年纪？"

张大千看了画说："有60多岁？"

王安偷着乐，又问："您看这画能不能收藏？"

张大千说："可以。"

听了妹妹的转述，王度当晚就给我打电话："我们拿画给张大千、黄君璧看了，太喜欢了，比台湾画家的画好。我们想多买点，你看怎么算？"

我问："你买多少？"

"100张！"

我一听心里就乐了，看看家里的纸："行！不过中国画论纸，有小画大画。"

他说："大小都成。"

第二天早晨，我就上唐人街东方书店买了一刀六尺纸，回来就猛画，不到一周他们从台北回来，我把自认为好一点的挑给了他，有六尺的，有四尺整张的，还有四尺三开的，等等，算了算差不多10万美元。

事毕，王度说："我帮你介绍两个人，都是纽约华人里最有钱的：吴清源专搞金融股票；居恩慈做餐饮，跟我同行。但画卖给他们要比卖我的贵一倍。"

这样，实际上等于王度立马就赚了。没多久，这两人开着奔驰就来了，他们拙于言辞："王度说，画得好，又便宜。我们不懂画，他们买了 100 张，我俩各买你 50 张。"

于是，他俩送来十几万美元。不久，王度又给我介绍了陈大纬，是共和党副主席陈祥斌的副手，乐于收藏艺术品。她说："我在纽约有个大房子，买了很多画，请你去看一看!"

我到那里一看，告诉她收藏的张大千的画全是假的，赵少昂的画是真的。她看我懂画，挺高兴："你看屋子该怎么布置?"

我四下看了看估计要 40 多张，有大有小，包括山水、花鸟、书法，就帮她指点起来。我说："王度和居恩慈他们各买了 100 张，你准备订我多少?"

她说："120 张，我得比他们多点。"

那个时候，她就很有钱，在曼哈顿有两栋楼。

道家讲："道生一，一生二，二生三，三生万物。"[①]有了王度、王安兄妹的第一次买画，一系列的效应随即产生了，吴清源、陈大纬到崔先生处又买画，几十万美元的收入就进了他的银行账户。这笔钱，按照 1981 年的人民币兑美元汇率 1.7：1 计算，在国内是一笔相当大的天文数字。那时候，大陆有钱人称为"万元户"，像崔先生这种百万富翁，老百姓闻所未闻。

有钱了的崔如琢，起初跟普通人一样，给家里寄钱，在美国置办房产成了第一要事。他每月给家里寄钱总是一两万美元的寄，光这个单笔数字，差不多达到了 1981 年大陆人均收入的 70 倍，如果把全年寄给妻子的钱加起来，那数字更是吓人。与买房产比，这点钱根本算不上什么。想一想，当初这个不会说英语，节衣缩食，被人嫌弃说"大话"，三天两头被房东追赶的年轻人，竟拿出了十几万美元，在当地买下了一处 150 平方米三室一厅的大房子，真是羡煞身边人。

1981 年，对于崔如琢来说，可谓改变命运和铸造神话的一年，一

---

① 《道德经》。

切来得太快了，像放电影似的，源源不断的财富、荣誉向他袭来，他的朋友，很多是国际政要、富商巨贾。是的，这看起来有些爆发的意思，但的确不是，一切只是因为文化。

同年底，纽约杜威大学鉴于华人艺术家崔如琢的艺术成就和个人影响力，聘请其为客座教授。在中国人的世俗观念里，这只是个虚衔，但这个衔儿对于中国艺术家而言，象征着与其有关的身份、文化认可。

做了纽约杜威大学的客座教授后，崔如琢时不时地去讲课、开讲座，谈的都是关于传统文化及中国大陆美术现状的问题，有时也涉及现代水墨。从古到今，从学术到市场，从古人到今人，从现代到国际，他都说出了门道儿。在提到国内新锐画家时，他与传统文人一样，从不吝褒奖之词，给予了充分肯定，体现出了他的宽阔胸襟。

1982 年崔先生购买吴昌硕作品

难以置信，崔如琢在美国仅仅用了几个月的时间就取得了事业上的初步成功，这个成果，是来自他所学的传统，而不是西学，是正统的，对道释儒哲学，传统诗词与书法笔法要求很高的传统画法，而不是西洋讲究科学的素描功力。崔先生的这种情况，放在历史中是个个例，但绝不是普遍。在他之前或之后，除了吴昌硕、罗振玉、王国维等，很少有人能用传统文化在国外取得些许成功。和他同时去美国的许多同行，在很长的时间里做着洗碗工、服务生的工作。

我在写这些文字的时候，在思考一个问题，假如与他的第一次成功有着直接联系的那两个人——王度、王安兄妹没有出现的话，崔先生是不是跟前辈，跟正在美国打拼的大多数人一样，不可避免地要从饭店的服务生做起？然而，发生在崔先生身上的许多事情，是偶然还是必然，一言以蔽之，他都是幸运的、成功的。王度、王安及后来与崔如琢的辉煌事业有关的一些人的出现，在崔先生不同凡响的人生与赶超古今的艺术事业中可能只是一个插曲，但的确不可缺少。这些人自身的力量，与他们身上所散发出的作用，是巨大的，他们每一位都是地地道道的贵族、资本家，用现在的话说，是社会精英。物以类聚，人以群分。别忘了，崔先生也是地道的、了不起的民族资本家出身，在言谈举止中常人所喜欢的那种感染力会无形中体现出来。纵使他当时身临困苦，也让人感受不到落魄、潦倒。我想，王安能在与崔如琢的第一次见面的不到一个小时时间里，决定买他的画，除了崔先生作品自身的品质外，肯定与画家本人的气质有很大的关系。

第二节　80 年代初期崔如琢的现代性与艺术市场

崔如琢的现代水墨

20 世纪 80 年代初期，画界不论出国留洋的还是留在国内的，都在为水墨的现代性、"实验"性摩拳擦掌。从 1985 年开始，崔如琢画了 100 多张关于此类的画，而国内的画家更为激进，形成了"实验水墨"阵营。

何为"实验"？此词出自现代美国哲学家杜威的"实验室主义"①，即实用主义，在 20 世纪初期被胡适大书特书。然而，在应用此思想或教条时，融入血液的道释儒意识无形中牵绊了他，时常坠入"国故"的整理、研究中，被持有同样立场的人质疑、批评。崔如琢和国内受过传统画法，乃至专事写实主义的同行，在向现代转型时，同样存在这个问题，导致了其"现代性"水墨只求其表，不入其内，与西洋画存在两种境界、两种意思、两种面目。

1985 年的《月清》（136cm×40cm），1986 年的《山之梦幻》（134cm×34cm）、《幽谷》（134cm×60cm）、《野山》（80cm×80cm），以及 1987年的《月夜图》（66cm×60cm）是现存的几幅崔如琢的试验水墨作品，实在看不出与西方有多少实质性的联属。最显著的特点是，这个时期，不管他的构图、笔墨如何"现代"，龚贤对他的影响深彻骨髓。概括而言，他的现代水墨走的是怀古一路，其内心深处用晚唐、遗民思想，追溯历史长河里的文化血统、文化自信，还有国家与民族的鼎盛强大。在表现手法上，他仍然是以古喻今，在笔墨处追寻，着落各种理想。故他的作品总被华人和汉学家喜爱。《月清》被台湾中华书局收藏，《幽谷》进了台湾"行政院"前院长俞国华的收藏室，《野山》的收藏者是美国著名作家朱婉清，《晨曦》（65cm×136cm，花鸟）被从不买画的台湾塑胶大王王永庆收藏。

在各种出版物里，都注明崔如琢从事现代水墨研究的时间是 1984年，但从现有资料来看，这一说法不能成立，因为在 1984 年里，他还在做着研习传统画法的工作，八大山人、龚贤是他着重礼敬传统的楷模。有一幅他在此年临摹的龚贤山水，就是证明。

值得注意的是，崔如琢在探索现代水墨过程中明确了现代性非现代化，有对中国传统画法寻根探源的思考，相反，一部分大陆画家，则分不清二者的关系，在做实验水墨时，与国内的哲学界、文学界一样有焦

---

① 见杜威《哲学的改造》。

与台湾塑胶大王王永庆博士

躁、迷茫、错乱的弊病。其意义仅为与过去经历划清界限而已，作品本质只是从写实转变为无源之水的抽象罢了。

从1985年到1987年，崔如琢在现代水墨上共花了3年时间，然后，立马又回到了传统，对传统有了新的认识，而中国当代的其他一些艺术家，至今还沉溺在实验水墨的胡同里，越走越死。

以上阐述的，是围绕实验水墨这个话题来展开论述的，接下来，我们谈谈崔先生的艺术市场。

80年代崔如琢的艺术市场

80年代初，崔如琢在美国谈艺术与市场之间的关系时，国内没有艺术市场这一概念，专门的艺术品拍卖公司还没有出现。大陆第一家艺术品拍卖机构中国嘉德国际拍卖有限公司是1993年成立的，瀚海拍卖公司成立的时间是1994年，二者都比国外专门从事艺术品业务的苏富比、佳士得拍卖公司晚了差不多220年。崔如琢作为一个传统画家，敢于正视物质，打破固有经纶去谈市场、去面对市场，确实需要一定的胆略。1981 年他提出艺术市场这一概念，紧接着，在接下来的一年，其作品就进入了国际最有代表性的拍卖公司之一——佳士得拍卖公司。其中，《香充幽谷》（题材、尺寸不详）在香港以 2 万港元成交。过去，这绝对是一个天价，放眼当下，该价格尽管平常，仍有百分之九十多的名家连进佳士得的资格都达不到。

从 1982 年开始，崔如琢的作品在国际艺术品市场上出现。其出现的时间，比华人同道，尤其是比内地同行至少早十几年。这十几年里，我国的书画拍卖市场是个空白。即使嘉德、瀚海在 90 年代初就成立了，但那时画家对市场的认识远远不够，参与的积极性也不高。直到 2000 年崔如琢归国后，在他不断地模范和影响下，很多画家才开始觉悟，紧跟其后，逐步形成了当代书画拍卖市场的繁荣局面。

造成八九十年代及 21 世纪初期大陆画家对市场不太感兴趣的原因很多，其中的决定因素，一是当时国内的经济形势与国际还有差距，二是陈旧的思维观念在现代化转型中没有转变，落后的经济状况，必然导致乡村化的传统商业观念与非现代潮流的处世原则阻碍了艺术家的意识开化。

崔如琢之所以能在改革开放初期直面艺术市场，有历史、社会、人文的经验总结和契合国际经济一体化的发展眼光。经历了中华人民共和国成立后 30 年计划经济的他，脑子里竟然还能迸发出活跃的、超前的新意识，令人感喟。是的，这代人就是这么让人不可捉摸，个个像哲学家，思想活跃、能力超凡，肩负重任，通过努力让祖国在很短时间里跻身于世界经济、军事强国之列。

1983 年，基辛格收藏了崔先生的一幅画《野趣图》：两只雄鸡，一个中正肃穆、朴素威仪，一个谦卑有礼、虔诚实在。前者代表了无与伦比的价值与文明，后者则成了追随的受道者。基辛格博士把中国人的这种带有古典外交方式，比喻为中国的一种棋谱——围棋①。

---

① 见［美］亨利·基辛格《论中国》，中信出版社 2012 年版。

野趣图，1982 年，45cm×90cm　收藏者：美国前国务卿 基辛格

　　1985 年，崔如琢已经成了国际华人艺术界的巨人。各国文化部门、博物馆、大学争相邀请他去做文化交流、办展、做演讲，并期望收藏他的绘画、书法作品。在受邀访问时，其作品《东风朱霞》（1982年，134cm×65cm）被韩国汉城大学收藏，《报春》（尺寸，年代不详）被菲律宾远东大学收藏。这两幅作品都是花鸟题材，前一幅寓泼墨芭蕉、浓墨竹子和色泽明快的山花于一体，很有新意。80 年代初期，如此题材的作品，是他花鸟画的主要面目之一，1988 年宋美龄收藏的一幅《山花怒放》（100cm×184cm），在题材构成上，就有墨竹和山花。

　　举世皆知，宋美玲是中华民国前第一夫人，与宋蔼龄、宋庆龄合称宋氏三姐妹，有留学美国背景，擅长外交，对近代史及近代中美关系产生了重要影响。其兄是民国政治家、金融家、外交家宋子文先生。宋美龄不仅有极佳的语言天赋，通晓多国语言，还在国画、书法方面有颇深的造诣，能用古法写山水、花鸟、书法作品，遗迹不少。因此，出于多方面的原因，她和崔如琢志趣相投，在 1983 年就已经成了朋友。

　　客观上，1985 年崔如琢在艺术、财富、地位上都上了一个新台阶，

东风朱霞，1982 年，134cm×65cm

收藏者：韩国汉城大学博物馆

与他来往的，以及他的学生里不乏王室贵族。泰国公主缇娜小姐是他拜会泰国王室时收的徒弟。要说画价、财富、影响力，很多华人艺术家都有所不及。当 80 年代，崔如琢的一幅画卖几万美元时，多数画家的画在美国连几百美元都不好卖，甚至无人问津。自然地，文人的担当意识、血统意识、国族意识，让他做了华人艺术界的老大哥。谁有困难都找他，机票、食宿、生活费，五花八门的问题都有，甚至一些画家做了展览，画没售出去，欠下场地费，最后都找崔先生帮忙。总之，受过崔先生恩惠的，有闻名的老一辈的大画家、知名作家，也有当代的书画名家，他们有的过世了，有的还在风生水起地经营着自己的事业。

山花怒放，1988 年，100cm×184cm　收藏者：台湾 宋美龄女士

第三节　刘海粟如何评价崔如琢

　　1986 年，崔如琢的绘画水平有了很大提高，42 岁的他人笔俱老，境界不俗，闻名海内外，受到了老一辈画家的赞誉。令人想不到的是，擅长用西法作画的近代大画家刘海粟老人对他尤为肯定。据海老的弟子、香港中文大学教授陈德曦回忆，一次在香港，他跟先生聊天，提到了海外发展的崔如琢，没想到老先生说出了这样一句话："北方有俩我欣赏的画家，一位是齐白石，另一位是崔如琢。"这让他颇为惊讶。因为海老很少夸人，连徐悲鸿都不放在眼里[①]，更别说其他人了。

　　陈德曦将老师的这句话写进了文章，发表在当年的香港《明报》上。可惜，斯人已逝，这件事情无处深挖了。后来，万青力（1945—2017 年）讲，海老的这句话，最先是讲给崔先生本人的，当时他在场，这里面另有这么一段有趣的故事：

　　　　在一些时间里，海老经济状况不好，在香港住酒店需要钱，我

----

① 见荣宏君《世纪恩怨》，同心出版社 2009 年版。

就给崔如琢打电话，说明了情况，没想到他一出手就是 30 万港元。我把钱转给了海老，海老很高兴，非要见见这个四十出头的画家，要他带画过来。过了一段时间，崔如琢来了，也带了一些画，海老都看完了，看了好久，说道：

"北方有俩画家，一位是齐白石，一位是崔如琢。"

我看了下旁边的崔如琢，他很镇定，没表现出什么来。后来，我又问了他对海老的评价有何看法，他只说了一个词："海派"（不按照事实说话）！

刘海粟的话在当时或许有过誉成分，引起了崔先生的些许不悦，因为那时的崔如琢，在学术、思想上远没有今天的高度，作为他一生最重要的学术贡献——指墨，更是十几年接近二十年以后的事情。可仔细想一想，20 世纪具有代表性的北方画家屈指可数，除了齐白石、李苦禅、秦仲文、王雪涛、溥心畬，中西折中的黄胄、周思聪、石鲁外，中国画坛的大半天地，都是南方画家的：黄宾虹、傅抱石、潘天寿、李可染、吴湖帆、陆俨少、张大千、谢稚柳、林风眠无一不是。所以，从另一方面说，海老的话没有过分，而是有所保留。他没有将崔如琢跟天才超常、个性明显、技艺高超的南方画家去比，原因是，崔先生画的最核心的笔墨——积墨、泼墨法，以及淳朴光明之内涵，有借鉴黄宾虹、潘天寿、傅抱石的意思。即便这样，海老将崔如琢与白石老人并列，看成了支撑北方画坛的两根擎天柱，一定有他的原因。一位见过大世面、经历过大场面的老人，必然不会睁眼说瞎话，为了一个晚辈去违背学术精神。其实，在 1986 年之前，崔如琢已经在笔墨上有所超脱，遗民的、近代的那些成法，在他处已变成心法，化为己用。1985 年时，他作过一幅以鸡为题材的册页（尺寸、页数不详）。目前遗留下来的部分有《全家福》《野趣》《梅清图》《寒月》《春眠不觉晓》《晴雪》《竹荫细语》《清声》《群鸡图》，还有一页未写画题，只题了"如琢"二字。该册页，笔法上的简逸，墨法上的豪迈，内涵上的收敛，出于苦禅、八大山人，又有超越处。其浓墨、泼墨以及兼具晋唐笔法的金石意趣，使作品在厚重深藏中又灵动自然。尺幅内外，处处是儒学之仁爱忠信，囊括了君臣、父子、母子、夫妻、朋友的关系。

与刘海粟在一起

细品这仅有的十开册页，每一幅小画在笔墨、布置上互不重复，各有面目。与前辈比，一点也不逊色，甚至有自己的优势。所以，刘海粟的评价不无道理。事实证明，后来的崔如琢最终影响了中国画的发展，其山水、花鸟、指墨极具历史性、超越性，如果海老还健在的话，他一定会为自己的眼力感到欣慰。

海老与崔如琢一样，也在海外打拼过很长时间，但他过得不大如意，在国外没有国内那么顺风顺水，春风得意。80年代，他常去的地方是香港这块还没有回归的、正被英国殖民的土地。那里有他的一些朋友、学生及喜欢他艺术的商人、政客，能为他提供很多方便，让他每次去香港，都能在豪华酒店里住上一段时间，享受各种尊贵的、专业的服务。可是，这些表面的热闹，都改变不了老人心灵上的落寞，他需要的，是一个能跟他真正交流、懂他的人聊聊天。正是这个时候，崔如琢又一次出现了。这次，崔先生与海老见面谈话的细节，我们无从得知，能想到的，必然是关于艺术、关于海外生活的话题。两人聊到尽兴处，合作了一幅丈二匹荷花《清秋》（140cm×359cm），流传至今。

崔如琢先生与刘海粟先生合作荷花图——《清秋》，1983 年，140cm×359cm

崔先生临别时，海老拿起笔，为他的画室斋号题写了"静清斋"三个字，老气横秋，有老一辈文人风骨。这幅字一直被崔先生珍藏着，如今挂在崔先生的住处静清苑主楼的客厅里。

"静清斋"牌匾 34cm×140cm

第四节　李可染如何评价崔如琢

1986 年崔先生陪同陈大纬女士回国访问，期间，他特意拜会了李可染、吴作人、吴冠中等画坛前辈，老先生们对崔如琢的艺术和他在国外所取得的成就，给予了高度评价。1986 年，李可染先生在中国美术馆举办了自己艺术生涯的最后一次大规模展览。吴作人先生则已经做了一年的中国美术协会主席，此前他是徐悲鸿之后中央美术学院的第二任院长，与前任院长江丰先生是标准的徐悲鸿教育体系的接班人。而吴冠中老人还在崔如琢以前执教过的清华美院工作，在同代人的光芒下，他的才华在大陆美术界还未完全显见。

与李可染大师在一起

崔如琢这次回国，恰逢恩师李苦禅纪念馆万竹园的开馆仪式。万竹园是一座古宅，建于元代，因园内竹多而得名，园内的李苦禅纪念馆里藏着苦老遗作和生前藏品 400 余件。遗憾的是，三年前苦老已去世了，这对父子般的师徒没能见上最后一面，站在纪念馆前，回想和恩师在一起的一幕幕，崔如琢泪如雨下。崔如琢在出国前，恩师常常嘱咐他要好好做学问，一定将传统文化发扬光大，等以后有钱了，多收藏，对画画有好处。这些，至开馆仪式时，崔如琢给恩师交了一份满意的答卷。

1988 年，崔如琢第二次回国参加首届北京国际水墨大展。其作品

《山之梦幻》进入李可染大师的法眼。李可染评论道："山不像山，其山自在；水不像水，其水自流。千山万水，画理自在其中。"

山之梦幻，1986 年，134cm×66cm

这是一句极具道释审美哲理的评语，自古以来，文人将这种似是非是、亦真亦幻的境界看成托靠理想、实现心灵快感的至高之理。庄周梦蝶、陶渊明之桃花源，宗炳之"卧游山水"①、王维之"雪里芭蕉"②，都是古代文学艺术史的典范。清初遗民画家和近代先贤，在世道衰变中又兴起了这种传统，在美术史上留下了辉煌的一笔。事实上，中国历代

---

① 出自宗炳《画山水序》。
② （宋）朱翌《猗觉寮杂记》："右丞不误，岭外如曲江，冬大雪，芭蕉自若，红蕉方开花，知前辈不苟。"

文人，不管在衰世、乱世还是盛世，道释内涵里的虚玄世界，更符合他们的文艺理想和生活态度。从东晋顾恺之的《洛神赋图》到当代崔如琢的《山之梦幻》，传统绘画一直处于兼容并蓄状态，在价值观上以儒学为标准，在人生观上又尚道释，形成了绘画内涵上的三家共存本质。

崔如琢这次回国的另一个重要原因是，谷牧先生邀请他回来作画，将其作品作为国礼赠送给李光耀先生。

崔先生被安排在北京钓鱼台国宾馆，吃住、画画都在这里，共计两个月时间。最后，以八尺巨幅花鸟作品《双鹰图》完成了任务，谷老很满意。这是他第二次受邀为谷牧作画，第一次是 1972 年。

第五节　大陆画家在台展览第一人

1988 年底，崔如琢在海外的影响力大得惊人，从香港、台湾寄来的展览、学术讲座邀请函，如雪片般飞来，唯有一家艺术机构是他中意的，那就是台湾最高规格的展设机构——历史博物馆，除了张大千曾在这里办展过，大陆画家的展览还未有过。

在朋友的帮助下，他将展览申请和之前在纽约出版的两本大型画集寄给历史博物馆，一本是 1984 年纽约中国艺术研究会出版的《崔如琢的世界》（英文名：*The World of Cui Ruzhuo*），另一本是 1987 年由人民美术出版社出版的《崔如琢作品选集》。很快，台湾方收到了资料，12 位学术评估专家全票通过。他们一致认为，崔如琢的艺术水准完全符合历史博物馆的学术要求。可馆长陈奎森犹豫不决，不敢签字。最后，崔先生不得不出面和台湾"行政院"院长李焕联系。在好友朱婉清的陪同下，带着一幅画去了"行政院"。

李焕见到崔先生很开心，两人无拘无束地聊了起来。两岸的艺术家张大千、溥心畬、黄君璧、齐白石、徐悲鸿、傅抱石等都成了他们谈论的话题。短短的时间里，李焕被崔先生的才华、个人魅力吸引，竟主动邀请崔先生来台湾的大学、艺术机构讲学、办展览。这不正是崔先生此

与台湾地区"行政院"前院长李焕合影

次来的目的吗？经此行，崔如琢的画展事宜如愿落实。当天下午，陈奎森馆长赶到崔先生下榻的酒店，亲自至崔先生处，将可以在台办展一事告知崔先生，并给了长达一个月的展览时间。最后，两人商定，展览的具体时间为 1989 年 4 月 10 日至 5 月 10 日。

　　我拿了在纽约出的大画册给评委，以衡量我的艺术水准。馆长是陈奎森先生。听说 12 个评委一致通过，1988 年 12 月底就已经定下来。可是，我在纽约怎么也没有等到消息，正好王永庆的女儿和京剧青衣演员郭小庄邀请我去台北，我去了方知没下文的原因是陈奎淼不签字。当时推测，可能是因为我从大陆出去的，有所顾虑。

这时，纽约朋友朱婉清请我吃饭，说："有可能是因为政治上的原因。你准备一张画，我跟'行政院'院长李焕联系联系。"

很快，我和李焕见了面，在他的'行政院'聊天。李焕也挺喜欢画，我们先谈艺术，再谈张大千、溥心畬、黄君璧，谈大陆的齐白石、徐悲鸿、傅抱石等，也谈到了宋美龄、蒋经国、王永庆等台湾的政界要人。李焕觉得我很健谈，主动提出让我到大学里面讲课，开画展。我就笑了，说到展览的搁浅，李焕立刻把秘书找来，当我的面说："你去跟陈馆长联系，安排好崔教授的画展。"

当天下午，我在酒店接到电话，说有一个姓陈的来访，我赶紧下楼，来人就是不批我办展的陈奎淼馆长。他说："对教授的画非常欣赏，一致同意在我们那办展览，但是想选一个好时间，所以迟迟没有答复。现在给教授一个月的展览时间，挑那天开幕都可以。"

结果商定在 4 月 10 日到 5 月 10 日展览。

朱婉清建议说："得有个头面人物来剪剪彩。我知道你认识王永庆、王惕吾、宋美龄，但是，你必须找一个当下在台湾说话管用的。蒋经国不一定出席，'副总统'谢东闵也许可以。"

第二天，我们就到了"副总统"谢东闵家，在他家吃的饭，送了一幅画。和他聊了很多，他很好奇，也很爱听。①

台湾展览十分轰动、十分成功，名流云集，卖画总额高达 3000 万港元，从来不买画的王永庆先生，花了 12 万美元买画，让台湾艺术界羡慕、嫉妒中有些尴尬。

画展期间，由台湾历史博物馆出版的大型画册《崔如琢的世界》，在台湾公开发行。画册里印刷的都是本次展览的作品。

画展结束，崔先生做出了一个令人不解的举动，在当地召开了一个

---

① 见柯文辉主编《崔如琢》，河北教育出版社 2010 年版。

记者招待会，等各路主流媒体到了现场，他开场的第一句话就是："我从今天开始面壁十年！"台湾《民生报》《联合报》等媒体的记者被震住了，不敢相信自己的耳朵，忙追问原因，崔先生用郑板桥的一句诗（《题画竹》）作答："四十年来画竹枝，日间挥写夜间思。烦冗消尽宜消瘦，画到生时是熟时。"从此，崔如琢开启了 90 年代的十年闭关生涯，之后，其艺术创作、艺术思想又迈向一个新的阶段！

第四章　封笔十年历程

第一节　闭关时国内、国际的学术背景

20 世纪 90 年代是社会急剧大转型的时期，一切以经济建设为中心，文化在地位上开始从属于商业市场，80 年代遗留下来的思想焦躁、学术空泛等问题，进入新的十年，势头只增不减，许多艺术家将现实里的情绪继续发泄在文化艺术上，矛头直指传统，其反叛、对抗、违背常理的意识丝毫不减。与其说，80 年代中期，李小山的之中国画之"穷途末路"[①]、吴冠中的"笔墨等于零"[②] 论调是反传统，那么，90 年代末，行为艺术家的捆绑、自残、吃婴事件[③]，无疑是对人性的挑战。有人将诸如此类的情况归于现代思潮脉络的"思想"大爆炸，殊不知，这些人所表达的，不是精神，不是自由，也不是诉求，而是毫无头绪的心理宣泄。他们理解的、参与的、切身体会的文化、艺术、社会问题非常有限，甚至可以说，这些问题都与他们无关（比如传统文化）。正是因为无关，才导致了边缘人物的话语权争夺与身份强调，传统文化（包括 20 世纪初期形成的现实主义）不可扭转地让位于地摊文化，一些人只因效仿鲁迅写了一篇文章、讲了一句话，做了一件事便声名大

---

① 见李小山《当代中国画之我见》，《江苏画刊》1985 年第 7 期。
② 吴冠中：《笔墨等于零》，江苏文艺出版社 2010 年版。
③ 《从吃死婴到展示性行为，行为艺术玩了谁?》，《北京晨报》2011 年 5 月 11 日。

噪。事实上，随着中国社会环境越来越开放，西方各种信息暴风骤雨般地向中国涌来时，沉闷了好久的边缘艺术家喜好用稀奇古怪、荒诞不经的事情来消费、娱乐、解压，博人眼球。从而，大陆的主流文化不再是信奉经典的传统，而是西化的、人人可以参与的快餐文化。至此，从事哲学思想、文学艺术的知识精英，只能在沉寂中一边为自己的学术理想奋斗，一边承担起启发民智的责任。

归根结底，当代一些人对历史的反思，对现实的避讳，与近代新式知识分子一样情愿与不情愿地将传统当成"黑锅"，人人可以对其横加指责，或指桑骂槐。这个时期，即便不像 80 年代是真正意义上大师离席的时代，但老一辈仅存的一些维护传统儒学价值的文人，如冯友兰、钱穆这两位极具代表性的思想史大家，在 1990 年就去世了，画界，林风眠、黄君璧、陆俨少、刘海粟、谢稚柳也相继离世，传统思想界、文艺界都面临后继无人和西学泛滥的局面。好的一面是，在社会主义市场经济蓬勃发展，国家在经济发展中实现了自身价值，树立了良好民族品牌、增强了民族自豪感。

国际主流知识分子在思考各民族文化差异时，大多数人都体现出了近代民族主义的狭隘和积极的一面，想方设法为自己本国的文化和学说圆场。不过，其积极意义在于，这种为本土固有文化辩护的立场，推动了全球文化朝着多元化方向发展的局面。其中，以自由包容闻名的美国政治界，竟然以亨廷顿为首，点名道姓地批评异己文化。

1993 年，塞缪尔·亨廷顿在他的政治理论著作《文明的冲突》中，将冷战后的世界文明细化为八大体系：中华文明、日本文明、印度文明、伊斯兰文明、西方文明、东正教文明、拉美文明、非洲文明。他认为，社会主义阵营土崩瓦解后，将来影响世界格局和世界秩序的，不是意识形态，而是这几种文明之间的冲突和对抗。1996 年，他的新作《文明的冲突与世界秩序的重建》把伊斯兰文明与西方文明之间的矛盾，放在显要位置。当然，中华文明是每一位西方学者——尤其是像塞缪尔·亨廷顿这样的哈佛学者更热衷的学术课题。我们从支持和反对①他的声音里能够觉解（现代哲学用词，不同于觉察，见冯友兰《新原人》）到 90 年代是世界各国构想、重建其文化体系与价值观的开始。

中国在文化方面有优势。改革开放初期，中国提出了四个现代化（工业现代化、农业现代化、国防现代化和科学技术现代化），唯独没有提文化现代化。因为，"现代化"是 19 世纪末的舶来词，近学日本（如洋务运动、80 年代炼钢），远以美、英、法、德的标准。美国从独立日（1776 年 7 月 4 日）距今仅两百多年的历史，不可能在文化上优于五千年的中国。所以，文化自信是追求现代文明的中国，立足世界，长远发展、伟大复兴的根本。

崔如琢这代人对世界的认识，比近代人更深刻。近代的在社会变革、文化转型中起关键作用的一些人物，基本是将西学拿来或折中（学术词，似中西合璧）利用。他们的过失，除鼓吹西方现代文明的先进性外，很少有人能把自己真正融入西方社会，去切实感受当地的文化思想、风土人情。那时，残缺破碎的祖国现状，给不了他们四平八稳的思虑心态，因此，他们做出的每一举动，都是在心急火燎中仓促完成的。崔如琢认识到了这一点，立志给自己十年，用来反思历史的缺失和研究中西文化的本源、同异问题。这十年，为他后来决心弘扬传统绘画，否定舶来之学，排斥中西合璧，提供了能量。

高明者总能先知先觉。传统文化的深厚涵养，让崔如琢始终如履薄冰、战战兢兢、未雨绸缪。在亨廷顿还没出版他的书之前，崔如琢已经思考了与他类似的问题。什么现实主义、超现实主义、浪漫主义、野兽派、印象派、立体派、达达派、新古典主义等一系列名目繁多的主义、派别的代表画家作品，这些都是他去各地博物馆、美术馆时，从不放过的功课。从美国十年到中国香港十年，通过游历参观和文化访问，加起来足足二十年的耳濡目染，他最终用"科学"与"意象"这两个大家耳熟能详的词，来分别西方绘画与中国传统绘画。崔如琢的老朋友及

---

① 见汤一介《评亨廷顿的文明的冲突?》，《社科信息文荟》1994 年第 16 期。

90 年代的新朋友：里根总统、基辛格博士、泰国盘古银行董事长郑午楼、菲律宾首都银行董事长郑侨志等，个个热爱中国文化，醉心于收藏中国传统艺术品。他们的喜好，更加坚定了崔如琢的文化自信，让他深信，将来有一天，中国传统文化的复兴指日可待！

第二节　90 年代的闭关生活

1991 年，因国际国内形势，文艺政策忽然收紧，艺术家在创作上多少受到了些影响，让事业有成的一部分海外艺术家，放缓了回国步伐。于是，香港这块与大陆隔岸相望、鸡犬相闻的现代化城市，成了很多想要回国发展的留学知识分子的暂时栖居地。这里的美食、风土人情、种族、语言，都不需要思乡迫切的游子花时间去适应，相反，宾至如归。

崔如琢闭关修炼的十年，与近代海派一样，在租界度过。遭遇了两次鸦片战争，英国先后通过 1842 年的中英《南京条约》、1860 年的中英《北京条约》、1898 年的中英《展拓香港界址专条》侵占了香港。从第一个不平等条约《南京条约》签订，到 1997 年香港回归祖国，这片土地共遭受了 155 年的殖民耻辱，对中华民族的心灵创伤非常大。实际上，吴昌硕等海派所寄居的上海，被殖民的命运也是起始于与鸦片战争紧密联系在一起的《南京条约》（1842 年 8 月 29 日签订），换句话说，他所代表的海上画坛，与崔如琢虽然隔代，但因相同的条约耻辱，形成了一以贯之的民主主义、民族情绪，和家国、文化方面的忧患担当。正是如此，造就了崔如琢在 21 世纪响应"中国梦"的感召，扛起了民族文化复兴大旗，作为传统文化正本清源最自觉的一员，他让世界感受到了"东学西渐"（以现代学术思想语"西学东渐"对应）的春风细雨。（见后文）

比吴昌硕幸运，崔如琢十年修行的最后三年，香港、澳门相继于1997 年、1999 年回归了，中华民族经过漫长的一个多世纪，最终恢复了被侵犯的领土主权。这一天，吴昌硕没有等到，他的弟子潘天寿也没有，他们两代人留给我们的，是生生不息的奋斗精神和悲欣交集（李叔同临终遗书里的四字）、浓淡相宜的笔墨传统。

世人理解的传统文人的闭关生活，无非就是将心中的治平理想搁浅，过着操笔弄墨、把玩字画、呼朋唤友、饮酒作诗、四处云游的逍遥遁世生活。典型的如"竹林七贤"（嵇康、阮籍、山涛、向秀、刘伶、王戎、阮咸），不问世事、解衣盘礴①、放荡不羁。也有人将闭关生活与陶渊明的《桃花源记》、黄公望的《富春山居图》联系起来。总之，魏晋玄学超然物外的思想，影响了中华民族的生活美学和对现实世界的浪漫幻想。闭关不是自闭，而是蔽除私欲。历史上大部分带有道释情怀的闭关生活，其终极境界是为了实现自己的传统儒学价值，为亲人、为宗族、为社会、为国家、为民族做有意义的事。

崔如琢在闭关过程中，他的情趣、抱负，在游历与收藏上体现了出来。香港十年，这两件事贯穿始末。

游历与收藏

游历世界各地的主要博物馆、名山大川，与收藏鉴赏是崔如琢治学的主要手段。1992 年，次子崔近（与长子之名"远"字放在一起，是个极为常见的儒学概念，即远近大小、由己及人）刚满一周岁，他就开始了其周游计划。美国纽约大都会艺术博物馆、法国卢浮宫博物馆、法国枫丹白露宫、英国大英博物馆等近两百家文物艺术品收藏机构里有他们的足迹。这些机构的藏品，除了其本国的经典外，还有数不尽的中国稀世珍宝，种类齐全，具体有：陶瓷器、漆器、香炉、牙雕、玛瑙、琥珀、水晶、佛造像、首饰、木雕、玉器、金银器、宝石、书画、钟表、家具、锦缎、毡毯、古籍文献、法帖拓本、壁画、商周青铜器等。据统计，国外两百多家博物馆里，收藏中国流失在海外的文物多达

---

① 出自《庄子》，画论用词。

1700 万件，远超中国本土博物馆藏品的总量，很多博物馆的中国珍品数量在 10 万件以上。如大英博物馆的两件镇馆之宝：东晋顾恺之的传世经典作品《女史箴图》（唐代摹本，绢本设色，25cm×349cm）和明永乐年间编纂的旷世巨典《永乐大典》，就是英法联军入侵圆明园后，盗至国外的。实际上，国外的公私博物馆、美术馆收藏的东方艺术品，大部分是列强入京从圆明园、紫禁城、中南海、颐和园、官署、王公府邸等处抢占去的。两次大事件，一次是 1860 年英法联军进京，一次是 1900 年八国联军（英国、法国、德国、俄国、美国、日本、意大利、奥匈帝国）进京。这些宝物被带到国外，有的流入民间，有的进了皇室贵族之家，还有的进入了私人和国家的收藏机构。由于英法联军是火烧圆明园的主力军，所以，大英博物馆和被称为又一个圆明园的法国枫丹白露宫是收藏清宫旧藏的主要机构。

真相远不止于此。19 世纪末，外国科考队、军阀让中国的陵墓、石窟等地上、地下文物大量毁坏、流失，丝绸之路沿线的边远落后地区，成了重灾区。1907 年，敦煌石窟的上万卷经书、壁画等文物被装成 29 大箱，随着英国人的驼队消失在夜色里。一切说来让人心痛，到了 20 世纪 90 年代初，盗挖毁坏、走私文物成风。甘肃、山西遍地坑洞，仅甘肃境内的盗墓者一天就出现一两千人。甘肃的大堡子山秦公墓被盗后，大量秦人文物流失到法国（后归还了 32 件）。山西侯马晋侯墓地也遭劫难，数以万计的商周青铜器散落在国内、国外的古玩市场上，惨不忍睹。

可想而知，崔如琢在参观国外的博物馆、美术馆，逛文玩市场时，必然会带着一种沉重感。俗话说，知耻而后勇，也只能如此了。他每到一地，都会很用心观摩体会，尤其对一些重要的馆藏经典书画作品，十分严谨地按编年顺序，在笔记上作些批注。一幅作品描述，有的只用一两句话，有的上百字。年复一年的参观学习，加深了他对中国传统文化、传统书画的理解，也加深了他的历史、文化使命感，从而，散落在海外文玩市场的文物，如商周青铜器、历代书画、古陶瓷、古家具等成了他收藏研究的重点。凡是进入他法眼的艺术品，他都不惜重金收购。十年下来，崔如琢是华人圈里首屈一指的画家、收藏家。他的藏品广涉书画、陶瓷、青铜器、家具、玉石、钟表等。

书画收藏方面，从北宋到近现代形成了体系。宋代米芾，元代赵孟頫、鲜于枢，明代文徵明、沈周、唐寅、仇英、董其昌、徐渭、清初"四僧"，清初"四王"、金陵八家（代表人物为龚贤、樊圻、高岑、邹喆、吴宏、叶欣、胡慥、谢荪八人）、"扬州八怪"、海派吴昌硕、虚谷等的作品，都进了他的收藏室。李可染、黄胄、徐悲鸿、傅抱石、潘天寿、黄宾虹、张大千等现代大师的精品崔如琢也收藏了不少，且件件珍贵。

崔如琢作收藏，完全是一种文化情感，为学术研究而收藏，毫无功利性。他游遍了大半个地球，差不多去过的地方，都要收藏几件宝贝。八九十年代的海外文物市场，流失在外的中国文物随处可见，而且要价也不高。商周的青铜器在古玩店里更加廉价，这让崔如琢心里难过极了，也刺激了他力所能及地为传统文化做一些事情。在德国柏林，他收藏了一件器物是西周早期的青铜簋，雕饰精美，上面有功力深厚的铭文作家的刻字。

众所周知，西周是中国古典哲学、古典文学、古典礼义的源头，后世以此为本，崇圣贤君子，循民族血统，构建理想社会。可见，代表西周铸造工艺水平的一件小小的青铜器，其意义并不在器物本身。更重要的是，它是近现代考证历史文化、大同理想社会的媒介之一，也是中华民族在危难时刻，知识分子（罗振玉、王国维及民国"中央研究院"历史语言研究所的同人傅斯年、李济、董作宾等）在治国、文艺方面的思想源泉和精神动力。书画家更是将钟鼎之形而上之内涵、文字笔法，引申进书画作品，作为精神依托，与现实抗争，开创了一个赶超前人的时代文艺风貌。吴昌硕、黄宾虹、李苦禅、崔如琢都是佼佼者。他们的心底笔端，无不是金石味浓烈的儒学之正大光明、淳朴方正。有一点，崔如琢的绘画面目，显得明快、自信些，近代先贤的那种悼亡伤逝、惨淡落败、哭笑无常的笔墨境界，在他处已经变成了浑然大气、生机勃勃、一发不可收的浩然正气，无论是春秋冬夏之景，都让人能听到四时更替、风霜雨露的声音。

整理作品

封笔后的崔如琢并非仅做功夫于见闻和顿悟，而绝弃了绘画上的实践，实际上，他从没有放弃过绘画理想，只是闭关期间，对人性、社会、历史、国家、民族、文化的过去、现在、未来思考多一些，绘画在他处，只是其诸多理想化之为一的点滴而已。正是专攻于这一隅，才使他的人生厚实强大，绽放光彩。

崔如琢闭关后的前三年，除了游历、收藏、访问，基本是在整理自己的画作，准备出版画册。唐宋文人也乐于此道，苏东坡晚年一直忙碌于其诗稿整理工作。

1993 年崔如琢 49 岁，爱女崔嘉宝于当年出生，他出版了人生中的第三本画集《崔如琢画集》。这本书是他在国内发行的第一本公开出版物。而此装帧精美、分量十足的大画集，由国内一流出版社负责出版发行，必然是崔如琢的用心之作。期待已久的艺术界，早就对崔先生的神秘性、传奇性充满好奇。不管怎么说，画集的出版，让国内艺术家看到了一股与神奇相伴的、十分纯洁、毫无渣滓的传统学术力量。从事传统画法的人感到欣慰，而折中和完全西化的画家感到失落，他们没有想到传统文化在海外的顽强、旺盛生命力。

概括起来，崔如琢出版此画集，主要原因有二。

一、检验自己。将那些不满意的作品撕毁，争取向"不重复历史、不重复前人、不重复自己"的"三不"原则迈进。

二、归心似箭。他的艺术事业重心开始向国内转移。

画集出版后第二年，崔如琢游览了祖国的大好河山，如黄山、华山、武夷山、龙门石窟、大足石刻群、敦煌莫高窟等，并在敦煌收获颇丰，收藏了傅山书法册页和一幅《书画长卷》等。之后的几年，他醉心于琢磨古人，伏案创作并倾心研读经典，力求知行合一，上下贯通。

《溪山清夏图》(50cm×370cm，1995年)是崔如琢90年代的经典之作，该作是他在香港创作的90多幅作品里，存留下来的为数不多的作品之一。此作将董其昌、"四王"一路之端谨、大小精微内涵与遗民画家之不拘小节、豁达万变融会贯通，其石法之简逸勾勒、水法之周流万变、路径之曲折环绕、林木之野逸自然，看似有前人气质，但前人无此法。崔如琢的独特之处在于，其在笔墨处致敬传统，尽心尽性时，将遗民、近人之苦闷忧郁，变为明快愉悦，这也算是山水画之一变也。在思考历史时，他不侧重于某一时期，而是大包容，全面审视，全面总结，在历史长河里，给自己建立了一个亦真亦幻的大境界、大气象的祖国山水画卷。这是崔如琢在笔墨处、思想上展现出来的历史观与价值观。

溪山清夏图，1995 年

艺术史上出现的反映社会兴盛的画卷，多是出现在萧条惨淡、兵荒马乱的时期。董源及画史上很多有影响的大画家，都没有逃脱后人对历史的这种评估。黄公望、倪瓒、王蒙、石涛、八大山人、渐江、髡残、龚贤、吴昌硕、黄宾虹、齐白石、潘天寿、李苦禅等，皆是在失意落寂时，将自己视为哲人隐士，对现实的反思、追崇，绝望中生成了颇具生命力的，有乡野、山林意味的传统笔墨情趣。对照历史，我们通过画作发现，有两个人与众不同，一个是北宋的张择端，一个是当代的崔如琢，他俩在繁华升平中，悄无声息地书写着自己的价值观、世界观。张择端的《清明上河图》(绢本设色，24.8cm×528.7cm，故宫博物院藏)将极盛时期的开封一隅之宫廷庙宇建筑、城墙、运河、大型船只、桥梁、农田水利工程设施和商业活动，用史实的手法写出来，全景再现了当时社会士农工商阶层的日常生活及与之相关的文明程度。崔如琢则用

《溪山清夏图》讴歌了太平之世中艺术家的文艺理想与人民群众对美好生活的向往。他的山水里没有生活场景，只有去尽铅华的安逸。

第三节 崔如琢的藏品《石涛大士百页罗汉图册》

闭关末期，有一件改写中国美术史的事情，载入了崔如琢的艺术年表里。

1999 年春，崔如琢通过变卖美国纽约长岛的一处占地 6 英亩的房产，斥资 1 亿元从日本藏家手中买来了一件《石涛大士百页罗汉图册》。据考证，《石涛大士百页罗汉图册》是石涛耗时 6 年绘制的工笔人物作品，完整的一百开册页中，有仙佛罗汉 310 位，动物怪兽无数。现存有记录的石涛作品约 400 件，而《石涛大士百页罗汉图册》就是其中最重要的一件之一。

《石涛大士百页罗汉图册》 概述

《石涛大士百页罗汉图册》属册页纸本水墨，每开纵 42 厘米，横 31 厘米，共一百页。作于 1667 年到 1672 年间，是石涛 30 岁左右的作品，创作地域为宣城敬亭山广教寺，每页上钤有 "敬亭山广教寺永远供奉" 印，第一页有 "苦瓜大和尚百页罗汉图册神品 敬亭山广教寺供奉" 题签。

此图流传有序，原是安徽广教寺藏品，徽籍画家方士庶（1692—1751 年）也曾是这套作品的藏主，现存百页中每页都有其鉴藏印。方之后，画家明俭入藏，册前有明俭 1850 年的题签："石涛大士早年在敬亭山所绘五百罗汉图，历时数年，为石道人毕生之精制。庚戌腊月几谷明俭题识。" 至 20 世纪，这套册页又为著名藏家仇焱所得，每页都有 "苦蘱居士" 白文方印。后来，此图辗转流至日本，被大阪一收藏家收藏。20 世纪 90 年代末，《石涛大士百页罗汉图册》归国至静清苑。

此图在石涛作品流传史上前所未有，引起了收藏界与学术界的广泛关注。已故国学家饶宗颐，美术史学泰斗王伯敏，当代著名美术史学家朱良志、陈传席、萧平、刘墨等对该作给予了极大的关注，并写下了学术研究文章。2008 年，饶宗颐题签了《石涛大士百页罗汉图册》"小乘客山水人物白页"。2010 年后，紫禁城出版社出版的《石涛大士百页罗汉画册》，荣宝斋出版社出版的《石涛大士百页罗汉图册》，文物出版社的《石涛大士百页罗汉图册》，海南省博物馆编纂、南方出版社出版的《石涛大士百页罗汉图册》面向全国发行后，此作为世人所知。

在此指出，《石涛大士百页罗汉图册》在国家文物局、中国艺术研究院、中国国家博物馆主办的"崔如琢藏《石涛大士百页罗汉图册》国博展"（2012 年 6 月 9—20 日）展出过。甘肃省博物馆、河南省博物院、贵阳美术馆、清华大学美术馆、太原美术馆等都举办了专门展览。

《石涛大士百页罗汉图册》 学术研究

北京大学教授朱良志在其《传世石涛款作品真伪考》①第一章《观石涛大士百页罗汉画册》中认为，这件作品为难得一见的石涛人物画真迹。

（一）石涛曾间接言及此作

石涛 1688 年题明陈良璧《罗汉图卷》（作于 1588 年）云："余昔自写白描十六尊者一尊，始于丁未年，应新安太守曹公之请，寓太平十寺之一，寺名罗汉寺，今寺在而罗汉莫知所向矣。余至此发端写罗汉焉。初一稿成，为太守所有。此一卷至三载未得终，盖心大愿深，故难。"

这段题跋中，朱良志认为，"此一卷至三载未得终"作品就指《石涛大士百页罗汉图册》。其一，此百开作品自 1667—1672 年完成，时间上与石涛题跋陈良璧《罗汉图卷》的时间相吻合。其二，石涛说此罗汉图"山水林木皆以篆隶法成之，须发肉色，余又岂肯落他龙眠窠臼中耶"，从这句话可以看出，他立志在人物画技法上与李公麟拉开距离，故此思想与百开白描相同。其三，石涛作百开罗汉图，与他在广教

---

① 《传世石涛款作品真伪考》，北京大学出版社 2017 年版。

寺的经历有关，后来此图归广教寺，或暗含石涛之"愿力"（佛教语）。

石涛大士百页罗汉图册

（二）符合石涛早年活动线索

从时间上看，这套百开册页署年款涉及丁未到壬子，即1667年到1672年间。考虑到这套册页中无年款的占较大部分，可能时间会相对长一些，向后延伸的可能性更大。也就是说，这套册页与石涛在宣城的

石涛大士百页罗汉图册

活动时间相吻合。

(三) 符合石涛此期的思想状况

《石涛大士百页罗汉图册》所反映的态度与石涛的心境完全吻合。石涛一生唯有在宣城这十余年间最宁静安心,这时期留下的文献和作品中没有任何对佛门的抱怨,比如这套图册及大都会博物馆藏《十六应真图》。

（四）符合此期石涛用印和书法特点

《石涛大士百页罗汉图册》用印较多，以目前的百页排列顺序，用印先后有"老涛"（白、长）、"法门"（白、长方）、"原济"（白、方）、石涛（朱、方）、"小乘客"（朱、长方）等十一方。经考究，这些印的使用情况与石涛 1667 年到 1674 年间作品的印章使用惯例没有任何冲突。

在百开册页中，每页都有款，或"济""石涛""石涛济"等，或十余字，不论字数多少，几乎笔笔到位，流露着真性情，没有石涛大量伪作中的扭捏习气。

（五）符合石涛早年绘画风格

把大都会博物馆藏《十六应真图》与《石涛大士百页罗汉图册》简单相比即可发现，二者表现出的风格基本一致，后者人物线条更加劲拔细腻，构图空灵有韵味。《石涛大士百页罗汉图册》作于《十六应真图》之后，这里所反映的由内而外之气息在发展的脉络也是吻合的。

再将《石涛大士百页罗汉图册》与广东省博物馆藏十二开山水花卉、北京故宫博物院藏《黄山图册》、上海博物馆藏《观音图轴》对比，四者在气息、风格上一脉相承。

《石涛大士百页罗汉图册》 的学术意义

朱良志教授认为，其意义有三。

（一）对石涛绘画发展阶段有新的判定

石涛的绘画艺术发展，史学家常分为三个阶段。一是 1678 年之前，即宣城及宣城以前时期，此为石涛绘画的早期阶段，一般认为这个阶段石涛在绘画技法、思想上尚处稚嫩时期，现在，仅凭《十六应真图》这一幅作品很难确定石涛早期在人物画史上的成就。二是金陵时期，一直可以延续到北京时期（1690—1692 年）结束他绘画风格的成熟期，此为其绘画发展的中期阶段。三为定居扬州时期（1693—1707 年），此间他进入道教之门，绘画风格更加豪放自如。

《石涛大士百页罗汉图册》的出现，使我们对石涛绘画有了新的看法。宣城时期，他已经显露出高超的艺术才华，此期的绘画精致而细腻，宁静而幽深，在师法前人的基础上，有了自己的心法、技法，于人物创作方面体现出了超越李公麟、丁云鹏、吴彬之的非凡才能，从而，《石涛大士百页罗汉图册》推翻了史学界固有的认识，就是说，石涛在宣城时期，其山水、人物画并非处于幼稚期，特别是其人物画的创作，不但处于个人创作成熟期，而且处于历史巅峰状态。

（二）对石涛绘画流派的归属有了新的认识

以前的学界讨论石涛，在这方面比较模糊，一般说他受黄山画派、宣城画派的影响，具体的归属不敢确定。海外研究一般将其称为"独创派大师"，不属于一家一派。今天，由《石涛大士百页罗汉图册》可以看出，石涛绘画的营养源在黄山和宣城，其绘画家法在宣城时期就已经确立。他发挥黄山画派的内骨，足当一代宗师。

（三）对石涛的艺术特色有了新的认识

《石涛大士百页罗汉图册》给我们提供了一个观察石涛艺术世界的新角度。在这样一件庄重的作品里，石涛突破了道释人物画的局限，他不是要表达一个向佛的故事，而是热衷于创造一种独特的艺术世界，在超越了古法、超越了历史、超越了自我的同时，将人物画与山水融合，创造了中国人物画史的新高度。

绘画大师、收藏鉴赏大家吴湖帆先生曾说："石涛之画人物最佳，远胜山水；山水则愈细愈妙。后之学者，从横暴处求石师，远矣。"

今天，吴老的这番话在《石涛大士百页罗汉图册》中得到应验（儒学讲功夫应验）。

总之，《石涛大士百页罗汉图册》改变了中国美术史：石涛不仅是山水画大师，还是人物画大师，且人物画的历史地位要胜于山水画。

第五章　回国十年的艺术经历

第一节　开笔初期的艺术思想、艺术特点

2000 年，崔如琢兑现诺言，完成了十年闭关修炼功夫，带着从海外收藏的珍贵文物字画，回到家乡北京，居住在离市区不远、毗邻使馆区的一个称得上当时北京最好的别墅香江花园里。这个小区，外交官、外籍人员云集。崔如琢的这套别墅约 500 平方米，是该小区最大的一套，购置于 1996 年，是他专门为自己回国后提前准备的书斋，斋号沿用了以前的老斋号"静清斋"。但"静清斋"不像后来的"静清苑"（见后文）那样如雷贯耳。

崔如琢回国后，并没有急于复出，他的生活似乎还是延续在 90 年代闭关状态里，画画、整理作品、出游、几个老友雅聚，谈古论今、切磋艺术，或应邀做个讲座，仅此而已。2004 年之前的四年，他游览了庐山、峨眉山、青城山、太湖、鄱阳湖、洪湖等诗情画意且能与他的江南山水画风格保持一致的山水胜景。后来，他又去了黄河源头的一些与水相依的西北城市（宁夏银川、青海西宁、甘肃兰州）进行考察，兼做了一两场学术讲座。在平淡无奇的生活中，让人很难将他与过去联系在一起。有的同道为了一探虚实，竟当面建议他放弃画事，理由是他的钱比谁都多，"撕也撕不完"，还用得着画画吗？实际上，有此想法的人不在少数。所谓"君子浩然之气，不胜其大，小人自满之气，不

胜其小"①。

崔如琢在富尔大厦画室创作

正是这种静得并不出彩的状态，却蕴藏着即将到来的惊世伟业。经历了漫长的十四年个人自省（儒家观念，如反躬自省）、文化反思，2004年，崔如琢最终决定大干一番。他首先在北京CBD核心区，紧邻国贸的富尔大厦处购置了一套500平方米的大画室。推开窗户，可以把整个北京城和郊外的远山装进视野。画室的装修，现代与古典结合，寓意隽永。进门大厅右手位置是一个小展厅，展厅的门面用几个连成一排的仿古木质大门装点，像极了我们在小说、历史剧里熟悉的庙堂之门。走过大厅，是一个台阶，台阶上是崔如琢创作、喝茶的地方。这里摆着一张古色古香、雕饰讲究的长方形画案，画案正上方是一个硕大的、占了天花板很大空间的圆形白日灯，其情境容易让人感到渺小、寂寞。显然，这是"天圆地方"（如《大戴礼记·曾子天圆》）学说里的一个有天籁之声的宇宙，天理人伦、万物生息全运行其中。

这里是符合崔如琢思想的"静清斋"，一个与和谐、无为无欲，而

---

① 出自（明）薛瑄《读书录·君子·小人》。

又正大庄重的朴素之地。不过，他并没有在此处作过画，只留守着几名工作人员办公。客观上，它只是一个对外宣传、合作交流的窗口。

崔如琢作画的地方有两处：一处是香江花园的家里（静清斋），另一处是"听雨楼"。听雨楼之名，因崔如琢而闻名。2006 年之前，崔如琢的很多作品，都将这三个字题入画款。我没有考查过"听雨楼"的来历，但这个名字符合崔如琢的喜好。巧合的是，在后来的静清苑的后花园里，有一个亭子的牌匾上刻着崔先生用章草自题的七个大字："听风听雨又听声。"每当雨天时，他都会坐在亭子里的石桌旁，静静地听着屋檐、荷塘、树木、竹林、水面发出的声响。用崔先生的话说，这种声音"美极了！"。

然而，崔先生并不是"听雨楼"的主人，其主人是崔先生的好友王永瑞。王先生与崔先生同龄，山东人，品行好，交际广泛，很有组织能力。为了便于将崔如琢、吴悦石、刘怀山等几位好友聚在一起切磋交流，他特意将画室设在朝阳区呼家楼街道的一个宾馆里，餐饮、客房一应俱全。

相聚总少不了酒。晋唐时期崇尚玄学的文人将酒与自由心性联系在一起，开启了借酒论道和诗书画创作的传统。王羲之、竹林七贤、李白是这方面的圣人，对崔如琢等在听雨楼作画的画家影响很深，他们对晋唐圣贤、晋唐文艺的膜拜，包含了其思想、道德、文艺和现实理想境界。因此，这几位民族情怀特别浓烈的老朋友，心里都有一个大同小异的"晋唐"。

绘画史上，能将酒的意思通过笔墨发挥到极致的人，傅抱石与崔如琢是当仁不让的杰出者。他们都是在忘我（道家之无我）的状态下，打破了传统成法（固有之法，如典籍理论、绘画常理），将绘画在笔法、布置上由有规律变成无规律。傅抱石将点传统点苔之小点，变成大如云团的墨海。到崔如琢处，点法完全转变成积墨、泼墨法兼具的主要绘画手段。其花鸟、山水里的明快、凄迷意象因此而成。至此，崔如琢在画里建立了一个已成气候的精神"王国"，而他就是这个国度的王。

傅抱石的画里常有一方"往往醉后"的闲章，这种内容的印章在崔如琢的画里没有发现过，不过，值得肯定的是，傅抱石与崔如琢都受到以酒为消遣方式的山林文化影响，他们在绘画、生活里都喜爱酒。崔如琢擅长用晋唐、宋人诗意，操笔（见《苦瓜和尚画语录》）写雨雪之景，有时在画题上冠以"醉"字，如《醉雪》《千山醉雪》等（见后文）。

崔如琢的书画世界中，古人诗意常是他钟爱的内容，孤舟、蓑笠翁、游士、独钓、寒江峻景、凄迷江南，使他的画别具一格，独步画坛。观其画，是一种乡村的、田园的、野逸的生活、文艺情趣，其间又给人以终极境界的思考。他将自己置身于过往的历史之中，又置身历史之外，用弹指一挥间的历史和杯酒谈笑间的英雄人物来总结人生的意义。

李白的《将进酒》、苏东坡的《念奴娇·赤壁怀古》是崔先生比较喜爱的诗词，诗词里面有对历史、人生的思考和关于酒的哲理。从而使他和他的笔墨变得豁达高明（即脱俗，见《苦瓜和尚画语录》）。综述崔先生的绘画历程，用古人诗意，在醉意与清醒之间明辨是非，几乎是他的山水画的全部。特别是在 2007 年之后，也包括这一年，他在艺术上达到了化境，用指墨开辟了另一种绘画蹊径。如《坡翁神游八极》（211cm×72cm，2007 年），让人联想到的不仅仅是苏东坡一生坎坷的从政经历和追求田园野逸生活的故事，还让人想到了他的诗词、他的书法、他的写意绘画及他借酒自我省察、自我开导的本领。总之，苏东坡的积极意义在文人心目中是一个完美的、牢不可破的传统学问整体，而崔先生的这幅画要表达的，就是这种体统（即儒家论理语，见《朱子语类》）。

如果把崔先生回国后的艺术分期，那么，听雨楼时算得上第一时期。这时的代表作有《和平颂》（68cm×300cm）等。

第二节　积彩荷花代表作品《和平颂》

《和平颂》是一幅荷花题材的长卷作品，主体用石青积染写成。该作是崔如琢专门为"神六"飞船升天创作的，计划与"神六"一起遨游太空（2005 年 10 月 12 日发射升空）。在作品交付后的新闻发布会上（2005 年 10 月 10 日），崔如琢道出了其创作原委："我之所以画荷花，就是想用荷花来歌颂和平的精神，用荷花歌颂中华民族的崛起。"

《和平颂》（神舟六号飞船搭载品），68cm×300cm，2005 年　作者：崔如琢

半个多世纪以来，崔如琢确实将荷花作为表达愿望、理想的重要载体。从 20 世纪 80 年代他赠送给陈香梅的淡墨荷花《晚风》，到如今的泼彩、积彩巨制《和平颂》，其功力已今非昔比，境界也与日俱增。他的笔墨之法里能够看出他那时湛蓝湛蓝的情怀和希望。

回顾崔先生的绘画历程，像《和平颂》这幅用泼彩、积彩法作荷之法，在他 80 年代的作品里就已有端倪，但那时的作品，石青、藤黄多用于花鸟作品的衬景上。极有参考价值的是，现有的一些画册里还保留着崔先生 80 年代中后期所尝试的一些现代山水，如贝聿铭先生收藏的《秋夜雨》（136cm×36cm），面目全用石青与墨色交替皴染，别有新意。诸如此类色墨浑一、交替积染的作品，是他 2000 年以后的荷花、山水作品的代表性特征。这种特征随着时间的延续，到了 2007 年其指墨时期，已是中国绘画史上山水、花鸟画的一大变革。

总而言之，崔先生用石青（赭石）作荷法，尝试于 80 年代，精练于 90 年代，完成于 2000 年之后。在近代画史乃至中国美术史上，这是他的独家面目，独家心法（哲学论理、画论语，见《苦瓜和尚画语录》），有开山之功。

《和平颂》从 2005 年 10 月 12 日起，历时 5 天从太空归来后，作品原件按事先制订的计划，被国家博物馆收藏，复制品则送往联合国总部。国内著名的导演张纪中对外界透露，他正在筹拍一部关于崔先生个人经历的电影，片名已定好：《美国十年》①。不知什么原因没有后续。

《和平颂》完成后，不到两年时间，"听雨楼"三个字在崔先生的作品里消失了。意味着他的人生追求、艺术事业、艺术创作又进入了新时期。

第三节 南京书画界关于崔如琢山水画与 花鸟画的伯仲问题讨论

2006 年初，崔先生回国后的第一个展览在南京举行，江苏画界掀起了一场大讨论：关于其山水画、花鸟画的伯仲问题。

崔如琢是花鸟画的领军人物与北派山水第一人

评论家郑竹三等认为，崔如琢的画让江苏美术界振奋，对欣赏中国画的爱好者来说也是一种美的享受。其花鸟画主要吸收了历史内涵，痛快淋漓、不染今习，以提炼、概括的手法体现了画家自身的艺术修养，应该说，画花鸟是他的长处，但山水画也不错，苍茫、老辣、浑厚，对江南画界固有的秀丽风格会产生影响和推动作用。

崔如琢先生作为当代传统花鸟画领域的领军人物，在绘画中的用笔乃是力透纸背、入木三分，以至进入上乘。回望中国美术史，大写意花卉的开创者徐青藤、陈淳、赵之谦、吴昌硕、齐白石、潘天寿、李苦禅

---

① 《〈和平颂〉随"神六"太空归来，张纪中要为崔如琢拍部戏》，《南京日报》2005 年 10 月 18 日。

等均是以书入画、以形写神、以文涵画。崔如琢的大写意花鸟画亦如上者，并在中国美术史卷中，一以贯之（儒家语，见《论语》），书写了光辉的一页。难得的是，他的大写意画规避了当下画界制作柔媚、粗浅、搬照西画之种种弊端。总之，崔如琢的花鸟画是堂堂大中华的文化正脉而又广大矣。

《南京晨报》在报道中指出，崔先生的绘画风格显著，苍辣浑厚是他山水画的基调，其画十分震撼，多以墨取胜，在勾、写、皴、擦、点、染的传统技法上有很大突破，也有新时代的人文精神，让人产生出一种对大自然、对生活、对理想、对人生的思考。在他的山水画中，以雪景成就最大，这是其绘画艺术中最闪光的一点，代表作有《千山飞雪图》（见后文）等。山水画多以雪景为题材的作品中，可看到当今北派山水雪景画第一人的艺术风采。

美术理论家夏硕琦表示，崔如琢的山水画主要有以下两方面特点。

（1）云雾山水画。他醉心于烟霞，从多角度、多侧面，以多种构图样式、多种情调氛围、多种诗意哲思，创作出大量的、成为系列的云雾山水画。一幅幅独出心裁的画境，婉转含蓄地传达了云雾山水迷离恍惚之美，以及蕴涵其中的恍兮惚兮（《道德经》）的自然之道。在中国山水画史上，荆浩、董源、李成、惠崇、范宽，特别是米芾、米友仁、法常等大师，都有独具匠心的雾霭云烟意象、迷离玄远意境的杰出创造，借以寄托性灵、冥想寰宇、独与天地精神相往来。崔如琢的云雾山水系列，在艺术精神上与传统息息相通，但他又是以现代水墨山水画的写意语言方式，来表现天地迷离幻化之大美，及宇宙运化之意象和他的诸多奇思妙想。

（2）雪景山水画。崔如琢爱画雪。大雪、小雪、雪霁、晴雪、残雪、融雪、醉雪，每一片雪景都表现出他心灵的净化和笔墨的纯粹。

崔如琢的雪景相当丰富，有"渊冰厚三尺，素雪覆千里"[①] 之景，

---

① 　出自南朝乐府民歌《子夜四时歌》。

有"疑是林花昨夜开"①"忽如一夜春风来"②之意。他写雪，雪中浸透了他的情感，隐藏了他种种的特殊体验。如果说，古人的雪景中更多地隐喻着哲思禅意，追寻对道的体认，那么，崔如琢的雪景则更多地透露着他对大自然微妙变化的敏感和他对于冰雪之美的浪漫激情。

崔如琢带给江苏艺术界的思考

江苏省书协原副主席言恭达，江苏省美协原副主席、著名工笔花鸟画家喻继高等认为，中国画有南派、北派之分，崔先生的大写意花鸟传统功底很深，笔墨中透出大家风范，这是他承继师辈再开拓的必然。他的山水画有南派之逸气，北派之雄浑，显然已打破了南北画家的界限，给江苏美术界带来了一股强烈的冲击波。

他的山水、花鸟以及他为数不多的书法作品，总体体现出大气、豪迈、浑朴、精致，从而带给江苏艺术界一系列的思考：一位艺术家完成了对中国传统技法的继承后，如何在他的审美风格、艺术精神的表现方面进一步推陈出新，开创自己的艺术语言？这非常重要。崔先生做得很成功，他的画中既有经典的中国传统大师的影子，又能把这种经典提炼出来，化为我们今天时代的一种精神。这是一位艺术家真正成功的要点所在。

第四节　2000—2005 年，在国内
拍卖市场的成就

崔如琢的作品从 20 世纪 80 年代就以不菲的价格进入香港佳士得拍卖公司。这家全球艺术品市场战略的重要推手，将崔先生的作品价格从 80 年代中期每平方尺 6000—7000 港元，用了不到几年时间就增长了十

---

① （唐）宋之问《苑中遇雪应制》句。
② （唐）岑参《白雪歌送武判官归京》句。

倍多。1986 年和 1987 年，崔先生的两幅花鸟作品《春晴》（184cm×100cm）、《清趣》（184cm×100cm）分别以 11 万港元、12.5 万港元成交，平均每平方尺价位达到了 6000—7000 港元。这个价格与同时期的大陆个别一线画家拉开了 30 年的距离。1990 年、1991 年，崔先生的两幅各 1.4 平方尺的现代山水作品，先后拍出了 8.5 万港元和 11.5 万港元，折合每平方尺的价格是 6.07 万港元和 8.2 万港元，相当于 28 年后的今天，国内顶级名画家的价格。这是一个相当惊人的数字，当时国内的画家和海外华裔画家，绝大多数人的脑海里基本上没有如此庞大的、抽象的、远离现实的数字概念。

事实上，十年闭关，对崔如琢的绘画市场影响是不言而喻的。从现有的资料看，十年间，他没有委托过任何一家拍卖机构去拍卖他的作品，连佳士得也没有得到授权，在佳士得的十年的成交记录里，找不出崔先生的名字。因此，崔先生的一幅作品首次出现在中国最大的拍卖公司嘉德拍卖公司 2002 年秋拍时，成交价每平方尺才 9600 元，相当于他的作品 80 年代的价格。而这幅作品正是他 80 年代中后期所尝试的一批现代山水的经典之作《山之梦幻》（136cm×66cm）。与《山之梦幻》同为现代山水代表作的《月夜图》（60cm×60cm，1987 年）在 2003 年北京华辰拍卖中，以 8.8 万元成交，每平方尺价格仅为 2.8 万元，还不到其 90 年代初市场价格的一半。这种落差在紧接着的《兰石图》（33cm×40cm）、《藏娇》（50cm×184cm，2003 年）、《雪涨千山》（136cm×68cm）等新旧精品拍卖中仍然存在。

藏娇，2003 年，50cm×184cm

《兰石图》约 1.2 平方尺,是崔先生 17 岁时的花鸟画作品,该作原赠予友人,后于 2004 年出现在嘉德春拍上,被人以 2 万元的捡漏儿价买走后,崔先生又用新作置换了回来,保存至今。

兰石图,1961 年,33cm×40cm 17 岁作品

国内首个个人作品专场拍卖

通过中国嘉德、北京华辰短短两年间的几次拍卖,崔如琢风格鲜明的作品给国内艺术界、收藏界留下了深刻印象。当时人气很旺的北京中贸圣佳拍卖公司筹谋了很久后,终于做出了一个大胆又冒险的决定,准备在其 2004 年秋季拍卖会中,主打崔先生的作品专场。媒体用"原子弹爆炸"① 来形容其轰动效应。可是,当时国内艺术大师如齐白石、李可染、徐悲鸿等的专场拍卖都极为少见,怎么可能会有人相信一个知名拍卖公司会给一个在世艺术家开设专场呢?关键是,崔如琢的作品极贵,谁会买?总之外界不看好。

中贸圣佳领导层对崔先生的艺术和他本人十分了解,所以信心满满,志在必得。拍卖会开始的前几天,他们以"崔如琢绘画艺术与市

---

① 《浙商》2005 年第 12 期。

秋宵月色胜春宵，2004 年，168cm×85cm，2004 年中贸
圣佳秋拍"崔如琢专场"拍品 成交价 28.6 万元人民币

场座谈会"的名义，召集文艺界、理论界、拍卖界掌握话语权的一些
重要人士，在北京亚洲大酒店展开了对崔如琢书画作品、文化贡献、市
场前景的讨论。鉴定家史树青（已故），学者郎绍君，还有表演艺术家
张铁林、学者吴欢、张晓凌、梅墨生（已故）及中国嘉德总经理寇勤、

华辰拍卖总经理甘学军、瀚海拍卖总经理王彦朝、荣宝斋副总经理雷振芳、知名拍卖师刘新惠等共聚一堂，畅所欲言。在谈论崔如琢艺术时，也谈到了古今绘画的传承发展与收藏鉴赏问题。

史老年龄最大，辈分最高，按中国人的传统礼节，理所当然他是第一个发言。他主要谈道：一、崔如琢对宣传、推广中国传统文化贡献不小。二、崔如琢的绘画品位高，很有功力。三、崔如琢的手卷作品（山水）与历史、今人相比有个人优势。四、古代画家的作品太贵，崔如琢的作品值得收藏，升值空间很大。在说明问题时，史老用了历史与传统的标准来论证，有意与无意间，他兼带着对李可染绘画的布置之法发表了看法，指出可染老人的画面太窒塞、太满，没有书写的余地。言外之意就是暗示可染老人的画缺乏文学性，不符合文人画之"文以载道""以书入画"标准。这话被年龄比他小很多的晚辈学者梅墨生听懂了，梅先生直言不讳地用"一家之言"进行反驳。尽管有些冒犯长辈，但作为与可染老人有师承关系的学者型画家，他在情感上有理由为老师辩护。况且，书写在绘画布置中的有与无、多与少，并非衡量一张画有没有文学性的关键。晋唐画家、元代王蒙的画就不在此列。

说到这里，我也在思考一个问题，史老的话，是不是以李可染来警示崔先生，因为崔先生的山水深受王蒙、龚贤的影响，在布局上与可染老人一样，不刻意追求诗、书、画合体的外在形式，题画文字多是出现在浑黑的景象边际，而不是匠心独具、用心设计的空白处。

崔如琢的山水画作品，在章法上受倪瓒、吴镇——尤其是文沈唐仇（文徵明、沈周、唐寅、仇英）、董其昌、"四王"——大量书写的影响是不多的。他始终坚持着宋人的那种厚密实在的布置之风，题款的余地少之又少。这也是来自他在表达上的自信与含蓄。或许他无须用书写和言辞来托表境界，他画中的那种自然蒸腾之气足以让观者感通（儒家论理词），让自己愉悦。当然，书画相合是一种进步，若刻意将书写植入画中，就成了余食赘形（出自《道德经》），浅陋刻薄！

单就李可染、崔如琢的布置之法来说，他们将前人的纪律（即成法，见《苦瓜和尚画语录》）打破，在了无痕迹处将绘画回归本初。其各自的经历及几百年历史留下来的缺憾，刺激了他们对历史文化做了追根探源的思考。

史老映射的问题还是老问题。在晚清至今的民族自强、文化复兴梦想里，反思以元、明、清为主的儒学正统，是19、20世纪延续下来的民族情绪、民族理想。绘画在秀润灵巧上应该说今不如古，但在浑厚实在处古不及今。

郎绍君发言时说，崔先生的大写意画，包括他90年代的现代山水画都是对传统的礼敬。当代画家能画到这种境界，十分罕见。中贸圣佳给他举办专场拍卖，不是因为他是官，也不是因为他的名气，而是他坚持了艺术的标准、文化的标准，给画界树立了一个正气凛然的榜样。绘画想在传统中走出一条属于自己的路，非常艰难，但是，崔如琢做到了。作为一位留洋画家，他的画里的传统让人难以置信。事实证明，崔如琢在海外取得的成绩和其良好的绘画市场，是建立在他扎实的学术基础之上的。这一切说明了纯正的中国画在海外是受欢迎的。

邓丁山、雷振芳说，崔先生是走向国际市场最早的中国画家，当代绘画市场的希望就落在他的肩上。自80年代，他在台湾办展时，每一个展览都能销售几千万台币，这在中国画家里绝对找不出第二个人。但崔如琢不是为了钱，而是为了弘扬中国文化。美国社会给他的学术身份、学术荣誉，都没有改变他振兴传统文化的信念。

东道主中贸圣佳的相关领导说：

今年下半年，我们承蒙崔先生的厚爱，将自己多年珍藏的30件精心之作交给我们拍卖，我可以毫不客气地讲，今天的画家，能画得这么厚重的，确实找不出几个人。所以，我们觉得，崔先生的画值得我们推出来拍卖。我们今天推出崔先生专场，就是一个尝试，以后我们会坚持这么做，希望能够对艺术品的市场注入活力，起到促进作用。

最后，崔如琢先生作了压轴演讲。他认为，中国在改革开放的 20 多年里，所取得的巨大成就，是传统文化发挥了作用。他呼吁，画家不该将个人的绘画市场看成自己的事情，应努力减少和西方画家的价格差距，这样才能引起世界对中国文化艺术的重新认识。

中贸圣佳 2004 年秋推出的 30 幅上拍作品，全是崔先生回国后的创作精品，题材以山水、花鸟为主，兼带两幅人物画，其中一幅是早期的《仿陈老莲人物图》（98cm×70cm）。拍品装帧形式多样，有传统上的斗方、条幅、扇面，也有条屏（《四季山水四屏》151.5cm×83cm×4cm）、手卷（《飞流月夜》47cm×519cm；《抱瀑醉山图》47.5cm×529cm）、册页（《花鸟八帧》44cm×48cm×8cm）等挑战传统尺幅大小的作品。重要的是，其过去的花鸟作品和 90 年代创作的一批现代山水画作品，没有一幅出现在拍卖会上，给画界、理论界的答案是，他用了十年时间提升了笔墨、思想境界，作品在面目、技法、布置、内涵上发生了转变，并已进入化境。以雪景寒林、四季山水为例，他的山水画轮廓主要以干笔勾勒为主，其黑（实）、其白（虚）、其凄迷，都是宋元、明清法衍生出来的。

山水、花鸟上的积墨、积彩之法是通过这次拍卖会，让人们认识到了此法将宋人、近代画家所强调的浑厚华滋境界，向前推进了一步。中国画的笔墨技法之积墨，继黄宾虹、李可染后，在崔如琢处得到了发展，并且到了完美无缺的地步。值得说的是，花鸟画的积墨、积彩是崔如琢自己的法，古今无此法。如《飞落清影间》（101cm×202cm，2005 年）、《寒月》（46cm×83cm）、《醉秋》（76cm×41cm）、《醉妆图》（178cm×47cm）等都能说明此问题。

截至本次专场拍卖结束，崔先生的作品在佳士得、中国嘉德、北京翰海、北京华辰等国内外拍卖行总成交额达到了 1461.5 万元。其中，国外拍卖共计 29 幅，成交率 100%，成交总额折合人民币 341 万元。国内拍卖共 23 幅，成交总额为人民币 387.52 万元。

飞落清影间，2005 年，101cm×202cm

艺术界掀起崔如琢的荷花热

中贸圣佳拍卖结束后不到一个月，天津杨柳青画社出版的两本画册（《崔如琢花鸟作品精选》和《崔如琢山水作品精选》）在全国各大新华书店发行。这两本画册均是平装、四开大图，全彩印刷，共32页，适合观赏临摹，价格也不贵，48元，在崔如琢的艺术生涯里，装订如此简单、定价如此低廉的出版物，算是唯一的一次。这两部书在定位与性质上，针对的主要是普通读者，所起的作用，完全是为了普及传统绘画价值。

由于荷花在中国文学、宗教里有一定的寓意，所以，中国人对荷花情有独钟。而崔如琢可谓是超越前人，画荷的圣手，他的大笔墨、大气象、大境界正好能诱发中国人的文艺情调。两本画册发行后，全国掀起了崔如琢的荷花热。这种局面造成了很多人将崔如琢的贡献定位在花鸟上。

鉴于第一次专场拍卖取得了大捷，2005 年 7 月，中贸圣佳拍卖公司在其十周年庆典上，再次推出了"崔如琢绘画专场"拍卖，没有任何意外，34 幅作品，包括《醉雪》（150cm×400cm，2004 年）、《山村飞雪》（38.5cm×357cm，2004 年），全部成交，金额超过 1100 万元，艺术界又爆炸了一颗更大的"原子弹"①。

---

① 见《如琢如磨　玉成大器——记著名美籍华人画家、鉴赏家、收藏家崔如琢先生》，《杭州青年报》2006 年 9 月 26 日。

中贸圣佳的两场拍卖,让刚过花甲之年的崔如琢成了一个现象,即"崔如琢现象"①,又称"崔如琢热"。

第五节　国学界二老激赏崔如琢的意义

2006年3月,《崔如琢画集》②出版,国学界二老饶宗颐、文怀沙作序(饶宗颐:《如琢先生绘画艺术之我见》;文怀沙:《序崔如琢画集》)。

饶宗颐题字

---

①　见《北京晚报》2004年12月14日。

②　《崔如琢画集》,人民美术出版社2006年版。

国学界的代表人物对一个画家感兴趣，在现实里不多见，晚清后，除了傅雷对黄宾虹有文字评价，张君劢、熊十力、马一浮、梁漱溟、冯友兰、唐君毅、贺麟、钱穆等被称为传统儒学第三期的中坚人物，从没有对哪位画家著文赞颂。徐复观也写过艺术问题，代表作有《中国艺术精神》一书，可他也没有具体到同时期的某位画家。应该说，宾虹老人之后，只有崔如琢获此殊荣。事实说明，崔如琢的思想及绘画践行之路，必是符合历史、符合哲学审美、符合传统文化新的道释儒标准的。只有这样，才能引起各界共鸣。

饶宗颐先生称崔如琢为"画坛英绝领袖"，文怀沙先生认为崔先生的作品必将是"画史上的一大奇观"：

饶宗颐《如琢先生绘画艺术之我见》：

> 文以气为主，画亦同然。阮籍使气以为诗。庄生云：伏羲得之以袭气母，固气者，笔之母也。缶翁藉石鼓之力以蓄其气，崔君承苦禅先生笔墨益加开拓，尤能力以举之，气以驭之，此其所以为画坛英绝领袖也。

文怀沙《序崔如琢画集》：

> 故友李苦禅乃白石翁得意弟子，薪火不绝，崔如琢又承绪苦老，盖李门之翘楚，宜乎辉耀当代。如琢精研六法，力追前贤，感悟深切。二十年前浪迹海外，备极艰辛，然因之眼界大开，心胸为之洞然。
>
> 观如琢画作，无摆弄搔首异姿，更无媚世奴颜。其意趣平淡天真，朴拙高古，机趣天然，气势宏阔。近宗苦禅、可染，远祧石涛、八大，益之以吴昌硕诸法入画，才情恣肆，逸气逼人，章法不求完整而得完整。至其一以贯之者，则为见高识远，鉴古开今。所谓"千难一易"，实甘苦有得之言。当今画坛，斯文式微，新潮蜂起，而如琢不骛新奇，一心向道，观乎人品，画亦可知矣。如琢以

身证道，于神、能、妙品之外，逸品独出，令人击节叹服矣。

苦禅身后，薪尽火传，有待来者，非庸俗之士可躐武者。唯如琢怡然自在，于墨海中立定脚跟，在浑沌中放出光明，故能有破有立，推陈出新。

如琢年逾花甲，心犹少年，禀赋如常，见贤思齐，老而弥坚。苟假以时日，必创画史奇观，谓予不信，请拭目待之。请许我吟咏《淇奥》："瞻彼淇奥，绿竹猗猗，有匪君子，如切如磋，如琢如磨。瑟兮僩兮！赫兮喧兮！有匪君子，终不可谖兮！"

如琢乎，使汝多财，吾为尔宰！

国学家对文艺的审美，与艺术家不同，前者注重思想性、历史性，以及价值、道德、内涵、精神、现实的大体统考量，而后者往往较为专一，多从绘画上论绘画。本质上，画家的作品能够进入国学家的法眼，是传统价值使然：儒学价值、道释情怀，以及"文以载道"的绘画思想、返璞归真的金石意趣，是近代以来中国本土文化所欠缺的，而今又是中华民族所要复兴的部分。崔如琢正是弥补了历史缺憾，让传统绘画重新登上历史舞台，并大放异彩，所以，饶老称他为"画坛英绝领袖"，文老将他的画作比作"画史奇观"。

然而，谁能知道二老的评语里饱含着几代人的人文理想。20世纪70年代，唐君毅先生就提过"花果飘零、灵根自植"八个字，希望有朝一日中国知识分子能够重新审视西学所带来的各种弊端，并让传统文化发挥作用，使中华子孙能够有一颗纯正的本土文化心灵。这也是饶老、文老这代人所希望和努力完成的理想。他们在晚辈崔如琢的作品里看到的不只是石涛、李苦禅发扬的金石写意、道释消遣传统，而是一种持之以恒的文脉和势不可当的气势，即直捣人心的传统的力量。

第六节 "静清苑"与崔如琢的人文情怀、文化信守

"静清苑" 与崔如琢的人文情怀

2007 年，堪称国内最大的私人美术馆之一——静清苑崔如琢美术馆——开馆了。这座集北方王府的豁朗大气与江南山水之清灵秀美于一体的四合院，由四栋中式独栋别墅组成，分展馆、藏书楼、历代珍品、住宅四个功能区。这里常年展出近半个世纪几百幅崔如琢的作品和中国

静清苑

静清苑——清园

静清苑春雪

历代稀世珍品。其中，书画、青铜器、玉器是静清苑的强项，有的藏品连美国大都会博物馆、英国大英博物馆、中国国家博物馆都罕见。如《石涛大士百页罗汉图册》无论从尺幅、人物、仙佛鬼怪数量、构思上就比美国纽约大都会博物馆收藏的同期石涛人物画手卷《十六应真图》要好。

总之，静清苑是可以媲美国际顶级博物馆、美术馆的一座住宅型私人静修之地。谁能联想到，一件正宗的景泰蓝，在静清苑里，只能当作盆景，摆放在院子里；唐伯虎的细笔花鸟图置于客厅进门口的对面墙上；随处可见的黄宾虹、潘天寿、傅抱石以及连国际著名博物馆都仰止的髡残四尺整张山水，在静清苑的藏品体系里也不算重量级。可想而知，静清苑的藏品有多么的丰富！

静清苑是崔先生的作品，建筑完全由他自行设计。苑中有四园六亭：四园为静园、清园、莲园、榴园；六亭为赏春亭、望秋亭、读雪亭等。苑内的游廊、荷塘、假山、曲桥、银杏、海棠、月季、五针松、柿子树、丁香、桃树、竹林及五百年石榴树还有雕刻、奇石、名卉、禽鸟，都体现着主人的爱好与梦想。

"静清苑"牌匾由国学大师饶宗颐先生用隶书题写，庄重、朴素、大气，有历史沧桑之感。苑志由大学者柯文辉先生亲自书写，堪称经典。

静定安虑得，重恻隐、羞恶、辞让、是非，儒学根基。清虚冲和，独与天地精神往来，道家准则。崔子远离闹市，修静清苑读书作画，悟宇宙精微，学术无涯，日新故我。取庄穆于山，灵智于水，景不可移，乃破墙运入巨石叠为峻岭，凿池引流，回环曲折，在意不在形。

西辟万卷楼，图书宏富。聆贤哲遗训，养浩气，承慧脉，大禾也。东接美术馆坚实素雅，饶宗颐师题额，古劲拙辣。列苦禅翁所跋主人少作，讫于近制，丘壑云瀑，丈幅百里，可游、可咏、可居。鹰瞻危崖，鹤翔九皋，荷浪摇香，冷梅斗雪，仪态万方，生命激情喷涌墨外。客誉为铁杵磨针，并叩攀险之秘，崔子谦谦一笑无言，亦非予所能道也。

稍北筑园，晴霞披金，皓月扬辉，奇卉凡草四时错综献彩。石榴生黄山西麓，祝枝山时物，三千里移京，盘虬郁勃，华北神品。廊数十丈，步其间襟袖飘飘欲仙。轩明案净，良朋论艺煮茶，解衣盘礴，歌啸与古曲鸟鸣和答灵感纷至，世事尽忘。梦中呼渊明菊，张旭书、摩诘琴、黄公望画，真幻莫辨，逸兴遄飞，诸友欢愉，属予撰记。笔札荒疏，恐不可用。

静清苑——后花园六角亭

"静清苑"三字与它的前身，即伴随着崔如琢二十年海外生涯的书斋号"静清斋"，表面上看似乎没有太大的区别，但仔细观察，"苑"的人文情怀、自然情怀、时代气息要比"斋"生动、宽博、入时。"静清苑"的建造，突出了历史文化的恢宏和新时代文人的道释儒兼信意识。当然，不可或缺的格理修身功夫，在这所院落里能体现出来。儒家的"仁者乐山、智者乐水"的端庄、浩瀚大气，与道家遥呼天籁的自然天趣，都被纳入其中。每逢下雨，静清苑的雨声，让人说不清是天籁之音还是历史文化的乐律在这里回响，总之，静听风雨之声与感怀历史之忧患，容易交织在一起，那种声音很动人，很有气势，让人神畅（即畅神，思想史与画论词），也容易让人感伤。不得不说，静清苑的一砖一瓦、一枝一叶关乎人文。

老子在《道德经》十六章里说，"致虚极，守静笃，万物并作，吾以观复。夫物芸芸，各复归其根。归根曰静，静曰复命。"复命就是复性[1]，让物回归本初。静是道的根本，知静才能观万物之本性。比如我们所说的天籁之音，就是在静的状态下产生的。老子在写静时，用了

①（唐）李翱《复性书》。

"夫物芸芸"一词，极为精妙。如果没有芸芸众生，就感觉不到静，也感觉不到自然界最淳朴、最美好的天籁之音。所以，动静是互补的，有静必须知动。人如果在动的氛围里，感受到静的乐趣，那是高明的。事实上，我们何尝不身处一个无比喧闹而烦躁的氛围里呢？我们身边的一切事物，包括整个大自然，皆是有声音的，唯独没声音的，悄无声息的，就是我们修炼得来的一颗虚静而灵活的心。人心能够主宰一切，应变一切。就像崔如琢画里的修道者一样，在一个北风刮劲草、平地万堆雪的环境里，还能够心外无物，倾听天籁，与天地星辰对话，不为外惑，不受己惑，知微杜渐，拥抱本性如婴儿。

静清苑——莲园

静清苑开馆的那天来了很多人，游廊、白玉桥、后花园、美术馆里比肩接踵，海内外的朋友备感惊叹，香港的一位学者说，这里装着盛唐，一般人梦想不到。

静清苑不是新街口大院，但这个家族的辉煌史、影响力都以这两个院子为坐标。差不多一百年的时间，正好是一个世纪，一段国家、民族、文化、家族的盛衰起伏，兴旺发达、荣辱与共的历史。这段历史崔先生正好赶上了，儿时的祖宅与飞黄腾达后的此处新宅，代表了两个世纪新旧文明冲突下，同根同源的两种儒学精神、两种道释内涵的生活文艺情怀。崔墨林的实学救国、商业强国与崔如琢文化强国、文化兴国的信念、意识，具体处有很大的不同，然而，血缘关系、家庭影响、传统价值使崔如琢像父亲一样在生活中讷于言、敏于行。可谁能理解，这种情况也是两代精英在历史文化变故中的失落体现。不过，崔如琢身上，也有近现代知识分子不同凡响的一面：激情澎湃，充满文化感伤和历史哲学的演讲，应该是历史，尤其是晚清、五四启蒙人士延续下来的文脉。其实，他这代人，多数人有非常好的演说才能，能在大场合里滔滔不绝。有意思的是，大部分口若悬河的知识分子还坚守在崇洋媚外的时代里，其所宣扬的，也正是今天传统文化走向复兴的累赘。

静清苑与崔如琢的文化信守

中国文化复兴的路还很长，20世纪初期的启蒙文化对国人的道德、价值、思想已改头换面，在唯物主义科学、实用哲学里，知识分子如何进行精神转向，精神反思？如何在中西文明冲突中走出自己的路？构建自己的本土文化体系，是儒学进入21世纪所面对的问题。目前，反思启蒙文化，反思"科学观"（包含学术思想、文艺创作），是中国本土文化复兴的第一步，这一步，我们已经走了三十年，但还是不够。唯科学论从五四到现在，成了主流知识分子的观念，那么，怎样摆脱科技牢笼，怎样发挥天人合一的本土思想，是今天中国避免大同灾难，走向和谐的根本。"世界化""国际化""现代化""现代性"这些外来的概念我们从甲午战争后就极端崇尚，一直到现在，没有人知道中国哲学从1800年算起到今天发生了什么？

近代史对传统儒学的否定，实是将清代政治儒学看成了中华民族文化的价值主体，忽视了历史，忽视了先秦、汉代、宋明之儒学本身的纯粹性。自古儒分八家，近代儒学实也分为精英儒学、政治儒学、大众儒学，所以，今天要想给传统定位，谈传统，就看我们的知识停留在哪个阶段，否则没法谈。严格说，要让传统文化回归本源，必须绕开近代，从西周、汉代、晋唐、宋明处循理才妥当。

静清苑秋之光

近代以来的一个特别现象是留洋人士引领着社会、文化、思想的变革。20 世纪 70 年代，唐君毅先生在去世前最后几年里，提出了"花果飘零、灵根自植"八个字。意思是，中国数千年的传统文明之树从 1840 年到当代，已经彻底倒塌，中国人在精神价值、学术教育、语言交流、审美哲学、社会风习等方面呈现西化。在文化心灵上已经开始去本土化、去汉语化。他并一针见血地直指英语化、世界化的奴隶意识，对中国文化、中国学术的危害。

英语化并非鲁迅等造成的，近百年来，中国在现代化建设路上，包括改革开放初期，学习英语是读懂外国先进科学技术材料的先决条件。因此，工业上的现代化，在某些方面来说，是教育走向现代化、英语化的一大主因。现在，科学与技术问题解决了，当代的一些知识精英开始反思英语化、世界化等问题，崔如琢站在了时代前沿，呼吁传统文化如美院的民族绘画教育应去英语和素描课程，增设书法、篆刻、哲学、诗词课程。

静清苑百年石榴

前面我在崔如琢的出国经历中已经叙述了，崔先生在 80 年代初期，就已经将英语看作一门工具而已，并非学问。在现在看来，他做得对，因为他的成功，得益于纯正的传统文化。他因出生于民族资本家，浓烈的民族文化情节是他反对英语化的根本。

崔如琢从香江花园搬入静清苑后，对英语、素描、西洋式社会风习的反对，比之前更加激烈。在平时的家庭生活里，他拒绝孩子染红发，穿奇装异服，强调黄皮肤、黑头发的人种本真美。也许有人会觉得此举过激，但谁能了解，就是染发这件事，证明了西学历经百年到今天，已经完全改变了中国人的文化心灵和审美心理，中国人在文化上已经丧失了自信。

在通俗的大众儒学、异类西学的教化下，中国人在文化心灵、文艺审美上完全是奴隶意识，在语言、行为、思考问题上盲目追求世界化、现代化。受五四和 20 世纪特定时期文化思潮影响，将传统文化与三寸金莲、自欺欺人的孔乙己、阿 Q 画等号。今天，我们的很多传统学问，包括历史、哲学、文化教育、美术史，多是西方汉学家灌输给我们的，而不是我们自己的理解。我们的文化，在信守上似乎都指望别人。因

欢度春节——静清苑

此，文化自身不自信，是传统文化，中华民族伟大复兴的大包袱。

第七节　艺术思想"四主人"内涵

入住静清苑以后，崔如琢对人生、生活、生命有了全新认识，并提出了"四主人"之说：一曰做身体的主人，二曰做精神的主人，三曰做财富的主人，四曰做家庭的主人。

做身体的主人

人活着，首先得做身体的主人，以身体道。身是肉体，体是道义（我把体看成道义，非耳、目、口、鼻、手、足），二者是一个天人结合体。身体可按一元来解析，也可按二元解析。如果说，身体是一元的，那么，身与体是不可分离的。就是说，身与体是一回事，身即体，体即身，身亡体亡；按儒家、道家、佛家思想推解身体的含义，身与体是二元的，身亡而体存。比如道家之"死而不亡"（出自《道德经》）则寿、佛家之"因果轮回"说，都是体存身亡之理。

在现实生活里，人们通俗地将身体看成物质的、肉体的概念。这种认识，在传统哲学里是不妥的。因为，心在身中，又在身外。如果把身体看成物质的，那么心的概念只能是肉体的、具体的，与天理不能相接。心主宰身，而依托身。有心才能有体，无心理不成体统，身就没有体。心是一身之主，是人之人，物为物之故。

一身有一身之德。修身必先正心，无所忿懥、恐惧、好乐、忧患。①

身是体验道的主角，道之行与不行，都需要身来践行效验。身体在浅近意义上是以身验道。身是格物的工具，是道之载体。体是道之流行处。无体，道不行。

身是天才，体是尽心尽性处。人生来就善，其性就像一面镜子，如果不擦拭，会被尘污遮蔽。因此，擦拭镜子，是格物致知的功夫。人活百年，是一个不断明心见性的过程，功夫稍有间歇，就会落入邪恶。

"朝闻道，夕死可矣。"② 朝闻道夕死的人，在中国美术史上是非常多的。顾恺之、王维、王墨、李成、郭熙、关仝、李思训、黄筌、刘松年、赵伯驹、赵伯骕、苏东坡、黄庭坚、米芾、文同、柯九思、钱选、赵孟頫、唐寅、浙江等，都是英年早逝，在创作精力最旺盛的时候，离开了人世。

从另一方面说，英年早逝即功成身退。万事皆有理。活有活的理，死有死的理。君子坦荡，小人苟且。

人活着就该有意义。当今艺术界，将长寿看成衡量学识的标准，倚老卖老。活着不修身，不做功夫，只是一个躯壳而已，视听言动皆非礼。活着是心活，而不是身存。身不过百年，而心灵、思想，可以蔓延千年。孔孟、老庄、荀子、韩非子、墨子等已离我们远去，但其思想典籍不正被我们重视吗？顾恺之活了61岁，其"六法"笼罩艺术史至今。

做身体的主人，其实就是正心、修身之法。不是说想干什么就干什么，而是要懂得反求诸己，将心比心，将身比身，将家比家，将国比

---

① 《大学》："身有所忿懥，则不得其正；有所恐惧，则不得其正；有所好乐，则不得其正；有所忧患，则不得其正。"

② 出自《论语》。

国。己所不欲，勿施于人。

中国文人在生活情趣方面受道家影响很深，历代思想流派，恐怕没有能比道家更重视自己的身体了。《道德经》里有一句话："故贵以身为天下，若可寄天下；爱以身为天下，若可托天下。"在道家看来，一个不爱惜身体、不关心健康的人，不可托付重任。这里面有两种意思：一是儒家式的由近及远、由小及大之哲学思辨，二是道教在现实生活中的养生长寿观念。但《道德经》里道教之遁隐山林、炼丹、神仙术的成分很少，相反，比较入世，讲的都是天下苍生问题。无论以上二者哪个占主要因素，都说明，身体作为的魂魄结合体（有阴阳、肉体和灵魂），是体切天道、感受忧患、实现家国理想和精神理想的长久根本。

故"做身体的主人"是文人自我关怀、向更远理想迈进的一种实质彻悟。在儒家的做功夫步骤里，修身是"格物—致知—诚意—正心—修身—齐家—治国—平天下"（《礼记·大学》）的一个重要环节。身体作为人与生俱来的资本，要想让它自主、做它的主人，就必须意诚、心正。若能做到意的诚实不虚妄，心的空灵不窒塞（宋儒论理），实是一种超拔、通达境界。所以，做身体的主人，是传统儒学在做功夫处的一个关键阶段，也是学问走向实处、走向应验（儒家论理语，与"实"对应）的一个步骤。

由此得知，崔如琢讲求的"做身体的主人"，既是对纯正学问的探根寻源，又是尝试给中国文人和普通大众建立一个有血统、有自我价值的文化心灵。

做精神的主人

做精神的主人，贵在思。人的一生，需要不断的思考，然后是非之心才会明朗，作画沉着痛快，操笔无为，治形无迹，心淡若无。苦思冥想，绞尽脑汁，对人无益，损心折命。

无邪的思，让人痛快，明媚。作画，思至愉悦处，一发不可收。黄庭坚之书，如江河欲崩而不溃；傅抱石之画，有奔腾浩然之气，看似犷悍，气凝聚。这是思的哲学，人的无所不能。

精与神，是一个合体。精到神时理纯熟。精是未纯之理，神是理之运用玄妙不可测处。如"我之为我，自由我在"（出自《苦瓜和尚画语录》）的境界就是神的状态。今人常说"神来之笔"，神是一种心法，千变万化，无所拘束。神不是成法，要通过形来体现，但形决不能媚神。精上升到神，犹如不纯之金变成至纯。在画中，神的无形，是真实存在的。崔如琢荷花之苍翠凝重、自强不息，四季山水之变化无束、生盛衰藏，禽鸟之忧患凝神、与人合体，这些都是神的作用，神的实在，神的超然脱俗与不可捉摸。

做精神的主人本质是征服物质，使唤物质，做真实自我。如果精神不自主，那人不能称人，与物无异。精神不管对于一个人还是一个群体，都是非常重要的。它是一种志向，一种抱负，一种乐观向上的进取心。缺乏精神，一个人没品格，一个军队没正气，一个国家没国格，一个民族没气节，一个文化没主体。黄宾虹很坚定，在西学弥漫中国之际，没有随大溜。即便在当时中国传统文化被看成落后的罪魁祸首，人人唾弃，但他依旧我行我素，甘于寂寞，讲民族哲学，吐民族文字，作民族文章，画民族绘画。这是一种多么坚定自主的品质！

"精神"二字出现在近代、当代史中的频率远比出现在古代史中要高。古人所说的"精神"，就是儒学价值、道释情怀，而1840年后的"精神"，根据不同的时间段，又有不同的意思。

中国人的精神从近代开始变得很复杂：一种是科学的、实用的、唯物的西方价值；一种是通俗的、中西混合的、带有神秘信仰和对英雄、个人意志的崇拜。这两种情况，与激进的社会变革史、激进的文化思想史有关。

晚清后的各种思潮、文艺运动透彻心扉地深入每一位中国人的生活中，越提倡西学价值、痛斥传统，越能代表一个时代的主旋律。胡适等将从事道释儒文化的学者比作"玄学鬼"①、鲁迅的《药》《阿 Q 正传》

---

① 见罗家伦《玄学与科学》，商务印书馆 2011 年版。

《孔乙己》《狂人日记》等给传统儒学价值具体化地塑造了一个自欺欺人、自命不凡又吃人的形象，严重影响了几代人的文化心灵。贺敬之的《白毛女》、高玉宝的《半夜鸡叫》更是将精英群体和传统文化推向了社会的对立面。所以，做精神的主人，是对近代、当代历史的反思，也是知识分子在思想上的、精神上的一种重新认识、自我确立。

思想学术界在精神转向、精神确立上与画界一样，就是给历史文化正本清源。

第一，将传统儒学从有清以来的三百年政治儒学中剥离出来，从西周经典、汉儒、宋明心性之纯粹儒学谈起。

第二，反思清代政治儒学、近现代史、当代史中的现实主义文艺思潮。

第三，让传统文化、传统价值、传统文艺情趣成为每一位中国人的人生、生活、美学哲理。

精神上的启蒙、转向、重塑，不单单是知识分子当前的文化使命，更重要的是，它是中华民族文化伟大复兴的关键。只有中国人在精神上自主，有自己独立的价值体系，思想论理，中华民族及其文化才会在世界上被重视。崔如琢在启蒙传统时，并没有激进地批评、对抗舶来之西学价值、西学精神、西学文艺流派和西学社会风习，而是说了一句比较温和又极具亲和力的话："传统就是人的基因"。这句话对重视文化血统意识的中国人来说，容易接受。所以，很少有人写文章批评他。

做财富的主人

胡适说："物质是倔强的东西，你不征服它，它便征服你。"[①] 人是物质的主宰，是宇宙中的核心。做物质的主人，从世界观上来说，今人比先贤更开阔，更现实。可以这么说，在价值观上，古人淳朴，今不如古。在世界观上，今人物质，古不如今。随着自然科学的发展，人们在

---

① 胡适：《容忍与自由》（第二版），长安出版社 2017 年版。

数学、物理、化学、地理、生物、遗传、气象、统计等方面取得了巨大的成就，在认识世界、改造世界的能力上远超古人。特别在航天、种植、制造、气象、水利等方面的突飞猛进，是古人不可能想象得到的。

世界观每进一步，价值观跟着倒退。今人对天失去了敬畏之心。道德伦理丧失，无清心寡欲、谦卑以礼的品节。

做物质的主人，必须从最浅近的洒扫应对事做起，不能好高骛远。

人非因财而富，贫也是富。清心寡欲者贫，但清心寡欲之无为，恰是大有为，大财富。所谓不争而胜，不言善应，不召自来①。

财也是坏心伤身之物，容易让人迷失、贪婪。为财狂者，如猫狗没有思辨，渴了便饮，饥了便食，是一种低级本能。因此，主宰财富，不能以财为富，要有无的心境，时刻保持身心欢悦，无患得患失之病。

追名逐利的人，是财富的奴隶。一个人若能将名利看成身外之物，那是自由的。明理的人都知道，只要是称为物的东西，其本身是没有人的道理与喜怒哀乐的。物的理智，必须是人的作用。人的善与不善，决定着物质财富的善与恶。君子尚德，得之有道。小人尚利，取之以诈。只有君子才能做财富的主人，小人则沦为财富的奴隶。君子之财富，是正义的；小人之财富，是不义的。正义的财富是可以享用的，有益于身心。不义的财富是不可以使唤的，对身心有害。小人整天疑神疑鬼，患得患失，哪能安心享用、支配呢？君子则不然，坦坦荡荡，得之自然，失之自然。

君子以财发身，将一切看成平常。其无为无欲，看似无利，实是大利。

崔如琢提出的具有现代意识与物质观念的"做财富的主人"概念，蕴含了文化的、道德的因素。

2008 年，5·12 汶川大地震发生后，崔如琢树立了榜样力量，将售予俄罗斯耶弗拉兹集团的 5000 万元人民币画款捐给了灾区。他的捐款

---

① 《道德经》："天之道，不争而善胜，不言而善应，不招而自来。"

数量超过了国内、国际上的一些知名金融机构和知名企业家。此外，在
2008 年残奥会之际，他还给中国残疾人联合会捐赠了两只导盲犬和几
辆高端无障碍专用车。有人问崔如琢，为何舍得花这么多钱做慈善？他
说："要做财富的主人，不要做奴隶。创造财富只是手段，是能力，不是
目的。创造财富的目的是享受财富。"王兆国对崔先生的义举这样评价：
"崔先生的义举，充分体现了他对祖国的热爱，对人民的深厚感情！"

崔如琢先生在北京人民大会堂举行捐赠 5000 万元仪式

赈灾结束后，"2008 年度中华慈善大会"于 12 月 15 日在北京人民
大会堂举行，崔如琢获得了"最具爱心慈善捐赠个人"荣誉大奖，是
该项荣誉获得者中的唯一一位文化界人士。所以，崔先生是当之无愧的
文化界首善。

有人感叹，中国有的是比崔先生有钱的人，但没几个能比他有魄
力，一般人大额捐款时，根本做不了家庭的主，只有崔先生说一不二。

做家庭的主人

近代以来，家庭观念的缺失，意味着儒学从本质上异化，或者说在

2008 年度"中华慈善奖"

崔如琢 先生:

　　鉴于您在中国公益事业上做出的杰出贡献和榜样引领作用,特授予您"首届中国十大榜样公益人物"称号。

中国榜样公益活动组委会
榜样公益基金管理委员会
华夏时报、中华名人协会
二〇一〇年元月十日

十大榜样公益人物

西学激荡下动摇了根本。洪秀全、康有为在他们的大同思想里倡导家庭组织的消失①,胡适则在美国哲学家杜威的影响下,将主导家庭地位的有儒学内涵的家长称为伪君子,对家庭关系中的夫妻、父子、子女关系进行了严厉的批评、讽刺②。而崔如琢则在新的时代里,在他的"四主

---

① 见《天朝田亩制度》、康有为《大同书》。
② 见胡适根据［挪威］易卜生《玩偶之家》改编的戏剧作品《终身大事》。

人"之说里又提出了"做家庭的主人"。

家庭观念的变迁，看似一个微不足道的小问题，但在拥有五千年文明的中国，贯穿国家政治、社会礼义、文化思想发展之间。故，"家庭"成为近代以来文化转型中不可或缺的关键词。

19 世纪以来，文化向现代化转型实是丧权辱国条约下催生的民族激进情绪的爆发，知识分子对传统儒学涵养下的国家政制、社会人伦产生了质疑，并极力否定，特别是有留洋经历的文人声势最大。康有为不是从新式教育里走出来的文人，但他有留洋背景（起初在日本），有接触西学的经历。传统儒学在他看来，是一个兼容道家的、佛学的、基督的综合体。西汉以董仲舒为代表的公羊学派，是他建立孔教，训释孔子思想，建立现代国家政制的学术源泉。① 只可惜，他主张的新今文经（东汉隶书写定的儒家经典的总称）在正统的传统文化圈和尚西学的圈子里皆得不到认可。因为康的新今文经学对古文经（西汉及先秦用篆书记载的儒家经典）一脉的宋代理学（周敦颐、张载、程颢、程颐、朱熹等）、明代心学（王阳明等）是否定的，且视宋明儒学为伪，并与之相对地提出了消灭家庭组织，这是核心问题。因为家庭的灭亡，意味着推翻了传统儒学的仁义道德，君臣、父子、夫妻、朋友这样一个贯穿中国两千多年的人伦社会关系。本质上说，他与胡适殊途同归地对晚清以前所有朝代的公私道德、政治制度、社会规则进行了否定。

与康不同的是，当代知识分子重提家庭观念，不是追求古典式烦冗的家庭礼节与三妻四妾的物质享受，而是对传统文化的深究探源。在一定程度上，家庭礼义在近现代的缺失，实质是西学泛滥中国的结果。

2014 年 10 月 15 日，习近平主席在文艺工作座谈会上说："改革开放以来，我国经济发展很快，人民生活水平提高也很快。同时，我国社会正处在思想大活跃、观念大碰撞、文化大交融的时代，出现了不少问题。其中比较突出的一个问题就是一些人价值观缺失，观念没有善恶，

---

① 见康有为《新学伪经考》《孔子改制考》。

行为没有底线，什么违反党纪国法的事情都敢干，什么缺德的勾当都敢做，没有国家观念、集体观念、家庭观念，不讲对错，不问是非，不知美丑，不辨香臭，浑浑噩噩，穷奢极欲。现在社会上出现的种种问题病根都在这里。这方面的问题如果得不到有效解决，改革开放和社会主义现代化建设就难以顺利推进。"①

看来，家虽小，有天下国家之理。

儒家将"亲亲"②看成仁爱之本，这是具有现实意义的。亲亲是人之常情，是公理之微小处，与私欲完全对立。禽鸟喂食，虎狼教子，人何以堪？崔如琢在题画中这样写道："携儿初识园中景，免遇坎坷不识途。"

"携儿"是为人父，止于慈（见《大学》），一个父亲最基本的良知良能（王阳明心学语）。"园中景"即洒扫应对（出自《论语》）事，是践行，格物致知功夫；"识途"是明理尽心处。

治家必须有道。己所不欲，勿施于人。利己是恶，利人是公。不偏不倚，为而不恃，一身正气。欲治家，必须宽人苛己，时刻检点，以身作则，不做伪君子。胡适根据易卜生《玩偶之家》总结，家庭有四大恶德：一、自私自利；二、依赖性，奴隶性；三、假道德，装腔作势；四、懦性，没胆子。其实，这四种恶德，统为伪，要戒之。

崔如琢之"四主人"虽是一个简单的个人体会，却有画家本人对历史、对文化、思想史的判断。对财富的肯定与家庭观念重提，既符合改革开放背景下的时代理念，也符合20世纪以前的道释儒文化。"四主人"之说以家庭、亲属、朋友为纽带，延伸到社会、国家，生成了一个具有情感的富有使命的思辨整体。

---

① 引用习近平《在文艺工作座谈会上的讲话》原文。
② 见《孟子》，由近及远之理。

第六章　21世纪前十年，四季山水
作品艺术特点

2000年后，山水画之于崔如琢，在笔法、布置与内涵上皆得到了发展。首先，四季之景是崔先生的一大艺术特色，也是他区别于历史之处。其四季之景春景明快，夏景苍郁，秋景凄迷，冬景深藏。

第一节　雪景寒林及《千山飞雪图》等的艺术特点

雪景寒林

21世纪前十年，中国当代绘画市场神话，主要来自崔先生的雪景寒林素材。这只是一个开始，后十年，也是雪景寒林的天价成交，让他连续几年蝉联胡润艺术榜第一名，并在全球艺术排行榜中，成了"全球最贵在世艺术家"（见后文）。2006年，香港佳士得20周年春季拍卖会上，崔如琢的山水通景八条屏《千山飞雪图》拍出了1526.72万港元，创本场拍卖最高纪录。

一幅画在国际数一数二的拍卖公司卖了1000多万元，确实让一些人羡慕又嫉妒。人在落后时往往拒绝接受别人的成功，反而会找个堂而皇之的理由去诋毁。自打《千山飞雪图》卖出后，有一些声音总质疑崔如琢与拍卖公司联手"炒作"。事实上，像佳士得这种在国际自由市场机制中成长起来的百年老店，对诚信、公平的重视，远超出我们尚不

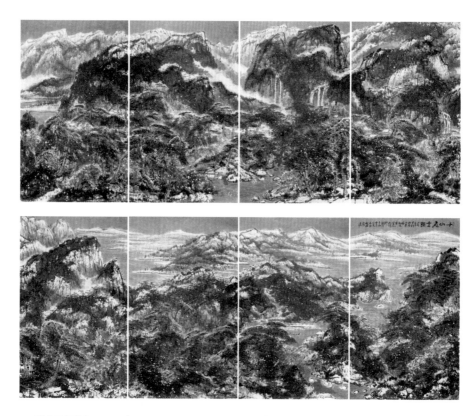

千山飞雪图，2005 年，190cm×1024cm，2006 年 5 月 29 日在香港佳士得春季拍卖会
以 1526.72 万港元成交，2013 年 5 月 28 日香港佳士得春拍以 7715 万港元成交

成熟的商业想象。质疑归质疑，中国几千年的文明史，从春秋时期就被世俗社会、凡俗文化排斥。老子论道时说："吾言甚易知，甚易行。天下莫能知，莫能行。"[①] 可见，他的"道"与当时社会文化没有多少交集，否则，他不会用"道可道，非常道，名可名，非常名"作为《道德经》的开篇语。

文化上的认识冲突之外，还有利益上的冲突。崔如琢归国后短短六年，画价超过了每平方尺 8 万元，差不多是当时最有名气几位画家价格的 20 倍，一下子就踢了别人的"山头"，使得人家从巨人变成了矬子，

① 《道德经》。

心里有了落差。就在此时,价格上的高低、贵贱对比,在理论家的言辞里生成了精英与大众两种文化。前者追求的是传统儒学新的人文精神,新的精神转向,对近代启蒙文化十分彻底地进行反思,走的是圣贤寂寞之路,而后者则受制于时代,历史遗留的各种世俗教条和极为有限的儒学闻见知识,组成了他们知识系统的复杂体。其画以速写画法为主,通俗、简单、直观、实用,深受知识阶层之外(即圈外人)的欢迎。

崔先生的绘画价格连续几十年高升不跌的原因,一个是学术上的硬实力,另一个是独特的经营之道。他注重了解藏家的文化修养与收藏目的,拒绝零售、分散的画廊市场。但画廊对推动中国艺术品市场、当代书画艺术的繁荣有绝对的贡献,这个作用不可抹杀!

《千山飞雪图》后,艺术界最多的天价神话,基本都被崔先生包揽,一个不同寻常的现象是,市场上很少有他的假画,特别是雪景寒林。

宋人郭熙、李成、许道宁、马远、夏圭的雪景,远能使人望而生寒,近则让人不觉得寂寞,可谓方寸之间,万理贯一。时过境迁,随着思想上的差异,今人不可能用古人之须眉写我之肺腑。宋人再高明,其高大、浑黑、冷峻、凄迷,逃不出大小周到、精微至善的性学论理思想对他们的影响。把崔如琢的雪景寒林与宋人的进行比照,"笔墨当随时代"(明·石涛语)这句话当即应验。今人的鲜活、明朗、自由有古人所不及处。

"抚琴动操,令众山皆响"是宗炳的话。[①]宋人山水里的声音,大致有两种,一种是郭熙般的自我独享、养心怡情、清新寡欲的小调低吟;一种是董源、范宽般一呼百应的洪钟声。老子说:"大音无声。"崔如琢雪景山水里的声音应该就是这种,听不见却能看见。

崔如琢之雪景寒林内涵古朴,虚实中节;笔法周到且充满智慧;墨法周流全局,氤氲有精神;布置随意,不精于讲究。在雪景寒林的书写上,崔如琢由内而外地发挥了自己的心性,无丝毫做作与沉溺。在内涵上,他继承了董源、巨然、李成、郭熙、龚贤、黄宾虹之浑厚、黑密、光明、

---

① 《宋书》卷九十三《隐逸传·宗炳传》。

大气；在外饰上，他发挥了自己的天才，在混沌无状之境中，用智慧之笔决出了光明。善于觉解的人都会发现，崔如琢的雪景寒林，在心法与笔墨文饰、布置之法上是一贯的。他将浑厚与光明一贯，将黑白一贯，将繁简一贯，将心性与自然造化一贯。从理的方面来说，崔如琢尊受了自己的心灵，资取了自然天性，悟彻了时代之理。从耳顺之年步入从心所欲之年，他真正做到了明辨是非，无拘无束，以一心应万物的大受大识的境界。从山水画变迁的角度来说，崔如琢在本质与面目上，皆没有袭前人。我们已知的李成、郭熙、范宽、许道宁、马夏之寒气，以及董（源）巨（然）、龚贤、黄宾虹之浑厚，黄公望之披麻皴法，王蒙之解锁皴，倪瓒之折带皴等诸家之法，在崔如琢的画里，很难寻觅到踪影。

崔如琢的此类以理为上，笔墨次之，情感又次之。这不难理解。理统万物，只有理是经久不衰，符合时代精神与个人的心性自由和自然造化的，并且是古今相通的。而笔墨之法会随着时间的渐远，而逐渐消除，成为世俗。绘画若以情感为本，势必会否定了心的作用。情感是由心而生的，昏厥与光明，全由心性的真伪而定。所以，情感是末端。以情感为本，就是饮无源之水，必有大患，不能内外相接。

《寒林雪屋》属于崔先生寒林雪景里简疏明快一路的典范，所表达的意思是寒，又非雪。这幅作品布置格外鲜活，与范宽、马远之"远望不离坐外"之雪景寒林有异曲同工之妙。但是，崔如琢的寒气是生于林木，而范宽、马远则生于山石。他们在手法上不同，书写蹊径上有所差异，但又殊途同归。

《素妆千里》与《幽居有味却难言》，布置清疏简远，静坐可观千里之妙。与《寒林雪屋》在布置上的浑厚繁密相比较，这两幅作品，还是以表达明快为主。在立意上，重在写雪，资取了雪的高明、纯粹，对林木之自强不息、苍郁浓厚之性，进行了适当取舍。

《素妆千里》较前二幅作品来说，写雪之处更为多些，笔墨尤为精妙。在笔法上，碎石林木，点染自然，大方质朴，无所拘泥。近处溪水旁之林木，因水而生，积点成面，苍郁凄迷，招惹游人，生意盎然；远

寒林雪屋，2005 年，140cm×70cm

处山脚下有人烟却无水际处，林木萧条、雪压屋顶，无炊烟飞鸟，无人马往来痕迹，一片冬深物藏之景象；远处覆雪之高远大山，点苔不精工雕刻，重如悬石，极有气力，让凌乱轻巧的轮廓保持庄正。除了点法，在写远景之高山雪景时，用凌乱之长线皴写山石轮廓、文理，形迹似披麻皴，但比披麻皴更自主，让人难以捕捉其理，颇为深奥。在写近景水际之石块时，崔如琢依旧发挥了笔法——线的无纪律性，皴擦、勾勒自然，不宜洞察天机。总之，雪后之景中的那种自然凌乱之理，被写到了极致。

幽居有味却难言

《幽居有味却难言》是前面所有作品里面笔墨最简、内涵最清疏简远之作。在笔法上，依旧以无序之线皴写山石，以无规矩之点写林木杂草。坡脚石面与屋宇正前墙壁略施赭色浅绛，让人不觉得孤独。此作，山脚有屋宇人烟处，林木苍枯欲折，错落有致，劲拔俊俏之气，有李成、郭熙、许道宁法。郭熙、许道宁师法李成。李成出自关仝。严格来说，李成、郭熙、许道宁以及当今崔如琢的这种只见枝干、不见生意、枯槁欲折的林木之法，在笔法上不是线，而是点的过程。将点夸张成线来表达心法。从林木之状上，枝干虽有长线的笔痕，但有断断续续之状。所以，此处寒林是用点法所作而成，并非用线。在写寒林上，线往往不及点出奇，不及点果断，不及点有力。此作在内涵上表达着安逸简远，在笔法上演绎着乱与不乱之理。笔法的随意性，比《素妆千里》更有境界。在皴写远处山石时，笔法曲折、刚劲，状如乱麻，又似乱柴，自具其法，不可捉摸。并用浓黑竖点写山头小树，生气十足。山石在皴写上的无纪律笔法，造就了其面目凌乱锋芒。但是，正是有了树法的纪律性，所以才让山石之无纪律格外入理。至此，我们必须清楚，崔如琢在写雪景面目时，其笔法、内涵、布置是脱俗的。他没有走前人、今人一贯的雪后宁静，一贯的井然有序的世俗之路。雁过长空，大雪封村，山石杂草凌乱，林木凄迷枯槁。这样充满焦虑的境界里，唯有安于现状，独自逍遥，才能得到真趣。《幽居有味却难言》虽是大雪压境，但湖水鲜活，有游人独钓自娱情景。似与积雪封村、林木枯槁之景不合，但实是宏大深幽，与王维之"雪里芭蕉"①、倪瓒之"为麻为芦"②同理，抒写胸臆而已。

《千山飞雪图》《千山醉雪》《醉雪》

《千山飞雪图》是崔先生雪景寒林的代表作，与之同系列的作品有《千山醉雪》（144cm×490cm，2005年）、《醉雪》（150cm×400cm，2004年）、《寒林雪屋》（140cm×70cm，2005年）等。这些作品从画面上看存在一个共性，深冬雪景里有红叶。历史上画寒林著称的宋代画家郭熙、李成、许道宁、马远、夏圭，也没想象到这种情景。的确，北京香山的冬天是有红叶的，身为北京人，崔如琢对这种自然景象再熟悉不过。

《千山飞雪图》虽以雪为题，但作者还是以山川之浑厚深藏、高明博厚、万变无束之本性为主。如果我们将此作分为实与虚两部分，那么，实处是用泼墨、积墨法写成的浓密厚黑、湿气淋漓之境；虚处是雪所未化处，如远山、云水。与历代绘画有本质区别，崔如琢的雪景寒林具有鲜明特点，对天空、水际的书写独树一帜，用较淡于实景的湿墨晕染氛围，形成天水一色、天地相接景象。放眼艺术史，在此之前雪景都用留白法，而崔如琢反其道而行之，用浑厚来体现。这就是两种境界，两种绘画手法。

《千山醉雪》是秋末冬初之景。林木虽有颓势，但生意依旧旺盛，道路溪水回折，楼阁屋宇掩映。特别是主景之浓黑处，那种正大雄浑之境，无半点雪天之寒意，只有零星雪片，瞬即消失。笔法入理，写混沌时清晰，写清晰时混沌。在写浑厚之境中的林木、楼阁屋宇时，毫不含糊，笔端充满智慧，是非之心可鉴。在写清晰时，笔法充满含蓄，有大

---

① 见（南宋）朱翌《猗觉寮杂记》。
② 见倪瓒《题自画墨竹》。

智若愚的智慧。如写近景林木、道路、水际时，虽是眼前清晰之景，但逸笔草草，不精工于形似。或点染，或勾勒，随心所欲而已。

远山雪景是《千山醉雪》的点睛之处。也是整幅作品的最虚处。在笔法上，只是用了简单的勾勒来写山之轮廓。并应用留白法写雪际，略施点染法写山顶、山腰之杂草树木。点法有竖点、大混点等。所谓，虚而有实，白而有黑。

与《千山醉雪》比较，《醉雪》对景的书写更为具体。山有深藏、高大、变化起伏之性，可游居行望；林木有人之理，品节高尚，意志坚定，磊落自然，和蔼可亲；雪无暴戾气，没有妨碍人的出行，道路、楼阁清晰。此作，在笔法上，依旧以勾勒、点染为主，无过多皴法。在显微虚实上，近景峰石林木皆为实，只有漫天飞舞的雪为虚。远景雪山以及近景之亭台楼阁、水路道路为虚。但其虚不空，用淡墨点染灌木杂草。事实上，《醉雪》无绝对的虚实之分，虚中有实，实中有虚。可谓虚实相济。

醉雪，2004 年，150cm×400cm

古语云："知白守黑。"[1] 知白易，守黑难。前者是才华，是灵性之光明，而后者是天地之理，是万物之根。走近《千山飞雪图》，一片浑

---

[1] 《老子》："知其白，守其黑，为天下式。"

朴、漆黑的正大气象里，所散发出的明快与生生不息之意，使人感到一种震撼，一种文化感动。

第二节　《四季山水图卷》的艺术特点

历史名家将四季之景同时写进一幅（一组）画里的情况很少，大家熟悉的画大境界山水的张大千，其条屏画也是单纯一景，或春或夏或秋，很少有冬景。因为，传统画法里雪是冬的灵性所在，由于道释思想在山水画里的作用，使得画家在技法、思想上去繁就简、重素轻色，向朴素哲理靠拢。崔如琢的冬景里除了零星红叶，没有多余的色彩。

前人之雪景就是我们理解的冬景，如宋人之雪景寒林，而崔先生之雪景，除了冬景，其春景和秋景也有雪。崔如琢将春夏秋冬之景组合成四条屏、十二条屏（见后文）、四个手卷（长卷）同时出现在一组（幅）画里，形成了一个有机整体，并开大尺幅四季山水作品之先河，如《四季山水图卷》。该组作品分《青山春满图卷》《绿林荫浓夏日长》《天高云日明》《山村舞雪》四卷，历经两年时间（2006—2007年）完成后，时逢汶川大地震，崔先生将此作拿出来以5000万元人民币卖给了俄罗斯最大的钢铁生产机构耶弗拉兹集团公司，然后把这笔巨额款项全部捐了出去。该作很独特，不染古法，不受四时约束。景与四时似合非合。春景如笑非笑；夏景如怒非怒；秋景如妆非妆；冬景如睡非睡。非笑，非怒，非妆，非睡，才有真笑，真怒，真妆，真睡。古人用笑、怒、妆、睡来喻四时之景，笑是生之理，怒是盛之理，妆是衰之理，睡是藏之理。笑而不肆，怒而不过，妆而不媚，睡而不昏。人有情，天地万物无情。以有情治无情，以清晰破蒙沌。古人之容貌、表情，只是属于古人，与今人无相干。今人若还执迷于此，势必会失去自我，装腔作势。此作，整部画卷是在静态中表现动态，用内敛表现狂放。春景没有将生作为主题，而是用混沌写之，其活力更大。夏景浓荫，但不繁滞。松涛阵阵，楼阁掩隐，水际云烟周流环抱，渔船、商船频繁往来。虽无人，但具热闹景象。秋景从大处看，有夏之余荫，但没有多少萧条感。细观之，暗藏万变。风大，树倾，水流缓急，草木凌乱，云际惨淡。真是万物皆动，唯心不动。冬景似睡却醒。这是人之智，睡而不昏，此心长存。

青山春满图卷，2007 年，50cm×832.5cm

我们首先从《四季山水图卷》之《青山春满图卷》谈起。

《青山春满图卷》水路是非常清晰的。从开端至尾，河水周流山川全境，或隐藏，或出没，水气升腾，清澈明快。凡是有水经过处，皆有欣欣向荣之意。崔如琢在写山的同时，也写水。将水之理与山之理结合，穷尽自然之性。

我们不妨将《青山春满图卷》更细致地分为卷首、卷中、卷尾三个部分来与大家共享其中三昧。

客观地说，这幅图本身是由三部分组成的。每部分由水隔断，并由水气云烟相接。卷首景简而实，只写山之一隅。用渴笔皴写山石面目，古朴犷悍，人笔俱老，为写林木之复苏，打下了基础；山顶林木稀少，其纹理清晰可见，用竖点湿墨点苔，端庄大方，颇有正气。山脚杂树繁多，枝干用笔勾勒，叶用形式多样的点叶、夹叶法写成。在林木掩映中有道路出没，两旁苍辣乱石中桃花盛开，如素妆美人，娇美无比。与河水相接处的坡脚,也是卷首之景的一大亮点。坡石苍老之气,直可接山顶之古朴。山腰处有楼阁出没,能恰到好处地避免呆板。楼阁简逸,草草几笔抒写架构,用湿墨晕染屋顶,不失生意。

卷首之中最精彩的地方,不在林木,而在山石之法上。作者用老辣无纪律之笔,写出了春景背后最本质的道理——冬的深藏。正是有了冬的蓄势待发,所以才有了春的鲜活生意。同样的道理,正是有了山石之博大含蓄,所以才有了林木之繁荣、桃花之明快。

卷中与卷首之景由缓急的河水、平远且萌发绿意的小山与远处湛蓝的云气衔接。值得说明的是,河水、远山、云气,是连接卷首、卷中、卷尾的关枢,如果没有它们的作用,那么,景与景之间就会出现脱节,毫无生气。崔如琢在画卷中与卷首之间的远山时,用湿墨草草几笔勾勒其轮廓,用淡墨渲染其体,颇有春意。并用湿墨点苔,有欣欣向荣气象。两景之间的河水留白,并在其留白处加以淡墨皴染,有水映景的效果。

卷中之景是在游人驾舟垂钓处,直接写起的。根据整幅图卷的意境,这游人是从卷尾画图中,沿着河水夹道逆行而来的。加之画图中的亭台楼阁、道路,这就给《青山春满图卷》提供了生活气氛。

接下来,我们以写实的叙述手法,来对卷中部分的景致进行分析。

山石之法依旧是崔如琢的与众不同之处。近处与水相接处的悬崖,用渴笔简单地纵向勾勒几笔轮廓,然后用拖泥带水的皴法写其体。悬崖上的松树,其干一笔写成,叶用横点。卷中部分,远处的山石,有披麻皴之神韵,但笔法无披麻皴之纪律。崔如琢在此景皴写山石的笔法,似乎是先用淡墨皴写其体,然后复用渴笔,卧笔擦扫。但这只是揣测,其形迹很难辨清。除了上述介绍的两种山石之法,崔先生写眼前之景石法时,皴法很简逸,很豪迈,三两笔就可将石法穷尽。先勾四周轮廓,然后用色染石面,在不周全处复加两笔,写清其文理,或者用点斫之法写其苔藓。坡脚大石,先用线皴写轮廓,复用墨晕染。石坡上小草灌木用点代替,杂树、松树,先勾勒干,然后写叶。松树干有鱼鳞纹皴法,叶用点叶法。杂树叶有夹叶。

卷中部分的林木，要比卷首浓密很多。在林木浓密处，河流隐而不现，水气蒸腾，不见其形，能闻其声。亭台楼阁有密集的，也有独立的，皆在河水不远处。在林木掩映中微微露顶，与林木之繁密之境相合。卷中部分的末端，坡脚有亭台屋宇，笔法简逸，不染陈俗，看似有人住处，但无人出没，氛围恬淡安静。桃花也是坡脚的一大亮，与苍枯冷峻之石，有着质与饰的哲理辩证，与简逸的屋宇亭台相融，宁静淡泊。

卷末之景清淡平远，以点写树，以拖泥带水皴法写山与水。人物驾舟往来痕迹频繁，极有生趣。远处水天相接，给人无限遐想。

《绿林荫浓夏日长》是写夏景图卷。该作品继承了宋人之写实与浑厚华滋的特性，在笔法与布置上不袭前人，以自己的心法为法。其随心所欲程度，达到了绘画的最高境界。崔如琢的笔墨之法，其点皴之法，看似与范宽的雨点皴、大米的竖点皴、小米的横点皴法面目相就，但是在山石写法上，是在泼墨、积墨的基础上，在混沌之境中所进行的破墨点法。与范宽不同的是，范宽是在清晰中用雨点皴的技法，来写混沌光明之境的。而崔如琢先有混沌之理，而后用点皴劈混沌。范宽是先用点皴写混沌，而后才有混沌面目的。二者虽各有心法，但知劈混沌者境界更高。原因何在呢？写混沌，技近乎道，是由外而内的功夫。劈混沌，是心明，智慧生处，是由内而外的功夫。

崔如琢除了与范宽有相就处外，还与董源、米芾、米友仁在笔墨之法上有相就处。他们皆善用点斫、晕染之法，皆善用湿墨写凄迷之理。这并不是谁袭谁的问题，而是君子和而不同之理。

崔如琢用笔是极为大胆的。他的大胆，已经到了随心所欲的程度。不管是皴写山石，还是写林木、屋宇楼阁、道路桥梁、舟车人物等，用笔总是极为入理。并且在布置之法上，不袭前人，能出己法。

笔墨其实就是运笔之法，即墨法在笔法里面，前人在论画著述中已经总结出了这个道理。所以，无笔法就无墨法，墨因笔而生。至于用水一法，其实也是用笔之法，尽管前人对此所重视的程度不够，没有像用笔用墨、布置等那样去进行具体的讨论，清代开始对此有所重视，并有

绿林荫浓夏日长，2007 年，50cm×832.5cm

了理论。至今，仍在不断质疑与探索，涌现出像黄宾虹这样的大画家，把论理与绘画一体，以浑厚华滋、高明博大为本质。石涛在《苦瓜和尚画语录》里所谈的"氤氲"，其实就是笔墨之会时，那种混沌中光明，不仅是笔与墨（彩）的清晰不相碍，而且还是水的作用。水的明晰、周流、善利万物之本性，以及它的滋养、善利万物的本性得以体现。崔先生在作浓荫时，在笔墨交会处，那种浑黑厚重中的光怪陆离，得力于反复施水。

《绿林荫浓夏日长》在抒写手法上，先立乎其大，写自然之本。然后从具体精微处着手，以达到大小之理无不至善的目的。卷首以坡脚林木、平远之水际，以及绵延起伏至千里的远山、云烟为开端，对山川之变化万千、持久永恒、风云无束的自然之性进行了有笔有墨的挥洒。而后用写实的手法，从山川之具体处写夏山。这幅夏景图卷里没有人物出现，而是以道路、舟船、屋宇楼阁来写道不远人之理。此作在写石之法上，笔墨比《青山春满图卷》柔和。前者表现夏的旺盛，后者表现春的生意；在林木之法上，前者多用墨气淋漓之大点表现浓荫，后者相对苍枯收敛些；在写水之法上，前者少皴，多留白，以表现明快深邃为主，后者多皴染，旨在写春景复苏后的深藏寒意；在写亭台楼阁时，前者布置多层叠，笔法多厚重，后者笔法简逸，布置简疏；在写舟船时，前者步履沉重，似行似停，是货船，后者轻快，疾速飞行，是游玩之小舟；在写远景时，前者湿气朦胧，有变化无常气象，后者碧空万里，一片清新爽朗景象；在写道路时，前者有"山重水复疑无路，柳暗花明又一村"之境，后者则清晰明朗，有迹可循；在整个画卷的布置之法上，前者开卷以少许笔墨写清疏渐远之境，然后一气呵成写浑厚光明之理。后者则有景分三段，用云烟隔断的布置，用此种布置之法，写春景深藏中的畅快。

《天高云日明》在写理与笔墨之法上，对自然造化与心之理的掌握是非常纯熟的，能紧紧抓住秋的禀性。写近处杂树枯黄衰败；写水安静；写石古朴沧桑；写亭台楼阁，道路清晰；写船舶扬帆生风意；写远山有颓势；等等。该作品一开始以写平远之境作为画卷的开端，开门见山地交代了秋的特点，写水平远，有一望无际之势。水法留白，无任何皴染，表现了其纯粹、广博、无处不在的本性。在写开端平远之山川时，实景用粗笔勾勒远山轮廓，然后皴擦其体，并用湿笔竖点林木，写其凄迷；写山川之虚景时，用设色之法将远处大山与云烟晕染成一体。

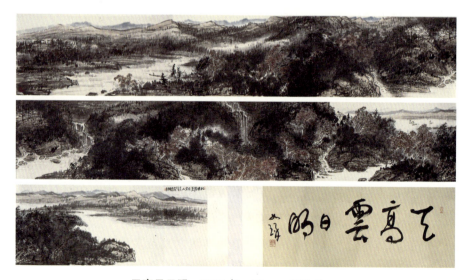

天高云日明，2007 年，50cm×832.5cm

写实依旧是此秋景图卷的特点。其"实"多不在景,而在心法。崔如琢将心的混沌与秋的凄迷贯通,用质朴善变、朴厚大方的笔墨,以及独特的布置,将理落到了实处。无论是在有形处还是无形处,其笔下所表现出来的都是真切的东西。

水依然是周流全境的主要脉络。卷首水际以虚写为主,只是留白法,卷末实写,笔法有皴染。首尾结合,是水的无欲无为与下流万物结合,是虚实、动静的结合。

与春景、夏景一样,写林木依然是崔如琢写秋景的重要手法。除近处杂树用笔勾写外,其余林木杂草,全用点染之法在泼墨、积墨法所形成的氤氲之境里写成,有似与不似的面目。在笔墨厚重湿黑处,只有其神,不见其具体之形。而在笔墨清淡疏朗处,则形体清晰,但不雕凿。

《山村舞雪》在布置上以写实为主。只有卷末以少许空间,写理与景之虚处。不过,卷末虚处之雪景,硬朗,寒气逼人,同时也有平远柔和的一面。所以此作南北兼具,刚柔相济。

这幅作品,山石多用勾勒之法写其轮廓,其体多留白,或微加点斫,或略施皴染;写屋宇楼阁,不写正面,只写其顶,顶以留白,纯以表现雪际空灵之质;唯有主景写林木,以点斫、泼墨、破墨、积墨法为主,厚重有力;写水气云烟用晕染法,写其混沌自然。

笔墨、布置之法是才华,要以理为体。崔如琢《四季山水图卷》,虽在面目上有布置虚实、笔墨浓淡之分,但在理上,四者是一个整体。就拿夏秋冬景图卷来说,夏景墨法浓黑,表达旺盛;秋景墨法稍淡,表达凄迷衰败,这凄迷衰败与浓荫旺盛之理一理;冬景光明,墨法最淡,表达深藏孕育之理,与秋之凄迷一理。

山村舞雪，2006 年，50cm×832.5cm

第七章　贺友直评崔如琢艺术为"珠穆朗玛高峰"

第一节　"珠穆朗玛高峰"之说的出处

2010 年 9 月 3 日，"大写神州——崔如琢书画巡展"在上海美术馆隆重开幕，88 岁高龄的艺术大师贺友直先生指着一幅雪景山水说了句意味深远的话："我看崔如琢的山水，如对珠穆朗玛高峰。但我并非在罗布泊沙漠中观之，而是站在西藏高原之上。"贺老将崔先生的画作比作珠穆朗玛峰，意味深长。① 众所周知，珠穆朗玛峰是喜马拉雅山脉的主峰，是世界最高峰，此处暗指崔先生的指墨画是世界艺术的顶峰。的确，中国传统绘画原本就是一座高峰，潘天寿也说过类似的话，强调中西绘画各为世界艺术的两座高峰，各代表了本民族的文化特点、艺术成就和思想美学，因此，中国绘画应与西方绘画拉开距离，中国艺术家要树立"高峰意识"，不要做"笨子孙""洋奴隶"。

　　中国人从事中画，如一意摹拟古人，无丝毫推陈出新，足以光宗耀祖者，是笨子孙。中国人从事西画，如一意摹拟西人，无点滴之自己特点为民族增光彩者，是洋奴隶。两者虽情形不同，而流弊

---

① 《朱子语类》卷七一："此处有意思，但是难说出。"

著名画家贺友直在"大写神州——崔如琢书画巡展"上海站开幕式上致辞

则一。①

今天，中国文艺需要设立一座高峰作为目标，来增强民族自信、树立民族自豪感。中华人民共和国成立后，中国传统文艺一直在西方文艺的光芒下举步维艰，谈到绘画，大家脱口而出的是毕加索、莫奈、凡·高等名字，却不知道我们历史上的潘天寿、黄宾虹等大师。

不过，贺老不是恭维崔先生，他在说完"珠穆朗玛高峰"这个词后，话锋一转，将自己或者上海画坛乃至中国画界谦虚地比作"西藏高原"。

展览结束后，崔先生觉得自己被过誉，反复思量贺老对他的评价，也私下征询过几次老先生，得到的答案是实话实说。

第二节　崔如琢艺术是不是"珠穆朗玛高峰"

回顾崔如琢走过的半个多世纪的艺术生涯，其 60 年代的《白梅》，

---

① 摘自《潘天寿谈艺》，浙江人民出版社 1985 年版。

70 年代的《仿八大山人蕉石图》，80 年代的《野趣图》《山花怒放》，90
年代的《溪山清夏图》，2000 年后的《和平颂》《千山飞雪图》《四季山
水图卷》，及近几年的《指墨山水百开册页》《指墨花鸟四条屏》[《画比
真荷大》（211cm×72cm，2009 年），《石洁竹清好父母》（211cm×72cm，
2010 年），《青藤不可见》（211cm×72cm，2010 年），《红竹》（211cm×
72cm，2010 年）]，《荷风盛世》（2010 年 7 月创作，见后文），等等，
都是在思考历史、思考传统、思考当下中继往开来。每一幅作品里，既
有传统文人的悲悯、忧患、担当意识，也有传统文化自强不息的进取精
神。直观上，崔如琢的画，包含了对历史、哲学、人生、世界、宇宙及
未来的综合考量，他总是将自己的笔墨、创作思路放在这样一个大体统
里来感化人、鼓舞人。与众不同的是，他蔑视无病呻吟的怡情小调，重
视充满哲理性、思辨性的论理叙述，他的画，看似是淳朴、深沉的墨海
世界，其实是含蓄、高亢、自信的时代交响曲，中华民族的文化、经
历、生活、喜好、习惯、性情、理想全在里面。

　　2010 年 8 月 11 日，在"大写神州——崔如琢书画巡展"北京站学
术研讨会上，柯文辉先生说，崔如琢是提供了前无古人的审美情趣和审
美内涵的人。如他的大尺幅花鸟、大尺幅指墨、大尺幅指书（见后
文），将中华美学精神紧贴时代呈现出来，不同于历史，不同于前人，
也不同于当代。最具代表性的，《指墨山水百开册页》《荷风盛世》等
在美学内容上讲究思想寄托和审美教化，在美学表达上，追求意象、意
境、托物言志（诗歌、绘画理论）和情景交融的最高境界。

　　应该说，指墨在绘画史上重新崛起，是文化思想变革的一部分。艺
术家对宋元明清学术思想、文艺、历史得失的重新认识、重新思考，对
汉唐意境的无限崇尚，推动了近代以来的绘画变革，指墨正是在民族衰
落与重新崛起中发展、弘扬起来的。崔如琢的指墨花鸟，尤其是荷花作
品，给人的印象是大气、清澈、浑厚、刚强。层层积墨形成的荷叶，发
散出光怪陆离的景象，美轮美奂。他在指墨花鸟画上的贡献，不能仅看
作将山水画的积墨法引进到指墨花鸟里，重要的是，他给花鸟画一种山

画比真荷大，2009 年，211cm×72cm

水境界，一种哲学境界。传统价值、民族性在崔先生的花鸟画里体现得
更为真切些，铜打铁铸、坚不可摧的指（笔）法，正体现了这方面的
意思。

　　崔如琢的艺术创作巅峰出现在中华民族最强盛的时期，代表其艺术

石洁竹清好父母，2010 年，211cm×72cm

成就的当属指墨画。自 2010 年年底起始的"大写神州——崔如琢艺术巡展"全国巡回展面世以来，到 2016 年"太璞如琢——崔如琢指墨艺术展"（见后文）亚欧巡回展席卷全球，他的画、他的人，与"中国梦"一道走向世界，让世界震惊。中国画家带着传统儒学特有的气质和精神内涵，终被西方认可、接受。这一天，中华民族等了两百多年。

他只是一个自由文人而已，在中华民族伟大复兴的道路上，有先人之忧、后人之乐的悲悯情怀，力图用自己所学改变中国，将自己融进历史、文化、国家、民族。实质上，文人都是在这种心境里，一步一步向自己的梦想靠近。而崔如琢实现梦想的动力，正来自其绘画创作激情和民族文化情结。

崔如琢的《荷风盛世》《千山飞雪图》《指墨山水百开册页》是近百年艺术史及当代艺术界创作方法、思想上的一个经典范本。在表现形式上，凝结了民族审美心理和艺术气质中的创造性因子，反映了一个时代思想发展的水平；在表现内容上，浓缩了民族的历史社会认知和精神想象力的最新成果。在深层内涵上，体现着民族精神感悟、价值追求的不断超越。

在崔如琢实现其艺术理想、人生梦想中，不断用一幅幅创造力、想象力惊人的、独具民族特色的大尺幅作品，让世界关注中国画。《四季山水图卷》及近几年的《指墨山水百开册页》凭借浓郁的文化内涵和精湛的创作手法，一举刷新了世界各国对中国绘画的看法，造就了中国画在世界艺术体系中的重要地位，其作品也成为外国了解中国、让中国绘画"走出去"的重要载体。

学者、收藏家辛冠杰先生说，崔如琢的绘画，带给当代绘画新的繁荣，其指墨让中国本土绘画置之死地而后生，绽放出了新的活力，书写了新的辉煌，步入了新的高峰。《指墨山水百开册页》完全符合这个标准，能彪炳时代的辉煌，能代表这个时代的文艺价值、文艺思想、文艺创作水平，也能体现当代艺术家的人文情怀、家国意识。传统绘画大师齐白石、黄宾虹、李可染，指墨画大师高凤翰、高其佩、潘天寿等达到的，崔如琢也达到了。正如国学大师饶宗颐评价崔先生："画坛英绝领袖"①，崔先生确确实实是名副其实的当代画坛"魁首"。他胸怀大志、

---

① 《崔如琢大观》卷一序言，故宫出版社 2013 年版。

思想高远、耐得住寂寞、以先贤为范、向经典看齐，在超越前人、超越历史、超越自我的过程中，带领艺术界攀登艺术高峰，立志为民族写史、为时代立传、为人民放歌，努力创作出振聋发聩、传之久远，又为人民所欢迎和喜爱的精品力作。

另外，辛冠洁在其《读如琢指墨感言》[①] 一文里，亦对崔如琢的指墨画给予高度评价，作诗云："山峦起伏林木萧，芙蓉竞秀尤娇娆。崔魁运腕千钧力，挥洒华章逼二高。"据老先生讲，诗里有两个断句在分寸掌握上有些拿不稳。一、"崔魁运腕千钧力"中的"崔魁"，很明显是把如琢视为当今中国画画坛的"班头"了。二、"挥洒华章逼二高"中的"逼二高"，是认定如琢的指墨已经直逼他心目中成就最高的清代指墨翘楚高其佩和高凤翰（高南阜）了。这种断定是否合适？经反复斟酌后，认定这两个断定能够成立。首先，关于"崔魁"之说，他不过是在背书而已。前几年，德高望重的前辈学者、美术评论家饶宗颐先生，已称崔如琢为"画坛英绝领袖"。当然，背书亦应有根据（见下文），不可人云亦云。

根据一：崔如琢的书画基础牢固，根底深厚。从小涂鸦，十四岁那年，拜著名书画家、极富收藏的文物鉴赏家秦仲文教授为师。秦师给他上的第一课便是学画先要懂画史、画论、鉴赏，还需悟透人生、完善自我。接着教他画竹、画花鸟，半年后教他画山水，启迪开拓，循循善诱。从此崔如琢眼界大展，豁然开朗。后来，又拜白石老人的掌门弟子李苦禅先生为师，成为苦老的得意门生。同时还拜章草大家郑诵先先生为师，苦攻书法。20 世纪 60 年代的崔如琢，跑遍了故宫博物院书画馆看作品，临遍了荣宝斋及琉璃厂的各个画廊参观学习，访遍了吴镜汀、王雪涛、李可染等众多师伯师叔。临遍了宋元明清书画大师的佳作和经典碑帖，如黄公望、王蒙、沈周、文徵明、陈老莲、徐渭、八大山人、石涛、吴昌硕的作品及张迁碑、曹全碑、史晨碑等。当然，也没有放过

---

① 辛冠洁：《读如琢指墨感言》，《上海艺术家》2010 年第 5 期。

孙过廷的书谱、金冬心的漆书。20 世纪八九十年代，崔如琢抓紧时机收藏了大批明清大家的墨宝。收藏有青藤、白阳及其以下"四僧"、"八怪"、新罗山人（华岩）以及虚谷、赵之谦、吴昌硕连同晚近代的齐白石、张大千、徐悲鸿，直到潘天寿、傅抱石、李可染、李苦禅这几辈大师的几百件精品。特别是他对"四僧"的收藏，不论数量还是质量，都达到令人吃惊的程度。人们总以为，四僧墨宝收藏大家"无所著斋"主人之丰富的藏品是一个极限，但崔如琢竟出其右，世上仅见的敬亭山广教寺供奉收藏的《石涛大士百页罗汉图册》，现今也在他手上。收藏以及对藏品的零距离接触对于一个画家进入化境的作用，不是每个画家都能体会到的。崔如琢的天才、刻苦以及驾驭机遇的能力，奠定了他艺术创作的丰厚功底，使之能"与时偕行"。像崔如琢这种情况不多见。

根据二：崔如琢乃当今中国画画坛的全能冠军，既精于画，又擅长书；既精于艺术实践，又长于艺术理论。于画，人物、山水、花卉、禽兽、虫鱼、无一不精；于书，真、草、隶、篆无不擅长。论技法，既善写意兼长写真，既能挥毫也能运指。然而博简兼及，由博返简，是他大成的关键所在。最明显的例证，也是最令人感佩的，是崔如琢既可具象描绘，也精于抽象发挥。他的抽象山水画《月夜图》《月清》《山之梦幻》等一经问世，便产生了巨大反响，连李可染老夫子也被触动。李老先生看了崔如琢的《山之梦幻》后说："山不像山，其山自在，水不像水，其水自流，千山万水，画理尽在其中。"在崔如琢这一年龄段上的国画家中，不知道哪位还曾得到过像可染先生这样大师的如此这般的赞许。

根据三：崔如琢是位主体意识强烈、富于创新精神而永远不知满足的画家。开始画山花荆棘、紫藤、葡萄；再画梅、兰、竹、菊，最后落脚到荷花。他的荷花千姿百态，变化无穷，美不胜收。中国画荷花的大手笔历来层出不穷，但像崔如琢这样把荷花画到如此千变万化程度的画家似乎并不多见。花鸟画遍，又向山水进军。崔如琢的山水情钟于雪。这也是他"如琢如磨"的结晶之一。他笔下的雪景，最是变化多端。像这样不断创新、不断开局的情况，在别的画家那里也是少见的。如今崔如琢又有一项创新，或说他的一项新尝试，便是上面提到的指墨。指墨是国画中的冷门，历来长于此道的画家不多，尤其近代，纵观齐白石、徐悲鸿、张大千、黄宾虹一代巨匠，不见有谁涉猎于此。至若李苦禅、潘天寿、傅抱石诸家中也只有潘公长于此道。这门艺术在被冷落多年之后，独由崔如琢出道振兴，正体现着他在当今画坛上的领袖作用。

根据四：崔如琢是一位敢想人所不敢想、敢画人所不敢画的，有胆识、有锐气的画家。单凭其喜画大画，挂轴中堂，动辄八尺、丈二、横幅卷轴，动辄若干米长卷，这一情况已足够说明问题。更何况他不断独出心裁，标新立异，不重复古人、别人，甚至也不重复自己。试问当今中国画画坛具备此大气魄的画家能有几人？

其次，辛老总结道，崔如琢的指墨有资格向前贤二高说："二位先生请加快车速，否则晚辈可要超车了。"《中国美术全集》①绘画篇中的11幅前贤指墨作品（9幅是高其佩的，2幅是高南阜的），只有高其佩的《梧桐喜鹊》和《柳塘鸳鸯》是挂轴，其余全是册页，虽不能说不好，但不论意境还是影像、构图还是笔墨，似乎都比不上崔如琢的受看。20世纪五六十年代，故宫博物院和各地博物馆以及北京琉璃厂、隆福寺的古董铺里有一些优秀的指墨书画，特别是高凤翰的较大指书、指画，还有潘天寿、康生的指书、指画，给人留有诸多美好的印象和鉴赏基础。康生说，欣赏指墨的要领，"要从筋骨上看，要注意'冷'、'寒'、'峭'、'断'四字。以此为理论依据审视崔如琢的指墨，'逼二高'之说是恰当的。其一，崔如琢撞响了振兴指墨的洪钟，其二，崔如琢在中国指墨艺术发展道路上树立了一座新的里程碑"。

综上，贺友直对崔先生的评价，有十分重要的思想和时代意义，它完全符合新时代，传统文化复兴浪潮里的文艺标准。因此，"珠穆朗玛高峰"之说实至名归！

---

①　邵宇主编：《中国美术全集》，六十册本。

第八章 积墨花鸟画代表作《荷风盛世》《盛世荷风》的当代意义

第一节 最大尺幅的积墨花鸟画作品之《荷风盛世》

人民大会堂作为国家政治决议的殿堂,能向画家发出邀请作画,是对画家本人艺术水平、道德、人品、价值观的高度肯定。有记录可循的,最早在1974年,崔如琢30岁时就为人民大会堂创作了一幅花鸟画《东风朱霞》(人民大会堂收藏),内容是芭蕉叶、竹子、山花,反映了艺术家的创新意识和对美好生活的向往、对光明的歌颂、对理想的抒发。即使身处逆境,作者对民族、对国家、对人民、对社会、对生活、对自我从来没有失去信心,始终一心一意传递信心,点亮光芒,为国家、民族、人民助威。

时隔37年后,崔如琢已是国际知名绘画大师,人民大会堂再次向他发出邀请,作一幅十分重要的大尺幅作品,要悬挂画作的位置是人民大会堂二楼回廊北侧的墙壁,这面墙的背面是已故国画大师傅抱石、关山月合作的山水画《江山如此多娇》。其醒目的红太阳与主席题字,彰显出浓烈的时代气息。《江山如此多娇》因时代原因限制了作者的艺术才能,即使这样,该作也不失为历史佳作,在人民大会堂收藏体系里,当数国宝。今天，崔先生受邀紧挨着这幅画再创作一幅，是荣幸，也是艺术史上两代艺术家的对话与较量。这幅画在很大程度上能检验改革开放后中国绘画发展成果及艺术家在新时代、新形势下，对绘画、对历史、对文化、对国家、民族的理解。

既然紧挨着的位置已经悬挂着傅老与关老的山水画《江山如此多娇》，那再创作一幅花鸟画，会把中国绘画的两个主要门类山水和花鸟的历史传统优势全面地展现出来。傅抱石是中华人民共和国成立初期才华横溢的一位画家，而崔如琢也是当代画界屈指可数的，两位画家的作品挂在一起，定是中国绘画史上的一道亮丽的风景线。

荷花是传统文人表达情感、体现境界的主要题材，它既有中国的哲学意思，也有宗教意思，周敦颐的《爱莲说》、朱自清的《荷塘月色》，是每一位读书人都熟知的经典。在花鸟画体系里，荷花与梅兰竹菊"四君子"一样是文人喜爱的题材，经过了遗民画家徐渭、石涛、八大山人的笔墨提炼，荷花在大写意的笔墨精神里，更能体现中国画家的儒学价值和道释文艺情趣。近代画家吴昌硕、齐白石、潘天寿、李苦禅都用荷花表现出了超高的文艺天赋，尤其是潘老与苦老，他们的苦难、抑郁、忧患、担当、坚强与希望都个性鲜明地体现在一幅经典作品里。而崔如琢，就是在前人颂荷的历史传统中发展出了自己的笔墨面目。在中国绘画史上，积墨从山水墨法发展到花鸟画，第一次最直观地就出现在崔如琢的荷花作品里。因此，崔如琢的荷花，深受学术界认可。

崔如琢正式进驻大会堂作画的时间是2010年7月5日，到画作完成，大概用了一个月时间，前半个月打草稿，后半个月成画。《荷风盛世》于2011年2月26日下午5时在人民大会堂上海厅隆重揭幕。揭幕仪式上，有关部门领导向崔先生颁发了收藏证书。在盛大的仪式后，《荷风盛世》被正式悬挂在人民大会堂。该作装裱完成后，长20米，宽3米多，画面总面积比其背面墙壁上的《江山如此多娇》大了三分之一。

《荷风盛世》是中国绘画史上尺幅最大的花鸟画。作《荷风盛世》时崔如琢67岁，这个时期，他的创作精力和绘画才能都达到了其生平

《荷风盛世》现场创作

荷风盛世，2010 年，1800cm×280cm　人民大会堂收藏

最好状态，指墨画法在他的艺术探究中已经纯熟。如果说，以前的作品
《和平颂》（荷花，2005 年）、《千山飞雪图》（山水，2005 年）、《丹枫
白雪》（山水，2006 年）、《四季山水图卷》（山水，2006—2007 年）、
《指墨花鸟四条屏》等是代表作，那么，《荷风盛世》是崔如琢艺术生
涯的一个里程碑，也是花鸟史和当代绘画创作的一个新高度。就凭这幅

作品，足以让崔如琢这三个字牢固地烙在中国绘画史上。

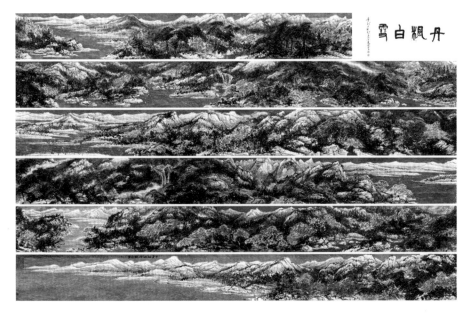

丹枫白雪，引首：64cm×152cm，画心：64cm×3628cm，2006 年，
拍卖公司：保利香港，拍卖时间：2014 年 4 月 7 日，成交价：1.84 亿港元

邓小平说，文艺必须"自觉地在人民生活中汲取题材、主题、情节、语言、诗情和画意，用人民创造历史的奋发精神来哺育自己"①。关键是，《荷风盛世》是一幅礼赞改革开放发展成果、凝聚中华美学文化基因的作品，56 朵荷花，象征着中华民族大家庭里的 56 个民族，其自强不息、内敛含蓄，是中国哲学的境界，也是中华民族的境界。尽管崔先生说，画里的 56 朵花，只是一个意外，但这种意外正好反映了其心系国家、民族、文化的心境和境界。

①　《邓小平在中国文学艺术工作者第四次代表大会上的祝词》，1979 年 10 月 30 日。

第二节 《盛世荷风》之当代意义

2011 年 11 月 29 日,崔如琢的荷花巨作《盛世荷风》在香港佳士得秋拍中以 1.28 亿港元成交,刷新了当代书画家单幅作品最高拍卖纪录。① 这件作品是崔如琢的首件成交价过亿作品。该作高 247 厘米,长 984 厘米,约 218 平方尺,为崔如琢先生 2011 年的新作。海内外媒体认为,《盛世荷风》单件作品拍卖突破亿港元大关,已经奠定了崔如琢在国际艺术市场上的重要地位。这次拍卖充分证明,崔如琢的绘画市场在国际上有极大的竞争力。艺术市场是检验书画家作品价值的天平,在盛世收藏的今天,成交价格与成交率直接显示一个画家在中国乃至全球收藏界和绘画界的地位。当历史试金崔如琢这位开宗立派的大师时,必会把这些沉甸甸的开创之法与市场纪录悉数记载。

盛世荷风,2011 年,247cm×123cm×8,2011 年 11 月 29 日,
香港佳士得拍卖公司,成交价:1.28 亿港元

《盛世荷风》融会了历史诸家之长,又济以现代人的审美感受,蕴藉如诗词,畅达如散文,直从画里延伸到画外,充满历史、文化、艺术的深度。崔如琢的独特之处在于其驾驭和布置大幅绘画的能力,放眼当下与历史,这似乎是他独有的能力。因为他意识到,传统绘画在创作时因为种种条件的限制,因而在很大程度上都只能称为"小品画家",而

---

① 《中国证券报》(2011 年 10 月 30 日),记者齐峰。

新的时代需要新的鸿篇巨制，来激发人、感染人，所以他总是尽力使用大尺幅的宣纸以表现整片荷塘的气魄与多姿多彩。

《盛世荷风》的荷花，用笔、意蕴传递着强烈的中国写意画的笔墨精神与美学意趣。因为崔如琢画荷，既照顾到了荷花的客观真实性（如对花、叶、茎的关系交代得极其清楚），又根据画面的需要，依据自己的审美追求，将池塘里盛开的荷花升华为对生命的观照。此作，既是随意的，又是理性的；既是谨慎的，又是放松的；既是写生的，又是写意的；既是现实的，又是理想的。

在中国传统绘画论理标准中，"气韵生动"之外的第二个标准就是"骨法用笔"[1]。在这一点上《盛世荷风》与许多用常理作画的花鸟画家的作品拉开了距离：常理[2]处是以柔、淡、轻、散取胜，此作则以刚、厚、重、聚求变。这方面除了崔先生的气质使然，还得力于他的书法修为，比如他对汉隶和北碑的深入研习。最为推崇北碑的康有为，曾经认为魏碑具备了十美："一曰魄力雄强，二曰气象浑穆，三曰笔法跳跃，四曰点画峻厚，五曰意态奇逸，六曰精神飞动，七曰兴趣酣足，八曰骨法洞达，九曰结构天成，十曰血肉丰美。"[3] 无疑，这种种意象，都可以在崔如琢笔法中得到印证。无论浓墨重墨，无论粗线幼线，其刚劲仿佛饱含生命的力量，即使是细致勾画，也是笔力劲拔。可以说，崔如琢是继八大山人、吴昌硕、齐白石、潘天寿、李苦禅之后擅长画荷的又一高手！

将《盛世荷风》全画展开，或一两枝傲然出尘，或三四枝顾盼着，如语如诉；或恣肆如瀑布倾泻于丽日朗照之下；或轻盈地飘摇在清风中，其墨叶，浓的翁然沉郁，淡的洒然飘逸，浓浓淡淡间，纯粹得恍若天地鸿蒙。中锋粗壮而不涩滞，侧锋空灵而不枯扁，亭亭的荷茎和荷芰

---

[1]　谢赫《画品》："六法者何？一气韵生动是也，二骨法用笔是也，三应物象形是也，四随类赋彩是也，五经营位置是也，六传移模写是也。"

[2]　（宋）欧阳修《笔说·物有常理者》："凡物有常理而推之不可知者圣人之所不言也。"

[3]　康有为《广艺舟双楫》。

生机勃勃地滋长蔓延着，支撑生命的绚烂绽放。

崔如琢创作的这件作品，其虚实处理，看似恣肆和随意，然而却是他积数十年之功力深刻思考而来。阔大的笔墨间，有着让观者怦然心动的细节局部，整体造型上的大片留白，正是将无限的遐想空间留给世人感怀、驰思。

《盛世荷风》已不单纯是普通意义上的花鸟画，而是被人格化、山水化，从右面向左看起，画家是理性的，如同交响乐平缓的开篇，偶尔有几个音符跳出，然后又沉下去，等着这个水墨交响的高潮到来。而沿着画面底部所展开的淡墨，则像云朵、像晨露、像烟霞、像和风的诗意。

21 世纪，中华民族终于在经过近两百年的曲折探索中找回了自尊，曾经被破坏殆尽的传统文化正慢慢地被修复，在一个有着民族自尊和文化自信的时代，《盛世荷风》这件旷世大作已经应运而生了。它纵横捭阖，高低错落，生机勃发，安然绽放。雄健的笔墨，传递着、延伸着中华文明的生命力，既能映照作者高尚的个人情怀，也表达着"自强不息、厚德载物"的民族性格。

第九章　指墨山水作品特点

　　2010 年 8 月 11 日 "大写神州——崔如琢书画巡展" 第一站在北京画院开幕，崔如琢的指墨画毫无征兆地与大家见面了，他迎来了创作上的又一个高峰期。尤其指墨山水，成为他区别历史，建立自信，在国际拍卖市场上获得身份、价值、市场认可的重要依据。此时，他作画不局限于物景，不局限于成法，不局限于工具，只要是心里发生的，都能如实画出来。崔如琢在指墨上的进步，可以总结为以下几个方面。

　　第一，崔如琢的指墨，是继张璪、毕宏、米芾、高其佩、潘天寿以来，中国指墨画在技法上迈入了最为纯熟的时期。特别是其指头墨戏画，[①] 将文人所追求的随心所欲的心性发挥到了极致。内涵高明深远，技法不守旧，布置不重复，真正达到了用我法写我心的超然境界。

　　第二，崔如琢的指墨，摆脱了元 "四家" 之牢笼，是明清、近现代以来中国山水画在内涵与面目、技法上的又一次变革。

　　第三，崔如琢的指头墨戏以人物为衬景，与以往的笔画山水相比较，具有自我超越的意义。前面我们已经具体分析了，他的笔画山水，几乎不作人物，以无人表现有人之境。或用舟船、或用屋宇桥梁来表现可通人迹处。而其指墨山水、墨戏多以人物为衬景，实属对自己的超

---

　　① 随兴而成的写意画。《宣和画谱·墨竹诗意图》："阎士安，陈国宛丘人，家世业医，性喜作墨戏，荆榭枳棘，荒崖断岸，皆极精妙。"

越。其人物，与丁云鹏、陈老莲、吴彬、石涛、高其佩、黄慎、任熊、任伯年、傅抱石等皆以李公麟铁线描为宗，实以李唐、马远法为法。笔墨无超越前人处，但有浩然正气。

第四，崔如琢将指墨作画的道理，应用到书法，并用指头写行书，[①] 是在书法实践上的一次尝试，不论成败，这条路还很远。

崔如琢的指墨山水有《绝壑卧云留宿雨》[②]《近峰铸铁，远岭多娇》[③] 等；指头墨戏画有《指墨江山——崔如琢指墨山水百开册页》等。

第一节　《绝壑卧云留宿雨》《近峰铸铁，远岭多娇》

《绝壑卧云留宿雨》在荣宝斋为崔如琢先生举办的"2011 元旦——崔如琢书画新作展"展览上一鸣惊世，学术界给予了极高的评价。在展出还不到一分钟之时，就被上海一知名企业家以 600 万元人民币的价格贴红标签抢先预购。学术界认为，该作品必是名垂青史之作，充分体现了当代美术在中国美术史上的自信与豪迈。从本源上来说，这幅作品秉承了李成、郭熙、许道宁、范宽的高明，巨然的方正大气，马远、夏圭的劲拔实在，"扬州八怪"的洒脱自然，傅抱石的雄肆古朴。该作品分为近景与远景两部分。并且远近之景皆写山之一角，与马远布置法同理。即，从具体、浅近处写广博、高远之理。不过，崔如琢资取的是高大雄浑，马远资取的劲拔刚强。近景雄肆、险峻、光明，属实写；远景方正、高大、雄浑，属虚写。近景布置有峰石、林木、栈道、屋宇楼阁；远景布置纯粹，只峰石之方正雄浑之神，而无具体之形。接下来，我们以由近及远的方式，来分析这幅作品的笔墨之法。

---

① 《草书孟浩然诗》，53cm×31cm，纸本，2010 年，选自《崔如琢书画新作选》，荣宝斋出版社 2010 年版，第 82 页。

② 《绝壑卧云留宿雨》，300cm×150cm，纸本设色，2008 年，选自《崔如琢书画新作选》，人民美术出版社 2008 年版，第 26 页。

③ 《近峰铸铁，远岭多娇》，141cm×289cm，2008 年戊子，选自《中国当代名家画集——崔如琢》，人民美术出版社 2008 年版，第 78 页。

首先，我们从近景的峰石、林木、栈道、屋宇楼阁之笔墨谈起。

近景峰石主要用斧劈皴法皴擦山石轮廓，并用赭石浅绛石面。在原理上看似与马远法同，但马远之皴法上刚劲，而崔如琢柔和。在设色上，马远善于浅绛全境，而崔如琢只浅绛局部一隅，且石面多留白；松法，笔法雄肆苍劲，墨法浑厚有力，其法远宗关全、郭熙、倪瓒、王蒙、马远、夏圭，近师石涛、傅抱石。化他法为己法，写雄肆苍劲之正道；用浓黑之大墨团点灌木丛林，力如悬石。漆黑之物景，与光明之峰石生面相合，写尽黑白之道；险峰有两条栈道，一阴（暗）一阳（明）。阴的虚写，通次景远峰，阳的实写，通近景险峰之顶有庙宇处。

远景之峰，顶平而方，有巨然之方正雄浑，也有范宽之高远光明。峰顶杂草碎石，用淡墨晕染法写成；峰石之面，用拖泥带水之大斧劈皴法。

此作右下侧，两峰之景重叠处，用了实写的方法写近景庙宇、松树，来与远峰之虚景相济，并且用了积墨、破墨、泼墨的方法，来分辨远景林木之面目。右上侧，远峰之外的虚顶，用淡墨晕染其体，并略施勾勒。此法看似借鉴米友仁法，而少己意。有人更加质疑，将江南云烟之法用在北方山水中似乎是布置之失，有悖造化，然这种笔墨之法，是自然本身之境，并非人为造作，或者说重复谁。倘若是重复，实属"雪里芭蕉""为芦为麻"之高逸。在北方山水中，敢写江南云烟者，恐怕需要智慧与魄力。

《近峰铸铁，远岭多娇》是雄浑豪迈、正大刚强的一幅作品。该作品由主峰、次峰、远处虚景三部分组成。主峰林木雄浑，石法豪迈。墨法漆黑，极具光明精神。设色含蓄，知黑守白。次峰方正刚强，连皴带染。笔法含蓄不露，墨法氤氲有精神。虚景用淡墨染云烟，并有破笔皴写峰石的痕迹。近景之峰，屈铁般的线皴，使峰石豪迈坦荡，清晰简朴。

《近峰铸铁，远岭多娇》的题跋中这样写道："远岭多娇，大痴往矣，谁继风骚？"这是对黄公望的尊重与肯定，但并非如明清之人一样，以黄公望法为正宗。这里所说的"远岭"，其实就是本作品的主峰、次峰、虚写之峰。只要用心体会，就会明白，峰的内涵与面目与黄

近峰铸铁，远岭多娇，2008 年，141cm×289cm

公望法完全不相干。其方正雄浑，含蓄内敛之质，是化巨然法而来。黄公望与崔如琢皆学北宋，黄公望上清淡，而崔如琢上雄浑。因此，这二者之间的不同，是容易明辨的。

第二节 《指墨江山——崔如琢指墨山水百开册页》

《指墨江山——崔如琢指墨山水百开册页》是崔如琢指头墨戏画的代表作之一。在 2011 年 5 月 31 日，香港佳士得举办的春季拍卖会上，被世界首富某家族企业以 4320 万港元竞购收藏，震惊国内外艺术收藏界。此作主要以写四时之景为主。接下来，我们以春夏秋冬主题为系列，并以此为序进行实例解析。

春景系列

写春景系列的作品有：《晓日春山》（p. 17）、《春山出谷》（p. 24）、《明丽春山》（p. 33）、《早春烟霭》（p. 40）、《春山风云》（p. 48）、《长江春水绿堪染，莲叶出水大如钱》（p. 74）、《早春之景》（p. 80）、《早春晚景》（p. 96）、《早春烟云》（p. 104）、《春来早》（p. 112）、《残雪早春》（p. 120）、《寒云春雨》（p. 128）、《江南春游》（p. 144）、《浓春雨景》（p. 152）等。以上所列举作品，皆为"纸本设色，2010 年"。

春能让人心旷神怡，也能给人无限思考。李煜在被囚禁时，曾经写下了《赐宫人庆奴》一诗，"风情渐老见春羞，到处消魂感旧游。多谢长条似相识，强垂烟态拂人头"。一方面是哀婉旧事，与侍人共勉，另一方面是对春的自强不息与长久不衰的歌颂。事实上，春由内而外是积极的、向上的。人们在观察春景时，心理会有不同，但春的光明，能让人愉悦与豁达。所以，画家在写春时，不仅是写其外貌，而是要把她明快向上的内涵表现出来：不娇嫩艳俗，冬的内敛深藏。人的手指就是一把剪刀，能裁剪万物。只要五指在纸上那么一划，神奇莫测的自然春景就神肖毕至了。

作烟雨之境，尚清远而忌滞浊。相对而言，清远是智慧闪现，比那些饱食残羹、中规中矩、满纸烟火气的工匠要明心见性。画的境界，实为人的本质，包括人生观、艺术观与全部修养。峰石的不同处置，杜绝重复的语言，要常看常新。桃花代表着春意，特别是那雨中的凄迷景象，让春无所锋芒。含苞待放，欣欣向荣。

人的内心是虚静的，在无事来临时，它静如止水，清晰而明快。山川万物虽无心、无人的理智，但其无心无为之境界，是人所追求与修炼的。山川草木本不动，其动是因为风动。作画时，若要把风这种看不见、摸不着，忽在其前后左右的东西画出来，须有一定的功夫。作四时画，春风的写法与夏秋冬的景物处理不一样。春风的柔和轻快里，包含着人心对自然景象的裁剪。

在断无人烟处，要体现有人之境，且让人不觉得寂寞，文人大多用舟船、栈道、桥梁、屋宇等为楷式。其实，用哪种方式属次要，重要的是能脱俗。

空山不是空洞无物，而是充满空灵。画家在作春景时，最忌讳的就是艳俗，所以，将残冬的尾巴暗暗涵融入画中，给春意增添几分质朴。

因此，崔如琢之近景石法，常有冬味。

诸如柳枝的笔法要轻松，同时要充满生气，给读画的人一种欢快。春香是看不见的，只有用嗅觉才能感知。人有耳目口鼻之欲，若要把非的东西做到是，就是人性的净化。香有浊与清，浊为恶，要戒，清为善，要弘扬。雨过之香是清香，能让人身心舒逸。

《晓日春山》是写柳的作品之一。在《指墨江山——崔如琢指墨山水百开册页》中，像这样以写柳为主题的作品有七八幅，无一重复，并各有其法。如《早春烟霭》《满溪春流》《春来早》，柳法雄肆苍劲、果断勇猛而充满智慧。笔未到处意到，形未具处神具。在写"早春"之春生之理时，兼顾了"早"的道理，包含了冬的深藏、萧条、刚强。这三幅作品，在笔法上，石法多以渍墨、晕染为主，少勾勒皴擦。柳法勾勒、泼墨、破墨、渍墨于一体，浑然天成。崔如琢写柳，资取了柳干刚强、柳枝柔和的本性，所以其笔法，如屈铁般刚强，又如游丝般柔弱。柳法最精彩之处，除了笔法的刚柔相济外，还有墨法。非常出奇的是，其用泼墨、渍墨法，将雨夹雪天气表现得极为精彩。用大如牛、力如悬石的墨团写积雪，用小如芝麻的墨点写雨点。这样大小不等的黑墨团，将自然之理写到极致。《早春烟霭》的布置更是出奇，如游丝般柔弱的柳枝，承载着巨大的由黑墨团写成的积雪，这样看似不合常理的布置，却写出了柔弱胜刚强的道理，也反映出了作者在做功夫上，由自然造化上达了心法。其随心所欲程度，登峰造极。风是无形的，以有形写无形，用倾斜而下的墨点来表现其真实，这样柔和而不暴戾，有自然和谐的根本；《春风春雨》《早春烟雨》《明丽春山》在画理上纯以春生之理为法。柳法含蓄收敛，设色明快，枝干用泼墨法，叶用淡绿染成。石法勾勒痕迹明显。

《晓日春山》由近景与远景两部分组成，并用水际隔断。近景山石、柳树、人物、桥梁实写，远景之山石、云烟虚写。

近景山石，先以浓黑之墨饱笔泼墨勾勒轮廓，并略施皴擦，然后用淡绿、赭色晕染浅绛山石之面。需要指出的是，在写山石轮廓时，泼墨

晓日春山，2010 年，47cm×37cm

法生于勾勒、皴擦笔法，笔法是体，泼墨是用，在崔如琢的指墨作品中，泼墨之法，完全是因笔法而生。柳的本性是刚柔相济的。若要写全柳，必须将山石、水气、云烟等写清。因为，无山石之浑厚古朴，就无柳干之刚强，无水气、云烟之无私包容，就无柳枝之柔弱。

近景山石与水际相接处，有小桥，其上写人物。桥用浓黑之墨草草勾写轮廓，并用赭色染其面；人物为李公麟铁线描法。水际留白，无任何笔墨痕迹。

柳用浓墨、泼墨写其干，泰然自若，形神俱到。留白处施赭色。柳枝用游丝笔法写成，遒劲自然。柳叶不入世俗常理，用点法而成，生意盎然。

远景山石、云烟混沌一体，用色染成，极其爽朗。

《长江春水绿堪染，莲叶出水大如钱》用泼墨、破墨、积墨法将江南烟雨之凄迷之境写尽。石法略施勾勒、并用渴笔皴擦，然后用淡绿晕染石面；石上灌木杂草用浓墨渍染而成，元气淋漓，浑厚自然；柳之根部主干用泼墨法写成，笔痕墨韵，有篆籀精神。留白处用赭色晕染；柳之枝用泼墨法，叶用淡墨、湿墨、积墨写其浓荫；水际留白；莲叶、莲花用积墨法点染而成；亭台用篆籀之笔勾写，亭顶有浓墨皴擦、渍染笔法；人物用铁线描，有君子之解衣盘礴之风度。该作品中的人物，所体现出的坦荡，能与其周围的物事融合在一起。即人的坦荡自然、无为无欲，恰是天地万物之理。

长江春水绿堪染，莲叶出水大如钱，2010 年，47cm×37cm

崔如琢以杏花之明快、凄迷之性，写春景的作品有《花动一山春色》《江南春游》《寒云春雨》《杏花春雨江南》《春山春雨》等。这些作品在笔法、布置之法上无半点重复。仔细分析每一幅作品，其杏花、山石、水气、云烟、人物、舟船、桥梁等，各具其面目，互不泥法。

《花动一山春色》近处山石、草木凄迷，远山、云烟凝神。杏花明快，水面平静无物，有雨后初晴之清晰愉悦。杏树前站立一人，拄杖而立，求知若渴，仰望杏花之轻艳高洁。

《江南春游》是晴天之景。云烟是明快的，草木是明快的，杏花是明媚的。出奇的是，作者用白粉点染树头浓黑处，赋予杏树少女的性情。这幅作品在写水法、舟船、人物之法上，也极为精彩。水法用淡彩染倒影，并用淡彩勾写水波。从水之纹饰我们可以看出，水上所载的船是沉重的，前行的。船头两人悠闲谈论，船尾一人俯身作业。生动自然地反映了他们之间主仆，或者雇用关系。

江南春游，2010 年，47cm×37cm

东晋的顾恺之,隋朝的展子虔,以及五代的荆浩、董源的画水之法非常有意思。他们善于用起伏多变的笔法勾勒水的缓急与深浅。仔细琢磨前人的画迹,他们的画法互不重复,又独具面目。因此,笔墨的独立性,是画家内涵独立性的体现。用什么样的笔墨作画,不能饱受陈规与教条限制,而是要师法造化,注入激情,富于变化。此画,指法的随意与自然,有时笔法无法达到。寥寥数指,写出了水的意思。特别是忽平夷险绝,让观者感动。有意思的是,同一条船上,却存在着两种境界。游人的轻松自若与船夫的奋力搏击意趣,让人思考不断。

《寒云春雨》是所有春景图册中布置最为奇特的作品。作品上半部写实,悬崖、平远山石、杏花布置集中。悬崖石法用淡墨积染其体,然后用浓墨皴染大致轮廓,并点苔,寒气逼人。平远处石法,用淡墨晕染而成,兼勾勒。石上杏树枝干用浓墨泼墨写成,杏花凄迷。下半部景物虚写,以水际、雨势为主要布置。水天一色,纯以留白法。雨势用淡墨在留白处皴染而成。水面上有一人戴斗笠,穿蓑衣,雨中驾船垂钓,好不清闲。

夏景系列

《指墨江山——崔如琢指墨山水百开册页》写夏景的作品有《夏浅更胜春》(p.51)、《荷塘清夏》(p.59)、《夏山烟晚》(p.35)、《夏山风雨》(p.21)等(所有作品,全为纸本设色,2010年)。

《荷塘清夏》《长夏江村事事幽》《映日荷花别样红》是写荷景的作品。荷法全用点斫积(渍)染而成,荷景的布置与内涵不重复。《荷塘清夏》平远、清疏,积(渍)染之法较多;《长夏江村事事幽》沉着古朴,含蓄内敛;《映日荷花别样红》写夏之浓荫,穷极旺盛之理。以上这些,只是从荷景方面来说的。

《荷塘清夏》石法、笔法简朴高古,无前人面目,纯以己法写山石之理。其笔法,先用浓墨勾勒轮廓,复以干笔皴擦石之阳面,以浓墨积染阴面。石之留白处用赭色晕染,极具浑厚古朴之理;屋宇用浓墨写轮廓,

荷塘清夏，2010 年，47cm×37cm

用泼墨写屋顶，有积染痕迹；人物用干湿之笔交替写成；舟船用泼墨法。

《长夏江村事事幽》石法高逸，似石非石。《映日荷花别样红》石法用渴笔勾写轮廓，用淡绿、淡墨晕染山石之面。草木浓荫处用泼墨法积染写成，别具一格。

《夏山急雨图》《风雨扁舟》《夏山风雨图》是写雨景的作品。之所以要把它们放在一起比较，目的是让大家认识到，崔如琢所有的笔墨之法与布置，全来自心法，并且在他的笔下，世间所有的物事皆能入画，无所重复。

以上三幅作品全是以泼墨兼积墨法写山石、林木、人物、屋宇、云烟的。雨景用淡墨皴染而成。《夏山急雨图》是写山石、林木的雨中之景——模糊而柔和；《风雨扁舟》是写人深入风雨中前行之景——艰难而自强不息；《夏山风雨图》是写风雨之中山石、云烟之景，有黑云压城城欲摧的气势。

写风雨之境的作品还有《夏山风雨》《夏山烟晚》。《夏山风雨》近景林木用泼墨、积墨、湿墨法写成，其面目湿润、凄迷、沉重。远景山林用淡墨勾写轮廓，其随风飘摇之势极为生动。然后用淡彩晕染山体，秀润爽朗。《夏山烟晚》是写雨后黄昏之景。用湿墨、泼墨写林木，用淡墨皴染烟云。林木湿润凄迷，云烟混沌万变。只有近景屋宇楼阁掩映，可见其清晰之处。

夏山烟晚，2010年，47cm×37cm

秋景系列

写秋景的作品有：《秋山晚照》（p. 85）、《湖山胜处放翁家》（p. 163）、《秋风吹凉渡江浒，江上明月六天语》（p. 189）、《残云收夏雨，新雨带秋岚》（p. 83）、《秋风萧瑟天气凉》（p. 101）、《天阶夜色凉如水，卧看牵牛织女星》（p. 137）、《秋山晚意》（p. 53）、《秋色渐将晚，霜信报黄花》（p. 213）、《荡漾空沙际，虚明人远天》（p. 29）、《寒郊落留影，秋日悬清光》（p. 125）、《秋风起浪凫雁飞》（p. 149）、《洗净秋容天似莹，星稀月淡人初静》（p. 157）、《楚天秋色太多情》（p. 181）、《秋晚烟岚》（p. 45）、《绿林秋晚》（p. 69）、《云天收夏色，木叶动秋声》（p. 109）、《南山与秋色，气势两相高》（p. 97）、《秋山凝翠岭》（p. 133）、《波上寒烟翠》（p. 165）、《又得浮生一日凉》（p. 27）、《秋光野游》（p. 117）等，下面我们以部分作品为例，进行分析。

秋山晚照，2010 年，47cm×37cm

在《指墨江山——崔如琢指墨山水百开册页》中,崔如琢写了两幅《秋山晚照》的秋景作品（第 85 页的写竹题材,与第 205 页写柳题材）。前者（p. 85）写古朴厚重,后者写简易闲远之境。前者写竹似有石涛法,后者（p. 205）写柳似有傅抱石法,但石涛、傅抱石皆尚飘逸,而崔如琢尚浑厚古朴。崔如琢写竹、写柳,纯以泼墨法写成,浓墨渍染痕迹明显。竹法朴拙,不愚笨；柳法苍劲,不锋芒。在石法上,崔如琢的写竹、写柳法与写石之法相同。皆用浓墨、泼墨法。

《湖山胜处放翁家》在山石笔法上,其勾勒与皴染,在含蓄柔和中兼有果断。在墨法上,近景山石林木之泼墨、积墨处,浑黑深邃,古朴自然,有胜吴镇之处。

湖山处处可成图,2012 年,74.5cm×74cm

　　《秋风萧瑟天气凉》也是一幅泼墨、积墨作品。石法多以没骨为主。该作品在布置上疏密有致，以密不透风为旨。

秋风萧瑟天气凉，2010 年，47cm×37cm

　　《秋风吹凉渡江浒，江上明月六天语》之树法高逸。主干用泼墨，叶用积墨法写成。似有虚谷之脱俗，不染尘埃的意思，但不以虚谷之苍枯冷峻为法。

　　崔如琢还写了两幅《南山与秋色，气势两相高》的秋景作品。前一幅（《指墨江山——崔如琢指墨山水百开册页》，第 37 页）写寒林，后一幅（《指墨江山——崔如琢指墨山水百开册页》，第 97 页）写风雨之景。前者内涵苍朴清寒，笔法有披麻皴之简练。后者是写萧乱之景的。将风雨大作写得淋漓尽致。风云的变化无束，树木的萧乱凄迷，楼阁的飘摇不定，皆是自然界的常态。但要将写态写得如此清晰，确实不易。

冬景系列

《指墨江山——崔如琢指墨山水百开册页》写冬景的作品有《寒江独钓》（p. 39）、《寒冬野钓》（p. 119）、《终南阴岭秀，积雪浮云端》（p. 183）、《寒云欲雪》（p. 143）、《山涧雪后》（p. 23）、《松轩飘雪》（p. 111）、《暮雪成积雪》（p. 199）、《小雪似春华》（p. 95）、《水北烟寒雪似梅》（p. 191）、《寒冬密雪》（p. 71）、《山林舞雪》（p. 55）、《山林晓雪》（p. 63）、《冬荫散雪》（p. 79）、《寒月》（p. 151）、《山涧飞雪》（p. 87）、《山涧雪霁》（p. 103）《荫雪起兮白雪飘》（p. 167）等。

山村醉雪，2010 年，47cm×37cm

要把宁静完全地写出来，比写动势难很多。动的东西往往太具体，表象容易捕捉，完全刻画出来，会琐碎，悖谬无理。画家向往宁静，是对真理的追求。但是，宁静是无声的，若要把无的道理写透，把这包含的博大与清晰写成画，没有功力与悟性不行。作画不能忠于规矩，要随心所欲。比如说，欧阳修的"醉翁之意"，柳宗元的"独钓寒江雪"，都不入常理，唯求表达己意。画家作画就是要与众不同。这就需人格的独立性。做到独立很不易，若做到了这点，即便是身处宁静，也不觉得寂寞，反而身心愉悦。好画中的钓者，往往我行我素，戴蓑笠驾舟独钓，这似乎违背时节，但他的自我陶醉，也让观者心旷神怡！

钓鱼的本质是安静中的愉悦，是戏玩，非渔。《寒江独钓》是写眼前近景，而《寒冬野钓》是写平远之景。前者在笔法上烦琐，在内涵上高古清寒，后者在笔法上简朴，在内涵上浑厚苍润。此作笔墨之法极其高妙。近景山石、林木、灌木、杂草全用泼墨、积墨法写成。其古朴深邃、苍劲怀柔的笔墨之法，所散发出的内涵，是博大深藏的。客观来说，这幅作品在写寒意上，继承了郭熙；在写高大浑黑之景上，继承了范宽；在写清疏渐远上，继承了董源。但是，崔如琢质朴的笔墨之法，与出奇的布置，皆是其己法，前人无此法。

与《寒江独钓》在笔墨之法上所散发出的豪放、刚强比较，《寒冬野钓》在笔墨上完全是收敛的、深藏的。包括其平远布置，皆是一种冬藏的含蓄本质。在这幅作品中，崔如琢所体现出的进步之处是，他在写平远含蓄时，笔法上用了金石的苍朴，所以，其画无刻描浮滑习气。在墨法上，他悟彻了人心与绘画所共有的混沌光明之理，所以，其境界更加浑厚深邃，不轻淡浅薄。

《终南阴岭秀，积雪浮云端》与《寒云欲雪》皆是写高远之景。前者远山之清远意境，看似有黄公望法，但黄公望无此高大威仪、果断勇猛之境界，实与宋人心法感通；后者看似有范宽之浑厚高大，有大、小米之洒脱自然，马远、夏圭之劲拔苍朴，黄宾虹之稚拙，然此简朴独属崔先生一人。

客观来说，崔如琢在指墨方面，在高其佩、高凤翰、潘天寿之后是有贡献的，并且这种贡献还随着其旺盛的创作激情，在不断地发展。这就留给了当代美术家、理论家一个值得关注与批评的课题。

第十章　"继往开来一大家"的含义

　　2012 年 6 月 9 日，"大写神州——崔如琢书画巡展"国内展进入了收官之站，崔如琢被李瑞环主席题词赞为"继往开来一大家"①。此七字在同年 6 月 9 日—8 月 18 日"大写神州"国博展及以后的"太璞如琢"国内外系列展中再次展出。② 这是当代艺术史上国家领导人第二次题词公开赞扬艺术家的艺术水准。第一次是 20 世纪 60 年代初期，康生为潘天寿的画展题写的"画坛师首，艺苑班头"八个字。③ 可惜，"画坛师首，艺苑班头"是潘老艺术生命最后时期得到的唯一褒奖。相比潘天寿凄惨的人生经历，崔如琢则显得十分幸运。他生逢盛世，正值其艺术创作精力最旺盛的时候，被国家领导人题词激励，这年他 68 岁。与潘天寿相似的是，他们都在这个年龄段完成了变法，发展了指墨，并取得了历史性成就。

　　"继往开来"与承前启后的自强不息之民族精神联系在一起，是实现中国梦的关键词，它饱含着自鸦片战争以来，170 多年中华民族曲折、多变的历史遭遇和崛起过程。2012 年 11 月 29 日，习近平总书记在国家博物馆《复兴之路》展览上做了《承前启后，继往开来，继续朝

---

　　① 见《崔如琢艺术》，文物出版社 2012 年版。
　　② 如"太璞如琢——崔如琢艺术故宫大展"，见《崔如琢大观》（第十卷），故宫出版社 2016 年版。
　　③ 《光明日报》1962 年 10 月。

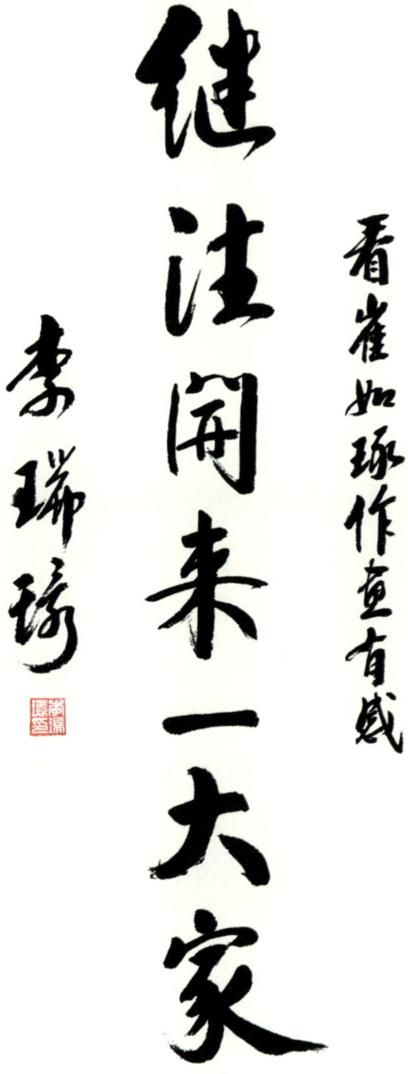

继往开来一大家

看崔如琢作画有感

李瑞琦

继往开来一大家

着中华民族伟大复兴目标奋勇前进》的重要讲话。他回顾总结了灾难深重的中国近代史，分析了当下，展望了未来。最后强调并坚信，到中国共产党成立100周年时，全面建成小康社会的目标一定能实现；到中华人民共和国成立100周年时，建成富强、民主、文明、和谐的社会主义现代化国家的目标一定能实现，中华民族伟大复兴的梦想一定能实现。

那么，"继往开来"对于文艺家，又意味着什么呢？

第一节　如何继往

借古反思

研究前人不是目的，把他们的思想、精神融会贯通，变为真知①才是正道。如琢先生畅游于历史的长河里不悲不喜、借古开今，② 其人生与绘画才不断超越，光芒万丈。有人说，他是生而知之的人。其实不然，锲而不舍地学习、思考，才是他获得成功的根本。已经七十多岁的人，还保留着传统文人早起读书、画画的勤奋朴实，十分不易。历史、哲学、文学、画史、画论等是他阅读的范围，从阅读中体会传统中国价值、美学精神、理想人格和开创意识。他近年的每一次讲话，都将重点落在传统文化复兴与中华民族重新崛起的话题上。能够看出，当下的知识分子保持着北宋范仲淹的"先天下之忧而忧，后天下之乐而乐"的忧患意识。

崔如琢的忧患意识，深远处源于他从事的传统里的儒学担当意识，最直接的，来自现代艺术史的感染，以及他的经历和当下中国文化发展状况。正是如此，造就了崔如琢在21世纪响应了"中国梦"的感召，扛起了民族复兴大旗，一边为民族文化前途鞠躬尽瘁，一边为历史的缺

---

① 《庄子·大宗师》："有真人而后有真知。"
② 《苦瓜和尚画语录》变化章第三："故君子惟借古以开今也。"

失刮骨疗伤。

崔如琢对文化、历史的反思，着重从近在咫尺的近代历史事件入手，再比对个人理想中的汉唐盛世，通过言传身教做一些力所能及的文化艺术启蒙工作。过去几十年他在国际、国内所有公开场合的讲话内容全以近代史为纲，上达至汉唐历史及国家、民族、文化未来上。着实说，他是深刻思考历史、主张传统文化复兴的画坛代表人物，其胆识、魄力、实践手段、说教智慧皆出类拔萃。在讲历史的缺失与忌讳时，她总能做到圆满，灵巧、生动地将文化比作基因，打亲情血缘牌，让主张各种文化发展理念的人不觉得尴尬。但唯独对否定、贬斥传统绘画、宣扬暴力、歪曲历史文化、丑化圣贤人物的"当代艺术"，一针见血，入木三分。2008 年 3 月 21 日，与史国良等画家炮轰吴冠中的"中西合璧"艺术是"杂种艺术"①。2013 年 5 月 10 日，在清华大学美术学院 A301 报告厅直言"当代艺术"统统是"垃圾"和不入流的西方皮毛，不仅误导年轻人，还对民族文化的传承、繁荣进步弊大于利，更会挫伤我国民族文化自豪感、自信心。

民族自豪感、自信心是近百年知识分子努力建构的文化梦想，洋务运动、辛亥革命、五四运动，都是在尝试建立一个独立、自主、自宰、自信、强大的民族。1949 年，当毛泽东主席站在天安门城楼上宣布，"中国人民从此站起来了"的那一刻，中国进入了一个新的历史时期，56 个民族的爱国热情、民族自豪感、自信心以及民族凝聚力无比强烈。崔如琢是 40 年代生人，主席的这句话触动和塑造了包括他在内所有中国人的心灵和价值观。学生、平民百姓对近代史，对民族自豪感、民族凝聚力、民族自信心的理解，就是在这句话里体悟到的。还有周总理的"为中华之崛起而读书"，既滋养了这代人坚韧不拔，远大的读书、治学、从艺理想，又激励了他们艰苦朴素、克服万难、迎难而上

---

① 因吴冠中之"笔墨确实等于零""100 个齐白石不如一个鲁迅"观点引起。见《北京晨报》，《国画家集体口诛吴冠中：混血艺术就是杂种艺术》。

的奋斗精神。

崔如琢自三岁会说话起，在祖父、父亲的指导下经历严格的传统教育，学习《三字经》《百家姓》《千字文》《千家诗》《大学》《中庸》《论语》《孟子》《诗经》《尚书》《礼记》《易经》《春秋》《老子》《庄子》。十几岁去故宫临摹画的那段时间，正是中国极其困难时期，可他风雨无阻，每天只带一个窝窝头、一杯水、一个马扎就在故宫待上一天，日复一日、年复一年地坚持了很长一段时间。这个过程，对崔如琢而言十分宝贵，既锻炼了他吃苦耐劳、克服种种困难的毅力，也让他对历史文化有了更深入的了解和情感。从北宋到清初"四王""四僧"他都画了一遍。想一想，正当苏联模式及素描成为中国主体思想来源与美术教育内涵时，他每天去故宫临画是不是有些疯狂？但就是他的这种偏执，才有了他在文化上的领先、担当意识。

有一句话叫"功夫在画外"，传统绘画的高深之处不在画里，而在其综合意义。历史上的大画家，身兼数家的不少，王维、苏东坡、董其昌是画家的同时，也是哲学家、文学家、书法家、绘画理论家。别的不谈，光书法用笔一项，难倒了当今成千上万的画家。中国文化并非借古或者"传承"那么容易。崔如琢在浩如烟海的经典和曲折坎坷的实践里，顺应时代、体悟天道，将人生、生活、道德、艺术上的真谛放在一个大的体统中，参照先贤，考量自己的功过得失。思想上，他根据传统总结出了"清贵"等理论，画上，向近代大师看齐，青出于蓝。

古人以清贫为乐。清是气，纯粹而透彻，没有形状可言，无法仿效。得天命之正气者为清。得渣滓者为愚。天命于人是性。

清与愚相对，二者非常近，几乎没有距离。比如圣贤君子、小人奸人之间。谈清气实质是谈人性。对于人而言，清是是非之心，是修身养性的境界。比如道家提倡的无欲、无为、无知的思想，都是清。光谈清气是不行的，谈久了就成了教条。古人非常有智慧，在清的后面加了一个"贫"字，形成"清贫"一词。"贫"是清的功夫，是清落在实处的践行之理。没有贫，清无处见。

那么，贫到底是什么东西？老子有"为道日损，为学日进"① 之说。这"损"就是贫。损的是心魔，将人的贪婪之欲驱逐殆尽。故贫也是欲。贫穷卑微时，不阿谀奉承；权重位高时，不骄奢贪婪。在任何时候，心要清，欲要贫。只有清贫之心，才能豁达、开明，无嫉妒、傲慢、偏袒。

心可贫，学问不可贫，要富裕。今人五谷不分，四体不勤，缺乏格物功夫。学问越富裕，心越清贫，对万事万物的认识，才更合理。

当清气是一种心态与境界时，自然会成为人画共有的品格。清气无色无味，无形，因人的蒙养②而定。它并非轻淡疏空，而是虚灵实在。如果掌握了它，神妙莫测。在笔与墨会之际，氤氲有泽，放出光明。

清气要静养。不养，有烟润气，市井气。扬州派之石涛、江西派之八大山人、金陵八家之龚贤、扬州八怪之金农、黄慎、李鳝以及黄宾虹、张大千等，都是秉承宋人之浑厚，开华滋之篇章。

今人不明清气为何物，误入轻淡浮滑地步。很多人写倪瓒，写渐江，写石涛、八大山人，有意将墨色写淡，将笔法写轻，将布置写疏。甚至将自来水气看成"清气"，误入歧途。殊不知，画以浑厚为本，墨以浓黑为上。墨分五色，黑是大体。

清贫在过往现实中具教化意义，对社会秩序——礼的维护是有益的。在当今，也具此功。它让奢华、骄奢的权贵阶层少一份贪婪、争斗、讨伐，并让利于民，无厌其所生，无狎其所居；③ 让劳动人民，不犯上，不偷盗。鸡犬相闻，安于性命。

崔如琢提的"清贵"之说，是人格清贵，是心性清贵。"人为财死，鸟为食亡"，这是现实最大的悲哀。清贵与清贫是两个概念，一回事，皆以清为体。就像书与画是两个称谓，都以"一画"④ 为体的道理

---

① 出自《道德经》第四十八章。
② 《易经》："蒙以养正，圣功也。"另见《苦瓜和尚画语录》。
③ 《道德经·第七十二章》："民不畏威，则大威至；无狎其所居，无厌其所生。"
④ 即心法，出自《苦瓜和尚画语录·一画章第一》。

一样。

尊道而贵德。清贵之贵即德行。当今时弊，文人相轻，谁都不说谁的好。看到比自己强的，冷嘲热讽心里不平衡；比自己差的，风言风语幸灾乐祸。所谓"不贵其师、不爱其资，虽智大迷"①。

天下之事，多如星辰，人心之灵，莫不有之。画事是人的行为之一，显微、精粗之间，皆由心而发。清雅脱俗为德，甜邪熟赖为病。画有品，人亦有品。世人只知某某三品，某某三品之三品，却不知万物之品，皆为人之品。

近现代至今，在书法与绘画方面，悖谬时有发生。所谓的精英都认为，西方人的道德、身体，以及他们的社会体制、经济、科学、文学、教育、绘画，等等，都优于中国，以致毫无分辨地全盘接收。这种行为等同于愚昧。今天，我们的文学，已经是大白话的西洋面孔，媚俗而没有内涵；我们的绘画，以西洋法为体，丑陋、狂怪、变态，与中国人的民族性格相差甚远；我们的书法，成了一些官人大贾、庸人的遮羞布。更有甚者为了迎合世俗，发明了"英文书法"，还自称"开宗立派"，实是无明。现在看来，一些人在精神上，已经被外来的文明奴役了，亡了灵魂。

懂得敬真理、敬历史、敬圣贤君子的人不简单。石涛作画，似无纪律，而纪律自在其中；看似无法，而法在其中；八大山人哭之、笑之，发而中节。② 不过喜，不过悲。黄宾虹写尽千古哲思，愚拙中大有智慧。傅抱石、潘天寿自立面目，不袭古人，别具风格。君子唯借古开今。前人是我师，自然是我师，我心是我师。能化众法为己法，能变他学为己学，在前人的基础上有所长进，才是发展。崔如琢借前人法发展了指墨。其画笔不笔，墨不墨，自有我在。他不拘于笔墨技法，更不拘于作画工具，指头、麻团，眼界之物，皆可代笔抒写胸意。有米芾之癫，青藤之

① 出自《道德经》。
② 《中庸》："喜怒哀乐未发，谓之中，发而皆中节，谓之和。"

狂，浙江之清。他的花鸟画、墨戏画取法甚广，题材高雅，变化丰富，尤善荷花，举世闻名。指笔并用，泼墨以情，积墨以理。略加点法，奇趣横生。他的点法是极为精妙，或大或小，大可成丛林，小可成碎石；或横或竖，横点枝干，竖点杂草；或藏头露尾，或凄迷清晰。物各有状，无法裁剪，以藏头露尾点最为合适。无凄迷不成清晰。凄迷点五色俱全，自有光明。他的鹰、鸡、八哥，体矫健，目明，羽毛简而疏，嘴弯长且尖，脚大而锋利，有八大山人之野逸，潘天寿之沉郁，恩师苦老之敦厚，合乎视听言动①之义理。除了荷花，禽鸟，崔如琢之梅、兰草、竹石、菊花、水仙、芭蕉、紫藤、葡萄、山花、荆棘、牡丹等极有新意。竹石远追宋之徐熙、文同、苏东坡、崔白、赵佶，元之吴镇、倪瓒、柯九思法，近取徐渭、石涛、八大山人、金农、吴昌硕、李苦禅等法。

崔如琢写兰草，笔法与石法同。其兰万状，浑然一体，铁骨铮铮。其水仙如武，与竹石在同一图中，文气十足；

崔先生之牡丹，温和而不艳丽。其芭蕉，以没骨淡墨为主，浓墨破之；山花富丽高贵，去尽世俗。

以上，是他借古反思之成功！

正本清源、开拓创新

治国平天下功夫②依旧是当代的时代课题，与过去不同的是，今人在民族理想上更趋于文化输出，且用含蓄的、具有思想内涵的词将此行为委婉地说成梦想，即"中国梦"。嘉庆以后，中国衰败、复兴的这两百多年来，中华民族生生不息的民间理想，正式转化成了无坚不摧的国家意志。确立这个梦想之前，一代人有一代人的思想，不同的人有不同的哲学观。这样的事实，上下贯通，正气长存。

崔如琢的所见所闻，所知所行，所思所想，在不同的历史形势下都

---

① 《二程集·论学篇》："视听言动，无非天也。知其正与妄，斯善学矣。"
② 《礼记·大学》："身修而后家齐，家齐而后国治，国治而后天下平。"

有自己的判断和智慧。用历史加哲学的研究方法便会发现，由纯正血脉世代承接下来的浩然之气，在他身上着落时，散发出的清正淳朴，持久光明，善利万物。①

正本清源与开拓创新是当代的关键词，从历史、哲学、文化的思考中决出符合当下的人生之理、治学之理是今人不遗余力正在琢磨的。近现代前辈在文化转型中追求实学实用，而崔如琢则是在前人的基础上将此实化为远大，变成了思想，对人生、生活、文化、哲学、历史的觉解，在画里画外尽见。在他的身上，传统文化涵养的价值观，海外留学十年难能可贵的、对其一生有益的、由中西文化对比生成的是非之心，② 使得其世界观较前人更宽广，闻见③之功更扎实。高剑父、高奇峰、徐悲鸿等的那种止于④西学的曲折捷径加历史焦虑心态，不能说到当代消除了，至少在崔先生处不存在。所以，与前辈、同辈人不同的是，崔先生在源头上用功，应事接物（儒家论理词）只以一颗虚灵之心（虚灵是道家之词，与儒家"实实在在"相对）而已。画画、做事，随心所欲，真切入理。他归国后有"活明白才能画明白"之说，诠释了活法与画法皆因一个"生"字。

"生"包罗万象，自强不息，超逸脱俗，古今一理，各具其理。这个理，无论是过去还是现在，其本源处具有正统的、纯粹的民族性。

哲学发展到今天，互联网改变世界的同时，也改变了中国。但传统经典正在让近百年里西外中的中国本土社会科学发生变化并返璞归真。以天下为中心的，带有现实的、精神的道释儒主流思想，让古典文化在自强、自信中复苏，中国人也在人格塑造、道德建设、精神追求上溯本求源。

溯源是为了知权变。⑤ 胡适在整理国故思潮中批评传统，但给传统

---

① 出自《道德经》："上善若水，水善利万物而不争，处众人之所恶，故几于道。"
② 《孟子·告子上》："是非之心，人皆有之。"
③ 《旧唐书》："神气隽爽，敏于闻见。幼有成人之风，读书不究精义，涉猎而已。"
④ 《礼记·大学》："大学之道，在明明德，在亲民，在止于至善。"
⑤ 《春秋》："经者，道之常也。权者，道之变也。"

文化植入了一个新的研究方法——"科学方法"①。书法与绘画史的变迁紧随学术思想之变而变，是一个经权之理。弃经求权，失大体。弃权求经太轻佻。经权二者，异名同谓，不可分离。经是心之经，权是心之权。知此理者，通古今之变也。纵观历史上伟大的画家，他们都有洞察天机的眼界和包容万变的心灵。那些在画迹上用工，沉溺画训的人，最终都被历史忽视，甚至有些被作为反面教材。清代宫廷画家郎世宁之折中画，有中国画之轮廓，但缺乏根本。不是他不勤奋，不做功夫，而是不能与吾民族之文化相融，这是要害。试问，历史上明要害、抓住要害的人有多少呢？

浙派山水成也马远，败也马远。原因是马远是一个极限，道反，②极限就是死亡。他的勇猛果敢、浅近清晰之理，在论理上是不持久的，无涵养本源之质。他缺乏含蓄，缺乏曲折，用尽了全部气力，写尽枯槁，至死不渝。戴进、吴伟、张路、蒋嵩、蓝瑛虽然力挽颓势，但力不从心。历史是发展的、合乎公理的。极限之后必须是衰败，这是人不可为的。对浙派的发展上，在潘天寿之后崔如琢的贡献很大。潘天寿继续发挥了大斧劈皴的本质，笔法上未重复大斧劈皴法之果断勇猛，而是用氤氲之笔墨写曲折之理，大点点苔，用赭石染石面。崔如琢再改变，用富于清晰的淡墨兼篆籀之笔。

另外，崔如琢在黄宾虹等近现代大师的基础上发展了自己的创作理念：画以墨为上，以彩为下，且墨以浓黑为上，以轻淡次之。黑是彩之体，浓是淡之本。黑能让色更斑斓，浓能让淡更精明。无论是绘画还是书法，凡是以浓黑为上者，皆属上乘。反之，知华而不守实。崔如琢的画，实处浑黑，不见烟火，虚处精明，不见轻浮。其"黑"，可分为黑中有巧与黑中有智。巧是写实，属造化之理；智是写意，属师心处。巧与智是一理。巧无智肤浅，智无巧虚空。

---

① 见胡适《"新思潮"的意义》，《新青年》1919 年第 7 卷第 1 号。
② 《道德经》第四十章："反者，道之动。"

第二节 如何开来

积墨

20 世纪初期，齐白石、黄宾虹、潘天寿、傅抱石、李可染、李苦禅、张大千等将中国画带入了一个新的璀璨时期。当绘画进入当代，崔如琢继往开来地完成了花鸟画的创新与山水画在笔法、布置、面目、尺幅、内涵上的又一变革。其意义可比宋元明清所有的开创者。

积墨法是水墨画从唐至今在墨法上的一个重大突破。黄宾虹开创了积墨山水（"五笔七墨"法之一），崔如琢又将积墨发展到了一个新高度。崔先生在山水画里发展了积墨，也升华了黄宾虹提出的"浑厚华滋"（见《虹庐画谈》）这一概念，赢得了赞颂。他通晓思想之变，用笔用墨之法富含哲理，没有痕迹，又注重涵养本源，作画时，不会像石涛代山川言①的意识在先。在他的思维里，没有所谓的山川、树石、舟桥、屋宇等具体物事，一切只是在笔墨合体混沌里产生的动静与清晰之理，② 所以他常说："画家要有见纸生画的能力。"

见纸生画比意在笔先更难，是学问贯通后的一种愉悦与豁达，无愤怒与忧伤、过喜与过悲等情绪。无事时寂然不动，有事来临时随心所欲，以一心应万事。《指墨江山林峦醉雪》（引首：52.5cm×214cm，画心：68cm×5667cm，2010 年）、《葳蕤雪意江南》（295cm×1152cm，约 300 平方尺，2013 年）、《瑞雪丹枫溪山无尽》（引首：50.5cm×179cm，画心：47.5cm×5926.5cm，2015 年）等巨幅山水画是崔先生积墨山水画典范。在美术史上，这样的尺幅，这样的积墨山水是史无前例的。作如此巨幅作品，要想保持气息上的连贯与境界上的无大小内外，③ 难度不

---

① 《苦瓜和尚画语录》："山川使予代山川而言也，山川脱胎于予也，予脱胎于山川也。"

② 《苦瓜和尚画语录》："笔与墨会，是为氤氲。氤氲不分，是为混沌，辟混沌者，舍一画而谁耶？画于山则灵之，画于水则动之，画于林则生之，画于人则逸之。"

③ 《庄子·天下》："至大无外，谓之大一；至小无内，谓之小一。"

小，对学养的要求甚高。此作寓北方山水的高大苍朴、雄肆劲拔、自强不息与南方之温润凄迷、混沌光明、生机勃勃于一体，用贯首尾的积墨法，将黑白之理写到绝伦。

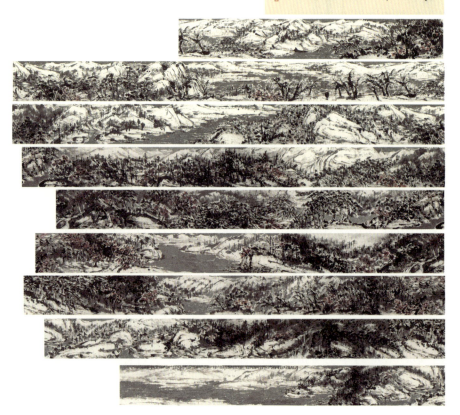

指墨江山林峦醉雪（手卷）

葳蕤雪意江南

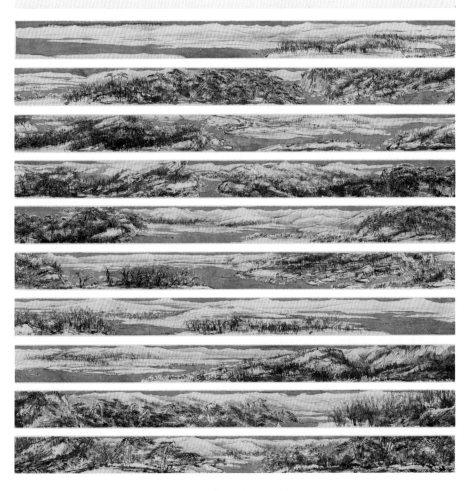

瑞雪丹枫溪山无尽

在继承积墨上，崔如琢有举足轻重的作用。与黄宾虹、李可染比较，积墨在崔先生处，他将传统画史上仅仅用于积染碎石杂草的小点，发展到了大如云斗的层层墨团。既能点山石之明暗，又能染丛林之浓荫。本质的区别，崔先生将积墨、泼墨、破墨、浓墨、湿墨法融入一个整体，在用积墨的同时，其他的墨法也存在其中，互相依存。更重要的是，在墨法的交替使用中，他精妙地应用了水法、色墨同一之理，使得他的积墨灵气十足，明快十足。

近现代的山水画与花鸟画画家大多受到了徐渭、八大山人、石涛、浙江、龚贤等的影响，吴昌硕、齐白石、傅抱石、潘天寿、李可染、李苦禅、张大千无一例外。在山水画方面，傅抱石与崔如琢汲取得最好，也有了突破。傅抱石领会了石涛"变"（权变）的哲学与细笔皴擦之长处。在他的有些画里，主体的山石轮廓，着重用泼墨、破墨写成。崔如琢反其道而行之，其山石没有借鉴石涛、傅老的无规律、如游丝的细笔书写，而是用铜铸铁打、富于变化的线条进行勾勒，然后再根据需要，一遍又一遍地施以积墨。如此一来，泼墨画常存的华滋有余、浑厚不足的缺陷在崔先生这里被克服了。

除了积墨山水，崔如琢是积墨花鸟的开创者，在他之前，积墨法从未出现在花鸟画史里。如《听雨》（113cm×145cm，2002年）、《藏娇》（50cm×184cm，2003年）、《荷风盛世》、《盛世荷风》、《听声》（143cm×524cm，2013年，成交价1.77亿港元，见后文）等是崔如琢积墨花鸟代表作，无论在尺幅还是墨法上，都具有开山立宗之功。

指墨

我在《论古今之变与崔如琢绘画研究》一书里说过，崔如琢与明清以及近现代诸家是开创了新篇章的人。在这个新篇章里，他与高其佩、高凤翰、潘天寿、钱松岩格外突出，且一枝独秀。如果把中国山水画分期在王世贞、王肯堂、潘天寿、郑午昌、俞剑华等人的基础上[①]再

---

① 王世贞：山水至二李一变也，荆关董巨又一变也；王肯堂：山水自六朝来一变，王维、张璪、郑虔再变，荆关三变；潘天寿：吾国山水画自晋顾恺之开始以来，一变于郑展之精工细密、再变于王郑之清逸淡远、三变于荆关之高古雄浑。见潘天寿《中国绘画史》。

延伸，那么今天，我们依据事实，有理由将黄公望、倪瓒、王蒙列为山水画之四变四期，将二高、潘公、崔如琢列入中国山水画的又一历史变革时期。当然，龚贤、"四僧"、黄宾虹、傅抱石、张大千、李可染是不可或缺的。

之所以说山水画已经进入新的变革时期，从大处讲，是对古今思想之变的一种传承与延续，更是对自强不息、奋发向上、求真务实的近现代人文精神的一种尊重与再认识、再思考。随着历史的不断演进，近人在前人的基础上，对遗留下来的所有定式进行了质疑、思考与探究，并上溯本源，这其中包含着人伦礼义和笔墨成法。具有进步意义的是，近现代画家看似以治国平天下功夫为志向格理修身，绘画朝着质实的方向发展，但是，从黄宾虹、傅抱石、潘天寿、崔如琢等一些大师的作品里可以发现，绘画由里而外，虽然与古人大不相同，但其气脉，依旧以道释儒为本。只不过，此时的笔墨、布置，已经将前人遗留的规律打乱，在面目上更加浑厚、光明。

指墨是中国画发展史上的一座丰碑，也是崔如琢的长处。崔如琢之指墨，山水、花鸟、书法皆精。其花鸟中有山水的魂魄，山水中有花鸟的轻松自然。善于觉解的人都会发现，崔如琢在心法与笔墨文饰、布置上是一贯的。他将浑厚与光明一贯，将黑白一贯，将繁简一贯，将心性与自然造化一贯。从理的角度来说，他尊受了自己的心法，资取了自然之性，悟彻了时代之理。从耳顺之年步入从心所欲之年①，他真正做到了明辨是非、随心所欲的地步。这种境界，只匹配明理（儒家之尽心尽性）之人。

综上，崔如琢是取法百家、贯通古今的当代最显著的人物之一，作为齐白石、李苦禅这一体系，他没有门户之见，能潜心研究近现代诸位大师。放眼当下，他是消融传统文化最成功的人。今天，其指墨已风靡

---

① 《论语·为政》："三十而立，四十而不惑，五十而知天命，六十而耳顺，七十而从心所欲，不逾矩。"

全球，人们开始意识到传统水墨浑厚华滋、生生不息、包容万变的魅力，更符合这个时代国家、民族的博大久远。

第三节　是不是大家

改革开放后，崔如琢是艺术界第一个在国际上取得成功的艺术家，他的成功源于古典绘画基础与传统思想。到现在为止，他依然是国际上最传奇的在世华人画家，其绘画成就与成功模式难以超越，也不可复制。这些都不重要，重要的是，"自清代画家高其佩开启了指画艺术，经近现代画家潘天寿先生的开拓创新，如今，又在崔如琢先生处，进入了一个崭新的境界。如琢之指墨画风格气势磅礴、气韵生动、大气雄壮，用笔劲健洒脱、收放自如。墨色枯湿润淡变化多端，给人以酣畅淋漓的审美感受。这是画家几十年如一日，辛勤耕耘的结果，更是画家个人修养深厚、豪迈情怀的外在表现。他在中国指墨画艺术上的别开生面，自成一家，对中国指墨画艺术的发展，起到了重要的创新和推动作用"[1]。鸦片战争后的历史里，崔如琢先生作为第一人，用自己的努力和国际影响力，给中国与世界美术界建立了一种美学上的审美模式[2]，即传统中国文化价值。在崔如琢之前，思想界、画界的老前辈都很少能完成这个历史夙愿。著名的新儒学代表唐君毅先生在 20 世纪 70 年代，他生命的最后几年里，通过"花果飘零、灵根自植"来书写他的文化理想，也可以看成其人生遗憾。事实上，这是一个历史遗憾。纵观唐先生的一生，其著作《中国哲学原论》（分为《导论篇》《原性篇》《原道篇》《原教篇》）、《人文精神之重建》、《中国人文精神之发展》、《中华人文与当今世界》等，都意在强调中华文明必能通过返璞归真，贡献人类，成为一个强大的文化思想体系。写到这里，有些读者会问：崔

---

[1]　中国国家博物馆馆长吕章申语，2012 年 7 月 29 日，国家博物馆。

[2]　见柯文辉《大师离席的时代》，《崔如琢画集》序言，人民美术出版社 2006 年版。

如琢到底建立了一个怎样的审美标准？那就是金石写意、指墨精神、人文情怀。前者是近代至今中国画进入新时期的变革内涵，后者是中国画走向世界，被日本、俄罗斯等亚欧文化强国认可的主要历史依据。在国外艺术界、国外汉学家的心目中，崔如琢的指墨画，就是他们记忆中的，有道释儒意味的，与中国绘画史相符的中国本土笔墨精神。这种精神超脱时代局限，与近代绘画发展史息息相关。

"大家"之"大"，关乎人品和文化、精神、道德担当。除了引领绘画创作潮流，给当代建立新的美学标准，崔如琢在慈善上的贡献大家也有目共睹。2008 年，赈灾捐款 5000 万元。残奥会之际，还向中国残疾人联合会捐赠了几只导盲犬和几辆高端无障碍专用车，用于服务残奥会①。整个 2008 年，崔先生的捐款数量超过了 7000 万元，光汶川赈灾的个人捐款数额仅排在邵逸夫、李嘉诚之后，超过了阿里巴巴、华润集团、中石油、中海油、交通银行、兴业银行等知名企业的赈灾捐赠。2016 年 2 月，崔如琢向故宫文物保护基金会捐款 1 亿元，用于文化遗产保护，成为该基金会收到的最大一笔个人现金捐款②。

"大家"之"家"是在作品中有自己的风貌，将中国画在技法、理论上向前推进。崔如琢之指墨山水巨制、积墨（包含指墨）花鸟，是历史上从未有过的绘画表现形式。饶宗颐、文怀沙、柯文辉、辛冠洁、贺友直及各地理论界对他的肯定，足以说明他有立家、立言③之功。

---

① 《艺术家崔如琢斥资百万买两只导盲犬》，《半岛晨报》2008 年 7 月 27 日。
② 见《第 8 件亿元作品诞生，崔如琢为何屡有天价?》，《新京报》2017 年 5 月 10 日。
③ 如"四主人""清贵"，《崔如琢谈艺录》，东方出版社 2013 年版。

第十一章 "大写神州""太璞如琢" 时期的艺术创作阶段

第一节 值得说的一个展览:"大写神州—— 崔如琢艺术展"

2012 年 6 月 9 日,"大写神州——崔如琢艺术展"第二十次全国巡展在中国国家博物馆开幕。本次展览展出崔如琢的 180 余幅作品,其中包括他各个时期的代表作及近年的变法成果——指墨画与指墨书法。另外,原国家领导人李瑞环题写的《继往开来一大家》及国学大师饶宗颐所书的《画坛英绝领袖》也一并展出,说明崔如琢艺术引领的一个时代思潮正变成现实。在传统文化伟大复兴的国家战略里,中国画将作为学术思想、文艺领域的主要力量,向世界展示拥有五千年文明史的中国优秀的历史文化与当下的时代精神。同时,中国画的传统审美、价值担当,对国人的文化心灵、审美哲学的建设有极大的好处。

国家博物馆作为世界顶级艺术殿堂,能给崔如琢举办他们举办过的史上最大型的个人展览,充分说明,崔先生的艺术完全达到了历史级别与殿堂收藏级别。这次展览,国家博物馆举行了一个盛大的开幕剪彩仪式。开幕式由中国国家博物馆馆长吕章申先生主持,吕馆长认为,崔先生既是京派艺术的重要传人,也是继潘天寿之后的一位承前启后、国际影响力最大的华人指墨画大师。他极具文化使命感,在大写意水墨画被严重边缘化的今天,担当起了水墨画的传承发展重任,开创了一条独具历史特色的正大传统水墨面目,对国画大发展、大繁荣做出了巨大贡献。其精神可贵,值得艺术界学习。

中国国家博物馆馆长吕章申向艺术家崔如琢颁发捐赠证书

王明明(北京画院院长)是和崔先生一起长大的老朋友,他们之间的友谊从儿时到现在一直很纯洁、很牢固。画界,王院长算是最了解崔先生的人,崔先生的艺术、留洋、生活经历,他能说得很详细。每次,王院长的讲话,都要从这几方面统统讲一遍,话里流露着对老大哥的尊重、钦佩之意。在这次的国博讲话中,他认为,崔先生是一个特别值得学习与尊重的艺术家。几十年来,在西化极其严重、传统画法被遗忘的情况下,他不计名利,坚持大写意,在传统的基础上不断地升华,对于当代艺术界来说是一个很好的启示,那就是中国画要保持其在世界艺术之林的独特性。

开幕式最后,崔先生做了发言,他首先感谢父母、感谢恩师、感谢祖国对他的养育、培养之恩,然后感谢了伟人邓小平,没有他的改革开放政策，就没有今天强大而包容的中国。值得关注的是，在崔先生的讲话里，他第一次提到"我将自己的一生献给了艺术"，此前，他很少这样说。崔如琢的确将自己的一生献给了艺术，其贡献也绝不止于此。除了艺术，他还是一位特别有民族情怀、文化、社会担当意识的知识分子，在扶危济贫、慈善、文化推广等领域有口皆碑。但此时，在教育上的贡献还没有显现出来。不过，国博展让他的人生、艺术、事业进入了新阶段，接下来，他将用自己的行动，尽心竭力地为传统文化的正本清源与伟大复兴而努力。他期望，在自己的有生之年，中华民族能实现其历史梦想。

展览期间，先后有 20 多位国家、部委领导前来参观，中共中央政治局常委、全国政协主席贾庆林现场这样评价崔如琢的作品："中国美术史上杰出的山水画家很多，但能画巨幅山水的画家却不多。崔如琢的巨幅山水，在美术史上占有重要地位。"中共中央政治局常委李长春特意对陪同观展的吕章申馆长讲："崔如琢先生的书画艺术，代表了中国当代画家最高的艺术水准，完全可以走出国门去展，放在国际艺术舞台上，让外国人看看我们中国的艺术是怎么回事。"

这些话激励了崔如琢。真正意义上，"大写神州——崔如琢艺术展"国博展是崔先生书写其文艺、家国民族理想的一个缩影，也是改革开放后中国绘画实质性地走向世界的一个历史性起点。这一次，传统绘画向外输出的主要媒介是指墨画。日本汉学家、收藏家关口胜利先生就是通过国博展，相中了崔如琢的指墨画，并要在日本建设崔如琢美术馆，希望以此来推动中日两国间文化交流，将符合中日两国人民审美情趣的传统中国水墨画推向全世界（见后文）。这无疑对中国文化界与崔先生本人是一种极大的鼓舞，同时也增加了中国的文化自信。

与崔如琢的书画作品同时展出的还有其归国后藏的《石涛大士百页罗汉图册》，给了观众一次大饱眼福的机会。主办方把石涛与崔先生置于一起，既有礼敬，又含对比深意。画的好坏、高下最怕与历史比、与前辈比。画家若没有过硬的本领，没有开山立派之功，绝不敢将自己与

中共中央政治局常委、全国政协主席贾庆林（左一）握着崔如琢先生（右一）的手说"创作了那么多书画精品，这可不是一般的手"

中共中央政治局常委李长春向艺术家崔如琢询问指墨创作情况

古人相提并论。不知古人这样展示过没有？但近百年中国绘画史上，将前人与自己的作品放在一起展览的，只有崔先生。这不是轻狂，而是其自信、魄力所在。展览中，你不会发现石涛的画压着他，抢他的风头，反而，你更会注意到，中国画从过去到现在到底发生了什么，经历了哪些转变。

第二节 "大写神州"时期艺术生涯的
四个创作阶段

国博展是崔如琢艺术生涯的一个全面总结，从 1960 年到 2011 年，各个时期的经典作品很直观地反映了崔先生的治学、变法之路。作品主要分为几个阶段。

一 研究传统

《仿陈老莲人物图》（1960 年）、《兰石图》（1961 年）、《白梅》（1962 年）、《仿石溪山水》（1963 年）、《仿渐江山水》（1964 年）、《仿石涛山水》（1964 年）、《仿龚贤山水》（1964 年）、《仿八大山人蕉石图》（又名《蕉石图》，1972 年）等作品从山水、花鸟、人物画方面反映了崔先生的传统功力，同时，也否定了一些人的传言，"崔先生最早只是花鸟画家"。

崔先生在十几岁时，就已掌握了传统绘画的笔墨技巧，尤其领会了宋元明清画家的创作心法。《白梅》《兰石图》就是上通前人心法的当代艺术史范本。其笔墨之金石写意、浓墨、干墨、淡墨相得益彰，是正统的徐渭、陈淳、"四僧"、吴昌硕、齐白石、李苦禅一脉。

著名美术批评家刘曦林先生在国博展学术研讨会上说："我第一次看到崔先生十几岁时候的作品，意识到他不是孙悟空，而是从传统中走来的。十多年来，我们总结世界美术的时候，我就有一番感慨，如今有几个学校是从临摹开始的？我们哪一个学校不是从画石膏开始的？所

仿陈老莲人物图，1960 年，98cm×70cm

以，我们中华民族的传统被阻断了很多。事实上，传统的启蒙教育对人的一生很重要，对民族的艺术和成长尤其重要。今天，我看了崔先生早期的作品，希望年轻的朋友们，在拥抱'现代'（现代艺术观念、创作方法）的同时，也回头在老祖宗那里学习一些东西，对你们终生对中华民族都是大事。"

二　1984—1990 年，在中西文化对比中思考变法

《山之梦幻》（1986 年）、《月夜图》（1987 年）是崔如琢在美国功成名就后，尝试将传统中国画向现代转型的摸索之作。以现在的眼光看，那时，艺术家的笔墨变革理念，主要来自其对社会现实的理想。这两幅作品，既有西方抽象画的影子，也有传统的中国历史内涵。一定意义上，龚贤、石涛、八大山人、黄宾虹是崔如琢现代山水的思想源泉。80 年代至 90 年代，崔如琢借鉴最多的人就是龚贤，然后是黄宾虹。黄宾虹山水里的"七墨"尤以焦墨、积墨最具特色，而崔如琢又在此基础上将宾翁之法进行了发展。不过，其现代山水中除了积墨、焦墨外，还有石涛、八大山人的泼墨，大开大合。

《山之梦幻》《月夜图》只是崔如琢早期山水画求变的一个起点。技法虽不纯熟，但意义重大。需要反思的是，崔如琢的这种淳朴的艺术变法之路，与近代学术思想、文学艺术史上的现象一样，是在国外现代文明刺激下进行的。就拿近代中国新儒学来说，其"新"有两层意思：一，学术上尽力避开清代说教，将宋明之纯粹儒学向西周、春秋之本源推进；二是或多或少兼有西学的学术解读方法和世界观意识。绘画上，黄宾虹的浑厚华滋、潘天寿的刚强霸悍[1]、傅抱石的"抱石皴"、李苦禅的方正庄重都是在来势汹汹的西学氛围里，将自己和民族的精神主体，贯通至思想史里的西周、春秋源头。我想，崔如琢的笔墨变法情结，与他的前辈相似，是因其有一个良好的民族文化觉解意识。

三　2000—2007 年，归国后第一个创作高峰期

代表作有《钟馗》（2003 年，90cm×60cm）、《藏娇》（2003 年，50cm×184cm）、《丹枫白雪》（2006 年，引首：64cm×152cm，画心：64cm×3628cm）、《坡翁神飞八极》（2007 年）等。

---

① 见潘天寿"强其骨""一味霸撼"印章。

钟馗，2003 年，90cm×60cm

从《钟馗》看崔先生人物画的笔墨之法，是来自山水、花鸟画功夫的触类旁通。不同于扬州八怪、近代海派，不同于齐白石、李可染，也不同于潘天寿这一路大写意人物画外在的刚劲雄肆，疯癫古怪（如徐渭、八大山人作品），崔先生所用的笔法是道释的松活、清淡，内涵是儒家的忧郁、担当。但与近代先贤一样，荒寒孤寂、落寞无助是他直面现实写心常法。

《藏娇》《丹枫白雪》都反映了崔先生在山水、花鸟画上完成了笔墨、精神、心灵上的大放松。其画进入了得法、得意、得象的大美境界，展现出了一种文化体悟与哲学思考，具体体现在以下几个方面。

一是民族性。崔先生的画是按照中国传统即老庄天人合一的内涵，让读者感悟其中的精髓。这种民族性坚守了传统绘画"六法"里的气韵生动与骨法用笔。

二是时代性。几十年不断探索，为其奠定了坚实的绘画基础。在当下全球化语境下，他秉承时代特质，勤于思考、善于创新，使其作品气势大、意思深、境界高、面目新，带给人震撼的视觉冲击力。

三是意象性，即笔墨精神。崔先生的画，在抽象中保留了物事本身的形象。如梅兰竹菊四君子等，并非现实中的具体之物，而是发于作者内心的感悟。因而，崔先生发挥了他对笔墨修养的全部才能，才使他大写神州，艺高人胆大。

四是书写性。书画同源，崔先生将书与画融为一体，互相补充，互相提升。

这个时期，山水画之于崔如琢，在笔法、布置与内涵上都得到了发展，其画已经让人捉摸不透。他的山水画之笔不笔、墨不墨境界，为其指墨画的呼之欲出做好了铺垫。《坡翁神飞八极》的苍朴雄肆、刚强勇猛气质是传统笔法很难表现出的境界。

四　2008—2013 年，　指墨画

这个时期，崔如琢在传统画上的贡献已经被当作一个学术课题来研究。《画比真荷大》（2009 年）、《指墨江天千山醉雪》（270cm×1800cm，2010 年，巨幅）、《指墨江山林峦醉雪》（引首：52.5cm×214cm，画心：68cm×5667cm，2010 年）、《指墨山水百开册页》（48cm×37cm×100cm，2011 年，指墨）、《指墨山水百开团扇》（44.5cm×44.5cm×100cm，2010 年）、《指墨山水四条屏》（《莫怪孤帆江上行》《细雨浮花归别涧》《山色苍苍落日斜》《昨夜忽飞三尺雪》，250cm×120cm×4cm，2011 年）等，从实质上体现出崔先生在传统绘画中的各种贡献（见后文）。

昨夜忽飞三尺雪，2011 年，180cm×99cm

　　《画比真荷大》是一幅学术型绘画巨作，研究崔先生之指墨花鸟，此作是必不可少的素材之一。其特殊意义在于，它的出现意味着在艺术史上，积墨首次出现在指墨花鸟里。

　　中国绘画史上首次出现的两幅指墨长卷是《指墨江天千山醉雪》和《指墨江山林峦醉雪》。在此之前，不管是花鸟画还是山水画，指墨体系里，从没有人画过长卷。高凤翰、高其佩、潘天寿都没有。前人遗留下来的用小画表达兴致的笔墨传统，在当代还是一种固有观念，画家

莫怪孤帆江上行，2011 年，250cm×120cm，2017 年 9 月 29 日
大连展览，刘正光收藏，2018 年 9 月广东汕尾星河湾会所

作画依然首选小品画。石涛说，"尺幅管天地"①，过去的画家只要将精

---

① 《苦瓜和尚画语录》"脱俗章"第十六："尺幅管天地山川万物，而心淡若无者，愚去智
生，俗除清至也。"

山色苍苍落日斜，2011 年，250cm×120cm ，2017 年 9 月 29 日
大连展览，刘正光收藏，2018 年 9 月广东汕尾星河湾会所

微远大之理，将寄托之意在方寸之间写清楚，就达到目的。那么，崔如
琢为何在前人的基础上还追求画的尺幅呢？首先，追求尺幅是传统居所
发展至现代建筑的必然；其次，追求尺幅是中国画走向世界，与西画争

细雨浮花归别涧，2011 年，250cm×120cm

艳，获得身份认同、确立文化自信的一种形式。崔先生的画频频出现在
国际拍场上，尺幅上的冲击力是一大原因。

《指墨山水百开团扇》和《指墨山水百开册页》是两幅举足轻重的
作品，崔如琢用百开团扇、百开册页的形式向画界展示了指墨的另一种

鸿篇巨制的表现形式。

画册页就像写长篇小说，作汗牛充栋的论文，守终如始很重要，一个环节稍有不慎，前功尽弃。只是，画画与作文不一样，画坏了不能改，而文章倒可伤筋动骨地去修。

《指墨山水四条屏》是由八尺宣纸所绘的指墨积墨、泼墨四季山水，春景为《莫怪孤帆江上行》，夏景为《细雨浮花归别涧》，秋景为《山色苍苍落日斜》，冬景为《昨夜忽飞三尺雪》。这组条屏依旧是史诗级的，不仅是指墨画史上尺寸最大的四条屏，而且是中国画史上尺寸最大的四条屏。历史上，条屏是书画家的最爱，然而，不论是画花鸟还是画山水，画家最先在一张纸上做好一个整体布局，然后等份裁剪开来，细心收拾。

《莫怪孤帆江上行》的主景是柳树。傅抱石的画离我们更近，给今人的印象最深。他的春景山水的独到处是垂柳，要么阳光明媚、碧绿轻快，要么细雨绵绵、忧伤凄婉。崔如琢受傅抱石的影响，延续这种写春法。但他们又有质（内在）的区别：傅老的作品灵秀，散发出的是人的灵性与诗意才华，崔如琢作品则更强调一个完整体统①里的哲学性、历史性、文学性。该作的山石、庙宇、用铁线勾勒而成的舟船人物，还有明快而忧伤的水际、云气、远山，让人心旷神怡的同时，又思绪万千，想起历史上的某个片段和数不尽的千古风流人物。

《细雨浮花归别涧》是一件指墨夏景。崔先生写夏景的作品很多，常见的手法是用风雨、荷塘、浓荫（松柏、竹林、灌木）表现之。

风雨大作景象是一个无形之境，画起来并非易事。在徐渭、八大山人出现前，前人对淡墨、水法的应用尚未达到绝顶至纯的高度。五代董源、元代黄公望、明代沈周和董其昌作夏景时，常用劳作场面让人知时节，并在笔墨上形成了一个惯例：用淡墨勾勒皴染全体，用浓墨点苔写生意。像刮风下雨，只能在行人的姿势里、林木的姿态里体现，即雨不

---

① 《朱子语类》卷九四："若以体统论之，仁却是体，义却是用。"

见雨，风不见风，一切只是意思而已。北宋米芾、米友仁父子算是作烟雨江南的圣手，湿墨、淡墨在他们处是一个极致，我们想到的、想不到的江南意境，都被这两人完美地予以诠释。客观上，山水画在此处是一变，董源的那种只可用来点苔的芝麻小点，在他们这变成了墨团，而这个墨团可以代表丛林灌木，也可以代表山石。米家父子的墨团，湿淋淋，与雨意联系在一起。墨越湿，景越模糊，境越凄迷，就意味着雨越大。这种情况启发了擅画雨景的傅抱石、崔如琢等。不过，崔先生对水的应用，有历史之功。历史上，从没有人敢将水提升到墨的高度，甚至在《细雨浮花归别涧》里，水法的作用和效果要大于墨。

总而言之，崔如琢作品的意义就是让传统更有意义，人们在他作品里体会到了中国传统文化在世界面前的一种自信和坚强。

第三节 "太璞如琢"时期的艺术特征

一 "大写神州""太璞如琢" 时期崔如琢艺术的本质区别

2013 年是不同寻常的一年，崔如琢在艺术、事业上进入了艺术生涯的最高阶段。这一年开始，国内、国外展览，专场拍卖，学术活动都以"太璞如琢"四字冠名。很明显，是为了与其 2010—2012 年期间的"大写神州"活动相区别。这种区别已经将其绘画，尤其是指墨画按时间先后划分成了两个不同的创作分期，即"大写神州"与"太璞如琢"时期。

"大写神州"时期，崔先生的画长于气势，善于从历史、哲学、文学角度，大音希声①地向人表达一种文化境界和自我理想。《藏娇》（50cm×184cm，2003 年）、《署荫图》（50cm×180cm，2003 年）、《秋浓》（74cm×41cm，2003 年）、《冷碧》（72cm×154cm，2005 年）、《听声》（144cm×367cm，2011 年）等作品在色墨交会的奇幻景象里体现了盛世之华滋与

① 《道德经》大方无隅，大器晚成，大音希声，大象无形。"

光明。中国美协理论委员会副主任、著名美术理论家马鸿增认为，崔如琢先生"大写神州"系列展览作品给人强烈的审美感受就是大美之道、大美之境的个性化拓展。"大美"是由"四大"要素构成的：大写意、大气势、大鉴藏、大爱之心。大写意（指画）化古出新，独具风神、大玉不琢，复归于璞，以倾泻性和书写性为主要特征的审美类型；大气势是山水、花鸟气势贯通，大气中有文气、书卷气，能放能收，吸收了傅抱石"大胆落笔、小心收拾"的精髓，外铄锋芒而内涵筋骨；大鉴藏是他广收博取，见多识广，收藏了数量众多的历代书画珍品；大爱之心是他的社会担当、慈善举动（出处："大写神州——崔如琢书画巡展"南京站学术研讨会）。

"太璞如琢"时期，他将此种无声的文化、精神诉求和达己达人[1]的学术启蒙，变成了一股强劲的世界性文化输出力量。他的笔墨、指墨空前的浑朴自信，不见以往的沉郁寡欢。显而易见之处，他的花鸟、指墨（山水、花鸟）里的古朴意境，生于厚重、霸悍[2]、多变的金石、碑刻兼草书笔法。因此，书写性是"太璞如琢"时期崔如琢绘画的主要特征。他的很多画，尤其是花鸟竹石、荷花，如《寒翠》（日本崔如琢美术馆藏）、《新雨迎秋雨满堂》（122.5cm×247cm，2013年，日本崔如琢美术馆藏）、《听声》（143cm×524cm，2013年，约67平方尺）、《寒塘清声》（147cm×367cm，2015年）、《寒塘清幽》（144cm×581cm，2015年）、《冷碧新秋水、淡香醉万家》（547.5cm×66cm，2016年，约32.5平方尺）、《秋风摇翠》（157.5cm×831cm，2016年，约96平方尺）像是一幅精简的、寓意深刻的书写作品。正如其师李苦禅大师的一句论画名言："画至书为极则。"

然而，画毕竟是画，何止书这么直接？即使一幅作品有诗意、有心性，又有王蒙式的扛鼎之力[3]，如果没有近代学术的那种哲学、历史、

---

[1] 《论语·雍也》："己欲立而立人，己欲达而达人。"

[2] 潘天寿："一味霸悍。"

[3] 倪瓒《岩居高士图》款："王侯笔力能扛鼎，五百年来无此君。"

寒塘清幽，2015 年，144cm×581.5cm

秋风摇翠，2016 年，157.5cm×831cm　拍卖公司：保利香港拍卖有限公司

拍卖专场：太璞如琢——崔如琢精品专场［Ⅶ］，拍卖时间：2016 年 10 月 3 日

成交价格：1.416 亿港元

文化观点，似乎画并不完整。王蒙开启的以书入画的传统，重在表达心性，表达诗意，体现道释情怀和无所不能的个人才华。而黄宾虹、潘天寿、李苦禅、崔如琢的书写里，还有近代文化转型史中的人文思考。他们的画给人的直观印象不是五彩斑斓的山林文学里的逍遥生活姿态，而是对百年文化弊端的修正。

修正对于绘画，莫过于从金石、甲骨、碑刻文字里考究本源，绝弃说教，用西周、春秋之古老百家思想解释绘画。这应该是"太璞如琢"的本意，也是近百年画史的关键之处。总之，宾翁、潘老、苦老、崔如琢不像纯粹的画家，更像哲人，他们自身明确的文化立场与历史情怀完全存在于笔墨间。

与黄宾虹山水里无我①、混沌的大化之境比，崔先生的作品更明快

---

① 《阿含经》："一切诸行无常，一切法无我，涅槃寂灭。"

些，他心目中的魏晋文艺价值和高于盛唐的家国理想充盈其中。用一句切入时代的话说，这里有他的"中国梦"。

从现有的作品分析，"太璞如琢"时期，崔先生的花鸟画，与"大写神州"时期及以前比较，尤以竹石、荷花变化最甚。其荷花的内涵、境界、气韵，发于笔和势，止于枝干与巨石。就是说，他在积墨外又创生了一个新的花鸟画表现手法。

二 2013年后，崔如琢指墨山水的独特之处

2013年后，崔如琢先生的指墨山水画十分注重传统笔墨意趣，强调中国画的意境，借前人之法，闯出了自己的一片天地，新颖而不失法度。归纳起来，其指墨山水有以下两大特点。

（一）表现四时之景

崔如琢先生的指墨山水构图雄奇，让人身临其境，如入秋林，如登雪峰，如入藕花深处，有卧游畅神之乐。著名美术理论家刘曦林曾以诗云："醉墨浓烟千林暗，巧流清江一舟闲。醉袭雪岭松不老，铁打铜铸一指禅。"崔先生的手指极尽了四肢之才，无所不能。指尖的力度，产生了非常纯粹的诗的境界。他喜欢画雨、雪、晴、雾、烟霞等四时之景，从多角度、多侧面，以多种构图样式、多种情调氛围、多种诗意哲思创作出大量的、成为系列的山水画。其四屏组画有景随时生、时依景现、景时同体的山水画特征。画家借指墨之法，创造山川景象，创造一个个诗意盎然的境界，于此中注入自己的生命感悟。画家所画非眼前之实景，多胎息于心灵的盘郁，是忆景，又是悟景。它的意象世界极为丰富。山涧雪，花前月，帆边影，天外云，令人目不暇接。《满溪春流》的流动、《山村醉雪》的陶然、《寒江独钓》的孤清、《秋风起浪凫雁飞》的幽淡，都化为画家表达自我情性的语言。崔如琢又多作手卷、长卷《富春山居图》（引首：39cm×140cm，画心：47cm×1221cm，2013年），动辄长达数米，全景手卷宛若一出戏剧：有序幕、发展、变化、高潮、波澜、尾声。总体上，他的宏制巨构作品，远观几近龚半千，繁密深

厚，气势夺人，而近视物象用笔则全不同。如琢的这类山水，章法饱满、泼墨取势、积墨层层以取山石之质。通幅唯见山石烟云，不作树木屋舍，类半抽象之表现。

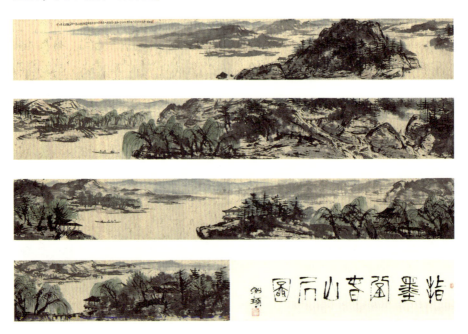

富春山居图，2013 年，引首：39cm×140cm，画心：47cm×1221cm

（二）传统兼现代

崔如琢的指墨作品出于传统，气息高古，雄健而不剑拔弩张。以意写形，用指用墨如三军压境，紧锣密鼓，声势不凡。强烈的书写性，让他的作品无任何制作，率性自然，不失法度，精微得当。指法行云流水，在自由中透着生拙，墨法浑厚而通透。其布置，不在简而在繁；不在空而在满；不在虚而在实；不在奇巧而在平正浑沦。另外，崔先生把指墨花鸟画的技法应用到指墨山水画中，将水法提高到与指（法）墨同等重要的地位和高度。在他的指墨山水画里，很多的粗线来自其花鸟画，使画面宏大深远。从崔先生的指墨山水画中，可以感受到，他的生命中难以割舍的山水情结和巨大的传统知识储备，为他提供着无比丰厚的创作启示。

指墨作为中国传统绘画的独特样式，伴着水墨的出现而产生，唐人始为此法，至清初高且园而臻于成熟，近人潘天寿丰富之，遂成中国绘画中几可与笔运相颉颃之方法。崔如琢先生事笔墨之道五十余载，以五十余年笔墨为根基，体味指墨之妙，从而挥洒江天，翻为新曲，将指墨之法推入一个新境界。从微观角度看，其画厚重藏序、拙中藏秀、满中通灵、陈中见新，形成了自己的一个亮点。尚古人而伐今意，在水墨的艺术天地里自由翱翔，坚守着中国画坛的尊严与自信。

最后，崔先生指墨山水作品不因循守旧，有现代性。以西画的角度看，已经突破了中国传统绘画的写意画构图，吸收了西画里的焦点透视法。

第十二章　日本崔如琢美术馆的意义

第一节　关口胜利与崔如琢之间的文化渊源

在亚洲文化史上，儒学影响了日本、越南、朝鲜、菲律宾、新加坡、马来西亚等国的文化、思想、教育、社会风习等。日本作为现代化变革最早、最成功的国家，儒学在其历史进程中起了关键作用。在世界文化思想史上，宋明理学对日本的影响是深远的，即使近代日本利用欧美文明很快转型到现代文明，但从源头上起始于中国的儒学价值，一直被保留，被研究，并演化成具有其本土内涵的人文精神。可以说，目前，日本人的文化心灵、文艺情趣，与中国道释儒传统是一致的。今天，当中国知识分子溯本求源地对近百年的历史文化进行反思时，日本的知识分子也在为反思本国现代文化、复兴东方传统文化而努力。

关口胜利是当代中日文化民间交流史上富有标志性的人物。他的忧患、担当，像极了在文化身份认同道路上奔波于世界各地的中国知识分子，其身上的文气，让人容易想起中国的吴昌硕、章炳麟、黄侃、熊十力、罗振玉、王国维、刘师培、张君劢、陈寅恪、辜鸿铭、马一浮、李叔同、傅抱石等留日传统文人。"罗王之学"的掌门人罗振玉和王国维在考古、甲骨、金石、敦煌、校正、训诂、古文字、目录诸领域的建树，对日本学术界特别是"京都学派"有一定影响，以此推动了日本学者对中国传统文化的研究热情。如擅长书法篆刻、擅长甲骨文、金文的日本近代学者藤田丰八、河井荃庐、日下部鸣鹤等与此二人交往密切。河井荃庐、日下部鸣鹤与中国近代绘画大师吴昌硕关系甚好，其中，河井荃庐于1900年来华拜师缶翁（吴昌硕），专门学习金石书法、篆刻。此外，罗振玉的《殷墟书契》（分前后编）、《殷墟书契菁华》以及他与学生、儿女亲家王国维联合撰写的著作《殷墟书契考释》《流沙坠简考释》极大地促进了甲骨、金石、考古学在日本的发展。而这些书籍，都是他们流亡日本时完成的。说到这里，我们不能不正视罗振玉、王国维等在考古方面对日本学术界的深远意义。罗王时期，关口胜利的祖父、父亲皆从事与收藏、书法有关的传统文化研究。我们不敢肯定罗王之学对关口家族有无直接影响，但至少与罗王之学有交际。因为，罗王影响下的"京都学派"是近代日本学术的主流。关口先生十分关注中国学术界、收藏界的发展趋势，在家族的影响下，他嗜好瓷器、书画收藏和文物古迹研究，但这只是他学术领域的冰山一角，他从事的此类科目，恰是其治学的一种手段。乾嘉学术影响下的后几百年文化史，影响了他从实物考证上重新思考东方文明的历史本源与学术思想。

　　关口胜利受近代中国学术影响非常大，他对宋明儒学、乾嘉学术、传统水墨、文物收藏、考古挖掘、新儒学的重视，源于近代中国儒学家的影响。因为很多儒学家，都有留日经历，曾经在日本留下了很多著作。近代史上最重要的学术著作《国故论衡》（分小学、文学、诸子学三卷，系统论述文字音韵学、文学、文献学、周秦诸子学、经学及佛道之学等）是章太炎留日时完成的，最早由日本秀光舍出版，被视为开了近代语言学、文学、经学、心理学研究的先河。新儒学最重要的代表人物梁漱溟的《东西文化及其哲学》《乡村建设理论》是整个20世纪日本比较受关注的日文学术译本。

　　中国传统文化影响日本的同时，日本的现代文化又影响了中国。

　　2013年，在崔如琢美术馆开馆仪式上（见后文），关口说道："我们日本人有不同于中国学者的研究历史、学术、文化思想的一套方法。对于传统中国水墨画，目前在日本无比崇尚，至少我个人是这么认为

艺术家崔如琢先生与日本崔如琢美术馆理事长日本财团法人
阳光美术馆馆长关口胜利先生亲切交谈

的。"他的话很简单，但分量不小。近代，日本在历史研究、学术解读、文献翻译方面对近代中国影响很大，像梁启超的《中国历史研究法》、潘天寿的《中国绘画简史》等有日本学术的影子。而潘老的这套《简史》，又与傅抱石后来写的绘画史很相就。可能有人会对这种情况不解，要问个为什么，这里面的原因都在中国近代史里。晚清后，康有为、梁启超、邹容、秋瑾、孙中山、黄兴、章士钊、胡汉民、黄兴、蒋介石、陈独秀、蔡元培、李大钊、周恩来、丁文江、张君劢、吴稚晖、钱玄同、鲁迅、谢无量以及画家高剑父、高奇峰、沈尹默、陈树人、黎雄才、丰子恺、关良、陈之佛、朱屺瞻、丁衍庸、傅抱石等许许多多尝试改变中国文化命运、学术思想、文艺发展方向的知识精英都有留日经历，他们将日本看成现代文化转型的模板。而日本的现代化转型经验又来自欧美。相对于日本与中国的同宗同源、血浓于水的文化源流，近代知识分子直接选择了学习日本经验。很多人从民主革命到文化新潮都借鉴日本。此中，建立了中日文化之间同一的文化基因。

　　正是中日文化交流史中近现代留日人士的学术思想传播，使传统气质才牢固地着落在这位日本学者身上。关口常年游历在中国大地上，从事学术交流至今已有近 40 年的历史。因此，他给崔如琢在日本建美术馆，将崔先生的书法、绘画（指墨）引入日本，是中日文化交流史的延续，又是一个新的篇章。这个篇章有两国文化人间相通的文化情感。

关口先生还有一个特殊身份——宗教家，决定了他的神秘性，不为人所知。其忧患、焦虑、出身、装束，不显山不露水，始终保持着平易近人、和颜悦色①的外表仪态。只有在讲话时，他心灵深处的抱负，悲悯、都与中日友谊、世界和平、人类命运的天长地久及东方文化的重新复兴有关。正如他名字里"胜利"两字，他渴望自己的这些意愿能够实现。

位于日本的崔如琢美术馆开馆后，关口胜利在讲话中提到，崔如琢不仅是中国文化而且是东方文化的守护人，日本崔如琢美术馆是东方文明里的传统水墨画走向世界的一个支点，崔如琢这位世界级的艺术巨人，能成为 21 世纪东方文化的杰出代表。无论在作品价位上还是影响力上，他都要超越西方所有的艺术大师，如毕加索、凡·高等。

巧合的是，崔如琢早就放言，在 80 岁时，其作品在作品价位上要超越西方所有的艺术大师，其中就包括毕加索、凡·高（见后文）。看来，关口胜利与崔先生在这点上志同道合。他们计划用历史的、市场的办法进行一场学术输出。20 世纪西方就是用这种办法让中国和日本由里而外地发生了剧烈变革。特别是近代中国的一部文化转型史，离不开西方的市场因素，当然还有科技与枪炮。

第二节　建设日本崔如琢美术馆的直接因素

2012 年 7 月 11 日，《崔如琢放言 80 岁时要在作品价格上超过毕加索》的新闻出现在了京城的一家知名媒体上②，被正在北京出差的关口

---

① 《论语》："善柔，谓面柔，和颜悦色以诱人者也。"
② 《京华时报》艺术品投资周刊版。

胜利看到，他随即决定找到这位画家谈谈，探个究竟。得知崔先生正在国家博物馆办展，第二天上午他就去了国博。

来到国家博物馆，展厅很大，人很多，关口胜利要做的第一件事情就是先看看作品。从进展厅大门开始，每一幅作品都很吸引人，和日本学者对中国绘画史的理解很相符。看了几件后，他对身边的同伴感叹道："我们日本缺少这样的画家！"

大家知道，近一个多世纪以来，日本在研究中国传统绘画史、绘画理论、绘画鉴赏、绘画收藏方面独树一帜，甚至在某些时期影响到了中国，高剑父、高奇峰兄弟因受日本的文化影响，创立了"岭南派"。事实上，近代至改革开放初期，中国的学术、历史、思想、教育、翻译包括经济建设受日本的启发很大，我们现在用到的许多专业学术词（如"民主""自由""民族主义"等）是从日本舶来的。而这些词，恰是中国近代学术思想发展的关键。可是，当我们沉溺于日本的西学经验时，他们在飞速发展中从未停止研究中国的先秦、汉唐、宋明文明。所以，这次来到国博，给关口胜利的感觉是来对了，眼前的中国画家的作品正本清源、面目纯正，没有受到1840年后各种西方思潮、学说影响，更没有受到近代日本的影响。其花鸟画、山水画，就是日本人理解的中国盛唐，自信、自由与包容兼具。在还没有见到画家本人时，关口即深信，中日文化交流史上的一个新的里程碑将会在他与这位世界级的艺术巨人（见后文）见面后诞生。

可惜，当天上午，关口没有见到崔如琢，经打听，崔先生正在人民大会堂参加一个重要的学术会议。下午，通过中国熟人介绍，他终于见到了放言要在作品价格上超越毕加索的这位中国画家。意外的是，崔先生竟然还是不入潮流的传统穿着：中式盘扣对襟衫、大背头、拐杖、鳄鱼纹皮鞋。要知道，崔如琢也是一位地道的留美知识分子，而且是当代文艺界最成功、声明最显赫的一位。这一切真的很有趣，可他似乎也符合了一个历史现象：近代留洋归国的文化人，在国外穿西服、归国后重新着旧装，如梁漱溟、冯友兰、钱穆、胡适、鲁迅、蔡元培等。此中的原因很多。他们出国后穿西服的主要原因是入乡随俗，尽快融入当地社会，减少生活上的一些麻烦。他们归国后的衣着，则是一种情感、价值、理想所在。唐君毅先生晚年说过，20世纪的留学人员，出国后首先面临的就是身份、文化上的不对等。这种情况逼迫他们在外表、语言上做出妥协。

　　见面没聊几句，关口胜利开门见山地提出要给崔如琢在日本建一座美术馆，令崔先生感到很突然，并直接问道："你们日本连我们近现代大师吴昌硕、齐白石的作品都拿出来拍卖，怎么会给我这个当代画家在本国建美术馆呢？"

日本崔如琢美术馆

　　崔先生很怀疑关口的话，毕竟他说的都是事实。20世纪，日本在其国内建了很多民营美术馆，大部分陈列着西方艺术大师的作品，甚至有的美术馆是专门为西方某个艺术大师建的，从未听过他们为中国的近现代画家吴昌硕、齐白石、傅抱石等建过美术馆。吴昌硕、齐白石在日本的影响非常大，近代日本的许多篆刻家、书法家的手里都有他们的作品。然而，随着国际艺术品市场越来越疯狂，一些私人收藏机构把吴昌硕、齐白石的大量作品投向了市场。关口没有过多解释，只是说："您的指墨画在我心目中，是超越了中国绘画史的，值得永久收藏，您放心，我们绝不会拿出去拍卖。我也很欣赏您的魄力，中国画家就需要有超越西方所有艺术大师的勇气，我支持您!"

半小时后，关口临走时，买了崔先生一些画，应该是想让崔先生知道，他们的谈话是认真的。

回到日本，关口开始选址，大约过了一个月，听说北京有人正在给崔先生建美术馆，且一年内开馆，而且还在北海公园。于是，他当机立断将日本伊豆高原美术馆买下。美术馆紧邻太平洋，占地3万平方米，展厅8000平方米，是日本三大民营美术馆之一。20世纪中期，中国的一些藏家去那里展览过陶瓷等艺术品。

紧接着，关口派人拿着装修图纸来北京，崔先生顿时被关口的诚意打动，从此，关口在他的心里是一个言必行、行必果的君子。

就这样，这座美术馆加上改装，用了五个月。在不到一年的时间里，于2013年11月18日开馆了，崔如琢及中国艺术界上百人见证了开馆仪式。出人意料的是，在日本伊东这个典型的以收藏西方大师为主的美术馆群城市里，崔如琢美术馆最受年轻人的欢迎，每到休假日，观众爆满。这证明，纯正的中国文化在日本乃至在世界上有生存的基础，有美好的前景。

第三节　日本崔如琢美术馆馆藏作品的艺术特点

馆藏作品

崔如琢美术馆开馆展出的作品约100幅，其中有《暗谷疑风雨，幽暗若鬼神》（47cm×37cm，2012年，指墨）、《水满清江花满山》（75.5cm×144cm，2012年，指墨）、《飞雪伴春》（84cm×152.5cm，2012年）、《飞雪伴春》（64cm×130.5cm，1995年）、《飞雪富士山》（143.5cm×364cm，2012年）、《富士山之春》（104.5cm×148cm，2012年）、《我

言秋日胜春朝》（37cm×144cm，2012 年，指墨）、《烟柳摇翠》（37cm×144cm，2012 年）、《清秋望不极》（37cm×144cm，2012 年，指墨）、《一看郊原浩荡春》（36cm×424cm，2012 年，指墨）、《镜湖俯仰两晴天》（36cm×424cm，2012 年，指墨）、《自古逢秋悲寂寥》（36cm×424cm，2012 年，指墨）、《水天向晚碧沉沉》（47cm×37cm，2012 年，指墨）、《大江从来万山中 不尽长江滚滚来》（47cm×37cm，2012 年，指墨）、《指墨篆书联语》（172cm×94cm，2013 年，指墨）、《寒雪潮来战朔风》（220.5cm×144cm，2012 年，指墨）、《同根指笔各生花》（137.5cm×70cm，2011 年，指墨花鸟）、《一天秋色冷晴湾》（220cm×143cm，2012 年，指墨）、《四顾山色接水色，凭栏十里芰荷香》（220cm×143cm，2012 年，指墨）、《溪山到处有芳林》（215cm×74cm，2012 年，指墨）、《草书李白诗》（74cm×143.5cm，2013 年）、《寒翠》（68.5cm×137cm，花鸟，年代不详）、《蝉噪林欲静》（37.5cm×144.5cm，2012 年）、《窈窕春风前，霞衣欲轻举》（38cm×144.5cm，2012 年）、《接天莲叶无穷碧》（74.5cm×71.5cm，2012 年）、《横看成岭侧成峰》（74cm×144cm，2012 年）、《明月净松林》（100cm×75cm，2012 年，指墨）、《楼倚霜树外》（144cm×38.5cm，2012 年）、《指墨江天千山醉雪》（270cm×1800cm，2010 年，指墨）等。

飞雪富士山，2012 年，143.5cm×364cm

自古逢秋悲寂寥，2012 年，36cm×424cm

同根指笔各生花，2011 年，137.5cm×70cm

上述作品，除了《同根指笔各生花》《指墨江天千山醉雪》在"大写神州——崔如琢艺术展"国博展展出过，有相当一部分属本馆馆藏的崔先生作品。

富士山在日本人心目中的地位很高，很有神秘性。日本从古至今的本土画家几乎人人都画过它，将其形象、精神与本民族的内涵联系在一起。过去，留日画家黎雄才作过一幅《富士山之夏》，现在常常被人拿来与日本近代画家横山大观（本名秀，旧姓酒井，母姓横山）的作品比较，认为黎在技法上借鉴了他。不可否认，整个岭南派，包括高剑父、高奇峰的绘画，都有日本绘画的影子。所以，中国画家要把富士山画好很难。

其一，它是日本民族至高无上的精神象征，对笔墨境界要求很高。

其二，它很具象，没有千变万化的山势。画家要在这种具象中表现实实在在的、让人感动的神秘性，需要有对本土哲学、历史、宗教、文学的独到体会。

其三，在文学艺术史上，历代日本文人用其高超的诗意、笔墨境界，赋予富士山一个固定的，让本国人认可、颂咏的伟大形象。

综合以上三点，当今画家，尤其是国际画家画富士山，面临的挑战不小。崔如琢也同样面临这种挑战。

2012 年，正值美术馆改造之际，应关口之邀，崔如琢去了日本到富士山转了一圈，他有感而发，回到北京一口气作了三幅画：《富士山之冬》（又名《飞雪伴春》，2012 年）、《飞雪富士山》、《富士山之春》。每幅作品各有意味，极富东方神韵，其春、其冬，让人联想到了中国历史文化名人孔孟、老庄的哲学，李白、杜甫、苏东坡的诗词。开馆那天，这三幅作品赢得了日本画家的赞许，他们看到了传统中国笔墨给予富士山的另一种气质。

崔如琢从来没有画过具体的山，就是画华山，也不写明"华山"二字。因此，这几幅作品很有意义，必会和元代画家黄公望的《富春山居图》一样，成为画家的传世之作。

日本崔如琢美术馆的藏品如《窈窕春风前，霞衣欲轻举》《接天莲叶无穷碧》《横看成岭侧成峰》《楼倚霜树外》等是难得一见的精品。这些画的精妙之处，在游戏般的勾勒与积染上。有人认为，崔如琢的境界就是会玩，这个时期他的画舍去了繁缛的说教程式，用最精简的三种方式：勾勒、点斫、积染，画出了一个让人不可捉摸的游戏①兼哲理（即力、气、势、韵）的无形之境。这几幅作品的近景山石笔法，蕴含的魏碑、汉隶、金石文化遗韵，重在强调中国书画的笔法在追求笔走龙蛇之轻灵善变时，还应注重拔山扛鼎之力。

日本崔如琢美术馆里还有几幅花鸟作品值得关注，其中《寒翠》很有特点，在浓墨、湿墨、积墨、泼墨、破墨及金石笔法的运用方面，有超越性，堪称崔先生的花鸟画巅峰之作。该作是他所有花鸟画里，不可多见的一件横幅竹石水仙。一般情况下，崔先生的竹石画，多见于与禽鸟组合，如八哥等。

过去五十多年的艺术生涯里，崔先生有两幅竹石水仙经典，一幅是《寒翠》，另一幅是他2010年的指墨竖幅巨作《石洁竹清好父母》。当然，这属于两个范畴，一个是传统用笔画法，一个是指墨。这两幅作品皆代表了他在用笔、指墨两个领域的花鸟画成就。总之，日本崔如琢美术馆收藏的每一幅作品，都很有学术价值。

指墨是日本崔如琢美术馆的一大收藏特色，日本崔如琢美术馆收藏崔先生的指墨作品有指墨山水、指墨花鸟、指墨书法三部分。而指墨画里，小品、手卷、长卷、册页、团扇、横幅、竖幅的作品应有尽有。如《我言秋日胜春朝》《清秋望不极》《一看郊原浩荡春》《镜湖俯仰两晴天》《自古逢秋悲寂寥》《水天向晚碧沉沉》《大江从来万山中 不尽长江滚滚来》《寒雪潮来战朔风》《一天秋色冷晴湾》《四顾山色接水色，凭栏十里芰荷香》《溪山到处有芳林》《指墨篆书联语》是馆藏精品，收录于《崔如琢大观·日本卷一》②里。

---

① （宋）释德洪《华严居士赞》："医国法门，笔端三昧。奋迅出入，游戏自在。"

② 《崔如琢大观·日本卷一》，荣宝斋出版社2013年版。

第四节　关口胜利艺术论中的崔如琢及其艺术

2015 年 5 月 17 日至 22 日，"中国水墨、指墨国际研究会成立暨第一届国际研讨会"在日本崔如琢美术馆召开，来自五湖四海的学者、专家、艺术家、媒体朋友聚集在日本伊豆，对传统中国水墨、中国指墨、中日文化源流做了深入讨论。

崔如琢先生在第一届中国水墨指墨国际研讨会的欢送晚宴上讲话

日本崔如琢美术馆馆长关口胜利从中日绘画史（指墨画史）、中日文化渊源方面做了精彩演讲，最后引申到崔如琢的指墨画意义。

关口认为，中国水墨画至少有 1300 年以上的历史，致力于复兴指墨艺术的崔如琢先生，借助其作品定能带领世界画坛进入艺术鉴赏的全新境界。今天的指墨学会在日本崔如琢美术馆召开，意味着日本将成为一重要窗口，使全球艺术界被崔先生的指墨画艺术吸引，进而对中华文明的深奥及崇高之美有更深一层的认识，借此，指墨艺术受到欧美人赞赏指日可待。他深信，崔如琢先生必将在影响力上超越毕加索、雷诺瓦、凡·高等西洋画家。

接着,关口还用实物考证的方法向大家解读了中国绘画史(指墨画史),并以独特的视角谈到以高其佩、高凤翰、潘天寿、崔如琢为主的中国指墨画。关口先生说,在世界绘画史上,西方绘画与东方绘画被视为两座高峰①,传统中国水墨画用历史证明了它的不可替代性。19、20、21世纪在西方文明裹挟的价值观与文艺精神来势凶猛地袭击着亚洲各国的每一个角落时,我们所相信的高价值、高艺术性的西方名画,是否当真都名实相符?西方绘画价值观是基于西方人价值观而形成的,于他们而言,其文明起源之基督信仰也是理所当然的。这种当然也反应在许多名画里。然而,对我们而言,给人从直觉上产生违和感的画不少。很多裸体画、宗教画等,用在亚洲美学标准面前就是方枘圆凿,其能入乎?②,因为我们的文化本源起始于哲学,而非宗教。面对西方许多血淋淋、逼真的苦难、受刑名画,难道有人还能喝着红酒、兴致勃勃地品尝北京烤鸭?说到底,水墨名画却没这种情况,人们从中感受到的是它所带来的幸福与安逸。其蕴含的墨香意趣,甚是优美,能延续万年,经久不衰。

自迈入近代,西洋绘画凌驾于东方绘画之上,成为日本画界及绘画市场的主流。伴随日本经济发展,当代,毕加索、莫奈、凡·高等西方大师的绘画风靡各地、随处可见。这种情况导致了许多日本本土画家在精神与创作上发生了转向,一切以西方为体。现在,符合西方审美情趣且拥有丰富西画知识和创作技巧的大有人在,很多画家受到了西方人士的表扬,并忘乎所以。中国有句古话叫"知之者不如好之者,好之者不如乐之者"③。说到底,他们对西方绘画只是跟风、喜欢而已,谈不

---

① 潘天寿《艺术必须有独特的风格》:"东西两大绘画的系统,各有自己的成就,如两大高峰,对峙于欧亚两大陆之间,使全世界仰之弥高。"见《美术论集》,人民美术出版社1986年版,第118页。

② (西汉)司马迁《史记·孟子荀卿列传》:"持方枘欲内圜凿,其能入乎?"

③ 《论语·雍也》:子曰:"知之者不如好之者,好之者不如乐之者。"

上快乐。以传统美学标准，鉴赏画的首要看其品格。然而，西方画不存在这样一说，只有中国画才强调人与画的共有境界。如达·芬奇的《蒙娜丽莎》、凡·高的《向日葵》，都让人无法感受到"品格"所带来的文化、心灵震撼。在毕加索的《格尔尼卡》和蒙克的《呐喊》里找"品格"，比在四川火锅里挑燕窝还困难。我们有理由相信，水墨（指墨）画必然登顶世界巅峰，核心人物肯定有崔如琢先生。

书法、诗歌、印章是传统中国画的一个有机体，关口经常向鉴赏者强调崔先生在这方面的功夫。其印章与画成一个合体，鲜明的朱红色好似汉皇帝官印，很有征服力。维持传统不变，则会变得迂腐陈旧；过于追求革新，则会失去优良传统。崔如琢的指墨画精髓就是做到使这两者天衣无缝地相互平衡。

以上是关口先生的艺术论！

最后，关口先生用一句令人非常鼓舞的话做了结尾："世界级的美学巨人（崔如琢）就要产生了，我们正迎来一个伟大的时代！"

第十三章 获"中国在世最贵国宝艺术家"荣誉的事实依据

第一节 总成交额突破 34 亿元的 14 次崔如琢作品专场记录数据

回顾近十年国际艺术品市场行情，崔如琢的作品仿若亚洲乃至全球当代绘画市场的分水岭，被国际一线顶级拍卖公司争相上拍。中贸圣佳、北京瀚海、中国嘉德、香港佳士得、保利香港、北京荣宝、北京保利、北京匡时等都与之有过深度的合作。他们每一场拍卖会从最早的几千万元到近几年的几亿元、十几亿元、几十亿元的成交额里，崔如琢的作品占了相当比例。中贸圣佳在 2004 年、2005 年连续两次举办崔先生作品专场（见前文），天文数字的成交额，为这家后起之秀的拍卖公司迅速崛起起了关键作用。北京瀚海从 2011 年至 2015 年，为崔先生举办了三次个人作品专场拍卖会，总成交额达 4.2 亿元人民币。

佳士得作为世界上最古老、影响力最大的拍卖公司，用两个半世纪的发展史，换来了今天让世界公认的信誉和口碑。他们对画家的要求很严格，一方面看其作品质量，另一方面是看其国际影响力。仅这两项，几乎将许许多多的中国画家拒之门外。到 2012 年佳士得春拍"大音希声，大象无形——崔如琢指墨专场"拍卖会，崔如琢的作品已经在佳士得拍卖了至少26年的时间。1986年、1987年，他的两幅花鸟《春晴》（184cm×100cm）、《清趣》（184cm×100cm）前后以11万港元、12.5万港元成交，每平方尺价格6000—7000港元之间。此价格在31年后的今天也不算低。

2012年，佳士得春拍"大音希声，大象无形——崔如琢指墨专场"共上拍崔如琢28件作品，总成交额为1.23亿港元，成交率高达92.86%。成交排名前五的作品有：《妃红俪白》（144cm×370cm，2011年，2306万港元）、《清梦》（花鸟）（147cm×368cm，2011年，1522万港元）、《千山烟寒》（101cm×288cm，2008年，722万港元）、《指墨江山十二开册页》（每开47.5cm×37.5cm，2008年，602万港元）、《春之韵》（36.5cm×408.5cm，2010年，长卷，458万港元）。

妃红俪白，2011年，144cm×370cm 香港佳士得2012年春季拍卖会
拍卖日期：2012年5月29日，成交价：2306万港元

2000—2017年，除保利香港外，其他拍卖公司举办过的崔如琢作品专场情况

专场名称	拍卖公司	作品数量	成交率	总成交额	拍卖时间
崔如琢书画专场	中贸圣佳	30	100%	733万元	2004年12月9日
崔如琢书画专场	中贸圣佳	34	100%	1100.33万元	2005年7月30日
中国书画（一）崔如琢作品专场	北京中招	61	100%	3.063亿元	2010年12月20日

续表

专场名称	拍卖公司	作品数量	成交率	总成交额	拍卖时间
崔如琢书画精品专场	北京瀚海	17	100%	1.72 亿元	2011 年 11 月 17 日
"大音希声，大象无形——崔如琢指墨专场"	香港佳士得	28	92.86%	1.23 亿港元	2012 年 5 月 29 日
宽雅斋藏崔如琢作品专场	北京瀚海	42	97.62%	1.86 亿元	2015 年 11 月 7 日
雅风—指墨轩藏崔如琢书画作品专场	北京瀚海	23	91.3%	6256 万元	2015 年 11 月 27 日

2012 年 5 月 29 日香港佳士得春拍 "大音希声，大象无形——崔如琢指墨专场" 作品

序号	作品名称	尺寸	创作时间	成交额
1	《妃红俪白》镜框	144cm×370cm	2011 年	2306 万港元
2	《清梦》镜框	147cm×368cm	2011 年	1522 万港元
3	《千山烟寒》镜框	101cm×288cm	2008 年	722 万港元
4	《指墨江山十二开册页》	47.5cm×37.5cm×12	2008 年	602 万港元
5	《春之韵》手卷	36.5cm×408.5cm	2010 年	458 万港元
6	《昨夜忽飞三尺雪》镜框	75cm×142.1cm	2011 年	314 万港元
7	《水上桃花》镜框	139.7cm×74.5cm	2011 年	422 万港元
8	《夏山图》镜框	142.5cm×74cm	2009 年	362 万港元
9	《雨色万峰》镜框	142cm×74cm	2011 年	362 万港元
10	《万叶秋声》镜框	75cm×143cm	2011 年	338 万港元
11	《夏之曲》手卷	37cm×413.5cm	2010 年	422 万港元
12	《溪山芳林》镜框	142cm×74.5cm	2009 年	362 万港元
13	《山明雪夜晴》镜框	75cm×143cm	2011 年	362 万港元
14	《春山雨意》镜框	75cm×142.2cm	2011 年	362 万港元
15	《冷霞》镜框	143.5cm×75cm	2011 年	386 万港元
16	《清幽》镜框	69cm×69cm	暂无	134 万港元
17	《春色过江南》镜框	73cm×71cm	2011 年	158 万港元
18	《清梦》镜框	137.1cm×69cm	2012 年	290 万港元
19	《碧新秋水》镜框	137.5cm×70cm	2011 年	338 万港元
20	《藕花扶梦》镜框	136.7cm×69cm	2012 年	338 万港元
21	《翠竹苍松》镜框	73.5cm×142.5cm	2011 年	338 万港元

续表

序号	作品名称	尺寸	创作时间	成交额
22	《疏林映雪》镜框	142.3cm×74.4cm	2011 年	422 万港元
23	《野苹幽花各自春》镜框	136.9cm×69cm	2012 年	314 万港元
24	《茫秋万顷》镜框	141.2cm×74.5cm	2011 年	338 万港元
25	《春晴》镜框	95.7cm×69cm	2012 年	170 万港元
26	《人归暮雪》镜框	76cm×71cm	2010 年	158 万港元
27	《苍山寒林》镜框	198cm×103cm	2010 年	
28	《千峰雪伴春》镜框	72.4cm×286.5cm	2011 年	

保利香港 2015 年秋拍，"太璞如琢"——崔如琢精品专场 V"拍卖作品名录

LOT 号	拍品名称	估价（港元）	成交价（港元）
2320	崔如琢 2011 年作《惟有长江水》	220.00 万—250.00 万	354.00 万
2305	崔如琢 2011 年作《落日山逾碧》	220.00 万—250.00 万	295.00 万
2319	崔如琢 2011 年作《樵客出来山带雨》	180.00 万—220.00 万	283.20 万
2312	崔如琢 2010 年作《青藤不可见》	820.00 万—900.00 万	1073.80 万
2317	崔如琢 2011 年作《积雪浮云端》	220.00 万—250.00 万	354.00 万
2316	崔如琢 2011 年作《红霞潋滟碧波平》	220.00 万—250.00 万	283.20 万
2301	崔如琢 2014 年作《指墨书法：陶写性灵》	80.00 万—120.00 万	118.00 万
2304	崔如琢 2014 年作《春江风水连天阔》《接天莲叶无穷碧》《秋江吟风》《寒云欲雪》	420.00 万—480.00 万	590.00 万
2313	崔如琢 2010 年作《石洁竹清好父母》	850.00 万—920.00 万	1180.00 万
2318	崔如琢 2011 年作《落霞与孤鹜齐飞》	220.00 万—250.00 万	295.00 万
2321	崔如琢 2011 年作《楚天阔浪浸斜阳》	180.00 万—220.00 万	660.80 万
2310	崔如琢 2010 年作《红竹》	850.00 万—920.00 万	1121.00 万
2307	崔如琢 2011 年作《寒林动秋声》	200.00 万—240.00 万	—
2309	崔如琢 2013 年作《山水四条屏》	咨询价	13393.00 万
2302	崔如琢 2014 年作《指墨书法：风飐芦花雪满溪》	120.00 万—160.00 万	188.80 万
2315	崔如琢 2011 年作《二月湖水清》	200.00 万—240.00 万	—
2303	崔如琢 2014 年作《初夏槐风细》《夏半荫气始》《烟江寒山秋》《独钓寒江雪》	420.00 万—480.00 万	566.40 万
2308	崔如琢 2011 年作《山村飞小雪》	220.00 万—250.00 万	330.40 万
2314	崔如琢 2011 年作《山中明月照积雪》	200.00 万—240.00 万	306.80 万

LOT 号	拍品名称	估价（港元）	成交价（港元）
2311	崔如琢 2009 年作《画比真荷大》	880.00 万—950.00 万	1062.00 万
2306	崔如琢 2011 年作《渭城朝雨浥轻尘》	180.00 万—220.00 万	283.20 万

2013 年 5 月 28 日，崔如琢山水作品《千山飞雪图》以 7715 万港元成交，刷新了画家本人山水画的最高天价纪录，这是继《盛世荷风》之后，香港佳士得在 21 世纪第二个十年伊始，拍出的第二幅当代在世华人画家的天价国画作品。该作已是第二次亮相香港佳士得，它曾在 2006 年以 1556.08 万港元成交，7 年时间价格涨幅近 4 倍。

据《中国文物艺术品全球拍卖统计年报（2014）》（由中国拍卖行业协会与 Artnet 全球有限公司联合发布的一系列年度报告），古今画家的作品，只有崔如琢的两幅入围：《丹枫白雪》以 2400 万美元落槌（不含佣金）排名第 4，《指墨山水百开团扇》以 1665 万美元排名第 6。其他前十最贵作品均非书画类。

2015 年 4 月 6 日，保利香港春季拍卖"太璞如琢——崔如琢书画精品专场Ⅳ"，崔如琢的《葳蕤雪意江南》（295cm×1152cm，2013 年，共 300 平方尺）以 2.36 亿港元成交①，一件作品的成交额占了整个拍卖会总成交额的三分之一。该作是崔如琢的第 4 件过亿成交额的作品，与《千山飞雪图》一样由 8 条屏组成，属于崔先生雪景山水里的名作。

崔如琢的作品《山水四条屏》（295cm×142.0cm×4cm，2013 年，共 150.8 平方尺）是整个 2015 年秋季拍卖会中唯一一件成交额过亿作品，由《桃花柳岸舞红云》《树染丹崖鬓渐青》《枫老摘红云》《叶尽枝枯树指天》对应的春夏秋冬四部分组成（春、冬部分是指墨作品）。与这组四条屏一同出现在保利香港 2015 年秋拍"太璞如琢——崔如琢书画精品专场Ⅴ"中的还有四幅重要的指墨花鸟作品《红竹》（211cm×72cm，2010 年，约 13.7 平方尺）、《青藤不可见》（211cm×72cm，2010 年，

---

① 人民网转载《深圳特区报》2015 年 4 月 8 日 10 时 11 分。

山水四条屏，保利香港拍卖有限公司 拍卖日期：2015年10月5日，成交价：1.3393亿港元

约13.7平方尺)、《画比真荷大》(211cm×72cm，2009年，约13.7平方尺)、《石洁竹清好父母》(211cm×72cm，2010年，约13.7平方尺)，成交价分别为1121万港元、1073.8万港元、1062万港元、1180万港元。按中国拍卖行业协会和Artnet全球有限公司合作发布的《中国文物艺术品全球拍卖统计年报（2015）》报告，2015年度，全球最贵的前十件中国艺术品排名榜单，在世画家的作品仅崔如琢一人在列。

2016年4月4日保利香港春拍"太璞如琢——崔如琢书画精品专场Ⅵ"，崔如琢先生的《飞雪伴春》以3.068亿港元成交，创造了本年度全球当代绘画的最高拍卖纪录。

飞雪伴春，2013年，299.5cm×875cm，保利香港2016年春拍。拍卖时间：
2016年4月4日，成交价格：3.068亿港元

在"太璞如琢"专场一个接一个地刷新全球书画拍卖纪录之际，有人撰文感叹，崔如琢一件作品的价格就是佳士得或苏富比佛像、钟表两个专场成交额的总和。这看似夸大其词，其实存在着对崔如琢作品市场行情的低估。事实上，《飞雪伴春》的成交价格，相当于同期举办的2016年香港苏富比春季拍卖会"中国艺术珍品""珍贵名表""现代亚洲艺术""当代亚洲艺术"四大专场680件拍品的成交总额。其中，"中国艺术珍品"专场109件拍卖，总成交额为1.18亿港元；"珍贵名表"专场337件拍品，总成交额为6383万港元；"现代亚洲艺术"专场99件拍品，总成交额为5453万港元；"当代亚洲艺术"专场135件

拍品，总成交额为 7096 万港元。将这四个专场的成交数字加起来正好是 3.07 亿港元。

截至 2017 年 10 月 3 日，短短四年，保利香港拍卖公司已经将崔如琢作品专场举办了九次，拍出了 8 件过亿拍品，缔造了九个专场总成交额 25.24 亿港元的当代绘画拍卖纪录。2017 年秋，保利香港推出"太璞如琢——崔如琢书画精品专场Ⅸ"，总成交额达 4.72 亿港元。如果加上保利香港的母公司北京保利拍卖公司 2017 年 6 月 5 日以 1.38 亿港元成交的崔如琢山水巨制《万里平铺雪满天》，保利系共拍出了崔如琢的 9 件过亿作品：7 幅山水，2 幅花鸟。

2010—2017 年七年间，崔如琢作品专场拍卖 14 次总成交额突破 34 亿港元。

保利香港"太璞如琢—崔如琢书画精品专场"场次及总成交额

专场名称	总成交额（港元）	拍卖日期
太璞如琢——崔如琢书画精品专场Ⅰ	1.3 亿	2013 年 10 月 5 日
太璞如琢——崔如琢书画精品专场Ⅱ	3.036 亿	2014 年 4 月 7 日
太璞如琢——崔如琢书画精品专场Ⅲ	1.65 亿	2014 年 10 月 5 日
太璞如琢——崔如琢书画精品专场Ⅳ	3.36 亿	2015 年 4 月 6 日
太璞如琢——崔如琢书画精品专场Ⅴ	1.34 亿	2015 年 10 月 5 日
太璞如琢——崔如琢书画精品专场Ⅵ	4.454 亿	2016 年 4 月 5 日
太璞如琢——崔如琢书画精品专场Ⅶ	3.54 亿	2016 年 10 月 3 日
太璞如琢——崔如琢书画精品专场Ⅷ	1.84 亿	2017 年 4 月 3 日
太璞如琢——崔如琢书画精品专场Ⅸ	4.72 亿	2017 年 10 月 3 日

2011—2017 年崔如琢的 10 件过亿拍品

拍品名称	拍卖公司	成交价（港元）	拍卖日期
《盛世荷风》	香港佳士得	1.28 亿	2011 年 11 月 29 日
《丹枫白雪》	保利香港	1.84 亿	2014 年 4 月 7 日
《指墨山水百开团扇》	保利香港	1.298 亿	2014 年 10 月 8 日
《葳蕤雪意江南》	保利香港	2.36 亿	2015 年 4 月 6 日
《山水四条屏》	保利香港	1.34 亿	2015 年 10 月 5 日

续表

拍品名称	拍卖公司	成交价（港元）	拍卖日期
《飞雪伴春》	保利香港	3.068 亿	2016 年 4 月 5 日
《秋风摇翠》	保利香港	1.416 亿	2016 年 10 月 3 日
《秋烟漠漠雨濛濛》	保利香港	1.416 亿	2017 年 4 月 3 日
《万里平铺雪满天》	北京保利	1.38 亿	2017 年 6 月 5 日
《听声》	保利香港	1.77 亿	2017 年 10 月 3 日

秋烟漠漠雨濛濛，2010 年，178.5cm×521cm

万里平铺雪满天，2016 年，179cm×553cm，2017 年

北京保利春拍 1.38 亿港元成交

《中国文物艺术品全球拍卖统计年报（2015）》

排名	作品名称	作者	成交价格（元）
1	《鹰石山花图》	潘天寿	2.79 亿
2	《葳蕤雪意江南》	崔如琢	1.99 亿
3	《万山红遍》	李可染	1.84 亿

续表

排名	作品名称	作者	成交价格（元）
4	《井冈山》	李可染	1.27 亿
5	《花卉工笔草虫册》	齐白石	1.15 亿
6	《鹰石图》	潘天寿	1.15 亿
7	《山水四条屏》	崔如琢	1.12 亿
8	14 世纪释迦牟尼像		1.04 亿
9	南宋官窑青釉八方玄纹盘口瓶		0.95 亿
10	《武陵名胜图》	仇英	0.94 亿

《中国文物艺术品全球拍卖统计年报（2014）》前六名

排名	艺术品名称	作者	成交价（美元）
1	15 世纪明永乐御制红阎摩敌刺绣唐卡		4520 万
2	15 世纪的玫茵堂珍藏明成化斗彩鸡缸杯		3600 万
3	乾隆粉彩花卉山水瓶		2470 万
4	《丹枫白雪》	崔如琢	2400 万
5	12—13 世纪的北宋定窑划花 八棱大碗		1900 万
6	《指墨山水百开团扇》	崔如琢	1665 万

第二节 获"中国在世最贵国宝艺术家" 荣誉的依据

《2015 胡润艺术榜》

2015 年 3 月 18 日，胡润研究院在北京发布了《2015 胡润艺术榜》（配图），前 100 名画家里，71 岁的国画家崔如琢以 4.66 亿元人民币的总成交额排名第一，比第二名的成交额多出了 1.74 亿元。这 4.66 亿元是由 66 幅作品拍卖完成的，其中《丹枫白雪》（2006 年）1.84 亿港元、《指墨山水百开团扇》（2010 年）1.3 亿港元就占去了一半成交额。受关注的是，这两幅作品是 2014 年度成交额排名第一和第三的最贵书画作品。

《2015 胡润艺术榜》公布后，专业人士则十分理性，他们在天价的成交记录里看到了传统文化复兴、中国本土绘画与西方油画平起平坐的

《胡润艺术榜》中国当代艺术家第一名崔如琢（2015—2018 年）

希望。作为崔如琢作品最重要的国际买家之一，日本崔如琢美术馆馆长
关口胜利说："崔如琢先生是亚洲收藏界与日本收藏界关注度最高的中
国当代书画大师，仅日本崔如琢美术馆在日本伊东市开馆以来，就有近
百名世界一流的收藏家和数十万收藏爱好者到美术馆参观咨询。这无不
显示出崔如琢先生在全球艺术领域的巨大魅力。今天，他的作品卖一个
亿、两个亿有人买，明天 10 亿照样有人买。中国有独特的传统文化优

势，中国的绘画并不比西方差。今天的中国是其文明史上最强大的时期，国家强大了，必须要有与之相匹配的文化力量。崔如琢的作品能卖一亿多，在一定程度上，这是改革开放以来，中华民族在复兴道路上的文化发展成果。"

保利香港负责人认为，崔如琢先生的书画珍品早已进入稳定的高端私人收藏体系，因为极其稀缺，所以贵。

得了第一，崔如琢并没有沾沾自喜，接受媒体采访时，他强调，自己的作品与西方绘画在价格上仍有不小差距，画家不应该只在画室里画画，也应该关注一下自己的市场，为传统文化的推广尽一份力。

《2015 胡润艺术榜》前 10 名

排名	艺术家	总成交额（元）	年龄（岁）	出生地	现居地
1	崔如琢	4.66 亿	71	北京	北京
2	曾梵志	2.92 亿	51	湖北	北京
3	范曾	2.68 亿	77	江苏	北京
4	刘大为	2.49 亿	70	山东	北京
5	黄永玉	1.94 亿	91	湖南	北京
6	何家英	1.93 亿	58	天津	天津
7	史国良	1.77 亿	59	北京	北京
8	周春芽	1.564 亿	60	重庆	四川
9	黄建南	1.56 亿	63	广东	北京
10	陈佩秋	1.48 亿	93	河南	上海

《2016 胡润艺术榜》

2016 年 3 月 24 日，《2016 胡润艺术榜》揭榜，72 岁的国画家崔如琢二度荣登胡润艺术榜榜首，再成焦点，《人民政协报》、新华网等国内外上百家媒体对此事作了报道。榜单显示，2015 年度崔如琢的作品总成交额为 7.86 亿元人民币，同比增长 68.7%，是第二名 1.12 亿元成交额的 7 倍多。与崔如琢的翻番增长速度形成鲜明对比的是，胡润艺术榜前 100 名画家的总成交额仅 37 亿元，较上年减少了 45%。除了崔如琢等个别艺术家外，绝大多数画家的市场出现了断崖式暴跌。原本排名前十的画家，这次突然消失了，有的甚至被甩出榜单。有人认为，举国反腐造成礼品化市场萎缩是当代绘画市场低迷的主因，但有人持相反观点，收藏家趋于理性，开始讲学术，才使大量粗制滥造、投机取巧的作品开始被市场淘汰。从前那些靠人保画的情形，可能以后不会再出现。

据统计，2015 年崔如琢共有 126 幅作品上拍，比 2014 年的 66 幅多了近一倍。其作品《葳蕤雪意江南》和《山水四条屏》在《2016 胡润艺术榜·现当代艺术拍品（中国书画类）T50》榜单里排在第 2 和第 7 位。与 2016 年中国拍卖行业协会、Artnet 全球有限公司联合发布的《中国文物艺术品全球拍卖统计年报（2015）》榜单里的排名完全吻合。

《2016 胡润艺术榜》在世艺术家 TOP100 前十名

排名	艺术家	成交额（元）	年龄（岁）	毕业院校	作品类别
1	崔如琢	7.86 亿	72	师从李苦禅	中国书画
2	曾梵志	1.12 亿	52	湖北美术学院	油画
3	何家英	9988 万	59	天津美术学院	中国书画
4	范曾	9508 万	78	中央美院	中国书画
5	刘国松	9311 万	84	台湾师范大学	中国书画、油画
6	朱铭	9166 万	78	师从木雕师李金川	雕塑
7	黄建南	8541 万	64	无	中国书画、油画
8	黄永玉	8197 万	92	福建厦门集美中学	中国书画、油画
9	姜国华	8129 万	62	北京画院	中国书画
10	尚扬	7206 万	74	湖北美术学院	油画

《2016 胡润艺术榜·现当代艺术拍品（中国书画类）T50》前十名

排名	作者	拍品名称	创作时间	成交额（不含佣金，元）	拍卖公司
1	潘天寿	《鹰石山花图》镜心	不详	2.79 亿	中国嘉德
2	崔如琢	《葳蕤雪意江南》	2013 年	1.9 亿	保利香港
3	李可染	《万山红遍》	1964 年	1.84 亿	中国嘉德
4	李可染	《井冈山》镜心	1976 年	1.27 亿	中国嘉德

续表

排名	作者	拍品名称	创作时间	成交额（不含佣金，元）	拍卖公司
5	齐白石	《18 开花卉工笔草虫册》	不详	1.15 亿	北京保利
6	潘天寿	《鹰石图》镜片	不详	1.15 亿	中国嘉德
7	崔如琢	《山水四条屏》镜心	2013 年	1.1 亿	保利香港
8	潘天寿	《劲松》立轴	1964 年	9315 万	中国嘉德
9	傅抱石	《郑庄公见母》立轴	1945 年	7993 万	中国嘉德
10	李可染	《长征》镜片	1978 年	7935 万	西泠拍卖

《2016 全球最受欢迎中国艺术家 TOP100》排名也是《2016 胡润艺术榜》的一大亮点。崔如琢作为唯一一位在世画家，排在画史上最受欢迎画家第 4 位，第一名张大千，第二名齐白石，第三名李可染，第五名潘天寿。前 40 名中，当代在世画家只出现了崔如琢一个人的名字。

《2016 全球最受欢迎中国艺术家 TOP100》前十名

排名	艺术家	成交额（元）	生卒年	类别
1	张大千	15.69 亿	1898—1983	中国书画
2	齐白石	13.26 亿	1864—1957	中国书画
3	李可染	9.17 亿	1907—1989	中国书画
4	崔如琢	7.86 亿	1944—	中国书画
5	潘天寿	7.71 亿	1897—1971	中国书画
6	吴冠中	7.31 亿	1919—2010	中国书画、油画
7	傅抱石	5.98 亿	1904—1965	中国书画
8	徐悲鸿	5.95 亿	1895—1953	中国书画、油画
9	赵无极	5.68 亿	1921—2013	中国书画、油画
10	黄胄	5.398 亿	1925—1997	中国书画

走过 2015 年，到了 2016 年，当代绘画市场持续低迷，一线画家的市场价格从过去几年陡增至每平方尺 10 万元、20 万元，甚至 30 万—40 万元的市场叫价，突然又爆减至四五万元，这时，只有崔如琢一个人的作品市场继续猛进，每平方尺均价超过了 100 万元。如他的山水《飞雪伴春》（230 平方尺）、荷花《秋风摇翠》（约 96 平方尺）在 2016 年保

利香港"太璞如琢——崔如琢书画精品专场Ⅵ""太璞如琢——崔如琢书画精品专场Ⅶ"中分别拍出了 3.068 亿港元和 1.42 亿港元。

《2017 胡润艺术榜》

2017 年 3 月 10 日,《2017 胡润艺术榜》发布了,73 岁的崔如琢以 8.22 亿元的年度总成交额又一次毫无悬念地蝉联榜首,他一个人的成交数字远远高于榜单前十其他 9 名画家的全部成交额。另外,《2017 胡润艺术榜前十名价格最贵艺术家作品》排名里,第 1、2、4、6、7 五个名次都被崔先生的 5 幅作品占据。分别是《飞雪伴春》(2013 年,成交价换算成人民币 2.6 亿元)、《秋风摇翠》(2016 年,成交价换算成人民币 1.2 亿元)、《昨夜忽飞三尺雪》 (2013 年,成交价换算成人民币 3856 万元)、《听风听雨又听声》(2011 年,成交价换算成人民币 3653 万元)、《一湖烟柳半山云》(2014 年,成交价换算成人民币 3565 万元)。

《2017 年胡润艺术榜 TOP100》前十名

排名	艺术家	成交额(元)	年龄(岁)	出生地	现居地
1	崔如琢	8.22 亿	73	北京	北京
2	曾梵志	1.43 亿	53	湖北	北京
3	范曾	1.31 亿	79	江苏	北京
4	刘炜	1.06 亿	52	北京	北京
5	黄建南	9267 万	65	广东	北京
6	王怀庆	8665 万	73	北京	北京
7	张晓刚	8510 万	59	云南	北京
8	尚扬	7601 万	75	重庆	北京
9	姜国华	6768 万	63	山东	北京
10	王海力	6446 万	58	陕西	陕西

《2017 胡润艺术榜前十名价格最贵艺术家作品》排名

排名	拍品名称	创作时间	成交价(元)	作者
1	《飞雪伴春》	2013 年	2.6 亿	崔如琢
2	《秋风摇翠》	2016 年	1.2 亿	崔如琢

续表

排名	拍品名称	创作时间	成交价（元）	作者
3	《足—2 双联作》	1999 年	4574 万	王怀庆
4	《昨夜忽飞三尺雪》	2013 年	3856 万	崔如琢
5	《大家庭 2 号》	1995 年	3818 万	张晓刚
6	《听风听雨又听声》	2011 年	3653 万	崔如琢
7	《一湖烟柳半山云》	2014 年	3565 万	崔如琢
8	《革命家庭系列》	1994 年	3259 万	刘炜
9	《梦莹金湖湾》		3080 万	邱汉桥
10	《登上慕仕塔塔峰》	1957 年	2875 万	靳尚谊

不过，《2017 胡润艺术榜》揭榜的同时，欧洲全球艺术榜单《TE-FAF2017 艺术品市场报告》发布了，崔如琢成了"全球最贵在世艺术家"[①]。

《2018 胡润艺术榜》

2018 年是胡润研究院连续第十一年发布"胡润艺术榜"，据胡润研究院发布《2018 胡润艺术榜》，74 岁的国画家崔如琢连续四年蝉联胡润艺术榜榜首，成交额比 2016 年增长 25.3%，以 10.3 亿元创下历年之最。其 2017 年画作《指墨山水十二条屏》镜心成为 2017 年在世艺术家成交价最高的作品，也是崔如琢本人的第十一件过亿作品，由北京保利以 2.4 亿元的高价拍出。这个榜单里，前十名价格最贵的在世艺术家作品，有 6 幅是崔如琢的，其中前四名均被崔如琢包揽。

2018 年胡润艺术榜在世艺术家 TOP100 前十名

排名	艺术家	成交额（元）	年龄（岁）	作品类别
1	崔如琢	10.32 亿	74	中国书画
2	曾梵志	1.93 亿	54	油画
3	周春芽	1.86 亿	63	油画
4	范曾	1.59 亿	80	中国书画

---

① 《崔如琢成全球最贵在世艺术家》，《新京报》2017 年 7 月 3 日文娱版。

续表

排名	艺术家	成交额（元）	年龄（岁）	作品类别
5	黄建南	1.43 亿	66	中国书画、油画
6	姜国华	9046 万	64	国画
7	张晓刚	8769 万	60	油画
8	刘炜	8207 万	53	油画
9	罗中立	8138 万	70	油画
10	邱汉桥	7798 万	60	中国书画

《2018 胡润艺术榜》前十名价格最贵艺术家作品排名

排名	拍品名称	创作时间	成交价（元）	作者
1	《指墨山水十二条屏》镜心	2017 年	2.4 亿	崔如琢
2	《听声》	2013 年	1.469 亿	崔如琢
3	《万里平铺雪满天》	2016 年	1.38 亿	崔如琢
4	《秋烟漠漠雨濛濛》	2010 年	1.26 亿	崔如琢
5	《面具系列》	1996 年	9357 万	曾梵志
6	《春蚕》	1982 年	4945 万	罗中立
7	《山涧小雪》	2013 年	4701 万	崔如琢
8	《中国风景》	1993 年	4428 万	周春芽
9	《满目荷花千万顷》	2012 年	3917 万	崔如琢
10	《中华锦绣全图》	不祥	3450 万	吕吉人

第十四章　在指墨画史中的七大贡献及文化意义

第一节　指墨变革中的崔如琢

指墨是中国画发展的一个全新时期，也是近现代传统水墨画在内涵、笔法、墨法、面目、布置上的一大超越。当指墨，尤其是在高其佩、高凤翰、潘天寿之后，崔如琢之指墨以一种新面孔出现时，以迅雷不及掩耳之势占据主流，被国内外画界认可并接受，成为当今中国画的重要组成部分。

指墨从高其佩、高凤翰、潘天寿，再到崔如琢，从一个稀有的画种，正式成为主流，并大放异彩。应该说，崔如琢是继潘天寿之后，将指墨画发展到至高的一个人物，其指法、墨法、章法、尺幅，皆出己意，有赶超前人处。

在高其佩之前，指墨以一种玄而不实的形式，依托于神话，零星地存在于文字典籍之中，无具体可循。严格来说，高其佩在中国绘画史上的意义，与其他的推陈出新者一样，是中国画发展的一大变革者。其技法、面目之新，前所未有。

高其佩之画，在山水、仙佛道释、仕女人物、牛马车船、龙虎鸡禽、怪兽、花鸟草虫、墨戏等方面无所不止其善，其指下之钟馗变相、龙虎出没之景，栩栩如生，令人生畏。作为指墨的领路人，能将飞潜动植自如潇洒地呈现在纸上，其功不可谓不大。在他之前，从来没有什么完整楷式或者理论，能够作为一些参考。但是，高其佩在指头上的成功，不是凭空的，不是空守心性顿悟的，这其中必然存在着一些常人难以做到的治学格物功夫。他传世作品极少，但门类很多，诸多方面都有涉猎。其画，小能尽山川之大，大能极蚊蝇、鱼蟹、蟾蜍、蜘蛛之神情。哪怕是画中的某一隅，都没有分毫悖谬。在大境界的山水中，其点景人物、猿猴、怪兽、犬马、禽鸟等，总能在精微中见远大，与山川合为一体，不见做作。在他的一些杂画册中，他对鱼虾、山石、蛟龙、云烟的写意，指法简易中有内在的无穷深远。尤其对云烟的皴擦渲染，对山石之景的简繁取舍，有超越八大山人之处。

由于指的特殊性，其阳刚与多变，与毛笔本身的阴柔还是有区别的。故指对墨的支使，不如毛笔那么得心应手，也许，这是高其佩的局限所在。他的画，或多或少因为这个问题，表现出了一些尖刻与躁气。这是我们所说的"浙派"（画派）习气，也是现代潘天寿所面临的难题。

指墨到了潘天寿，指法相对以前有所完备，线的生动与墨的淋漓，在此时已经开宗立派。其勾勒皴擦，泼破积染水平，使浙派之阳刚面目焕然一新，深厚含蓄。潘天寿的猫、蟾蜍、鹰、八哥、罗汉、牛，墨法的丰富出奇，与前人大不相同。其点斫积染之功，是中国绘画之新高。其指下所有物事，皆在刚强中体现着深沉忧患。所以说，他是指心一贯的人，其指的灵活多变，写出了心的虚灵真切。

指墨在当代，其风头有盖过笔画之势。严格来说，中国画至崔如琢，在面目上更加朴厚远大，在技法上更加丰富多变。特别在指墨这个领域里，他将指的作用突出，灵活应用，并附加其他工具，不留痕迹，这是前人没有做到的。高其佩、高凤翰、潘天寿，较前人来说，即便技法与面目上新颖，将指墨独立成了画种，但指法相对单一，不够丰富。到了崔如琢，在总结前人的基础上，指笔相济，布局随意，内涵与时俱进，独具新意，有开山之功。画界也将此称为崔如琢在指墨上的七大贡献。一曰，崔如琢开创了指墨积墨山水；二曰，崔如琢开创了指墨积墨花鸟；三曰，崔如琢将指墨发展到了丈八，十二条屏以上；四曰，崔如琢将指墨发展到了百开册页；五曰，崔如琢将指墨发展到了百开团扇；六曰，崔如琢开创了指墨书法；七曰，崔如琢将指墨发展到了十米、二十米、三十米、四十米、五十米、六十米不等的长卷巨制作品。

崔颢《黄鹤楼》，2014 年，263.5cm×313cm

第二节　在指墨变革中的七大贡献内容及意义

积墨在画里的作用是相当重要的，如果说，中国画的最高境界是浑厚华滋，那么，积墨是生成浑厚华滋的重要条件。从水墨开始，也就是说从唐代始，中国画的内涵与面目，朝着质朴与浑黑发展。特别是从宋元明清至今，水墨画的发展只能说越来越淳朴精明，越来越简洁自然。除了思想上的变迁，笔法的推陈出新，让画自具了内涵与面目。宋人有宋的"夜行山"①面目，米家父子有其自己的劈混沌法②，而黄公望、龚贤、石涛、黄宾虹、潘天寿、傅抱石、崔如琢，和而不同，各有各的内心之理，朴厚之质。

近现代中国画与以往的不同之处，从墨法上来说，乃为积墨法。积墨虽是一墨法，但它由外而内地使中国画的面目发生了改变。

积墨的出现，不是偶然的，也不是巧合，具有历史发展因素和人的思考作用。前文已经说了，所有的墨法是贯通的，泼墨、破墨的完善与成熟，自然而然地产生了积墨法。不是说，积墨法是绝对独立的，与其他墨法无任何联系，而是它们没有彼此，是一非二。近现代的笔墨之法已经证明，泼墨、破墨、积墨等法相济存在，画才深厚含蓄，持久高明。黄宾虹、傅抱石、潘天寿、崔如琢在上述三种墨法的基础上，灵活应用了焦墨，将中国画墨的技法发展到了一个高度。他们的焦，不同于髡残的有湿就有焦，而是起着点化作用，在厚黑混沌处体现。特别是崔如琢，在脱胎于前人的基础上，发展了积墨，将中国画浑厚华滋、正大光明之根本进行了发展。

崔如琢的长处，恰是近现代至今绘画的高度。他将泼墨、破墨、积墨、泼彩、破彩、积彩诸法，与水法结合，相得益彰。墨法也好，水法也罢，没有笔的作用，都会空虚悖谬。因此，崔先生的进步之处不在单一的墨法与水法上，其雄肆劲拔、勇猛果断、随心所欲的笔法，将历代所有的笔法楷式化为无形，在无规律中建立自己的笔墨礼义。其画之正大光明、朴实含蓄、自强不息之根本，与吾民族精神合二为一。

崔如琢用水之法，也是中国画发展到今天的一个至高点。在清代以前，画界对水的用法，没有形成理论，且很少论及，直到清代，一些文

---

① 《黄宾虹画语录》："余观北宋人画迹，如行夜山，昏黑中层层深厚，运实于虚，无虚非实。"
② 《苦瓜和尚画语录》"氤氲章"第七："笔与墨会，是为氤氲。氤氲不分，是为混沌。辟混沌者，舍一画而谁耶！"

人在实践中将水之法写进了画论，后人才豁然开朗，对宋人的水墨青岚之境有了新的认识。可以说，近现代笔墨之法的发展，在很大程度上，得益于对水的格理。水的清净无为，让水墨写意画更加空灵自然。张大千、李可染、潘天寿、傅抱石、崔如琢，在他们大笔大墨的境界里，所体现出来的浑黑光明与含蓄深远，无一不与水有关。常言之，善写意者，必擅用水。

古今之人乐于用水，与水之无为无形之性有关。从浅近处来说，水善利万物，可周流山川，从远大处言，水的纯净自然，无为而为之品德，是文人所崇尚与追求的。如果不算指墨，大小米、石涛、八大山人、齐白石、傅抱石、张大千、黄宾虹、崔如琢等，无疑是画史上用水的高明者。他们资取了水的清澈明快，发挥了笔墨的妙趣横生、包罗万象。

崔如琢的指墨脱胎于前人，神游物外，超脱自然。从高其佩、高凤翰，再到潘天寿，崔如琢是指墨体系里的积大成者，他不拘泥于作画工具与成法，以内心为上，写尽心性。在以往的指墨中，从来没有谁能将泼墨、破墨、焦墨、湿墨、浓墨、泼彩、破彩、积墨或者积彩一以贯之，形成自己的朴厚华滋面目，也从来没有谁，能在指间不露痕迹，让人分不清是指还是笔。

崔如琢在指墨上的简逸明快、雄浑大气之境，与他的积染之功是分不开的，如设色上的沉稳明艳，落墨处的浑厚精明，体现着其张弛有度、收放自如的境界。

在指墨山水画里，崔如琢在写山石轮廓时，或简易勾勒，指法如草书，变化莫测；或连皴带写，拖泥带水，混沌光明。无论是在指法还是墨法上，他虽借鉴了前人法，但较前人更加成熟与自如，在内涵上更加持久高明。特别是布置上，他用治花鸟之功，将山川写得随意自然，脱尽习气，前人写山水的那种如迎大宾的拘谨，在崔先生处变得逍遥自在。从论理处来说，崔如琢在山水方面，汲取了花鸟的轻松简逸。在中国绘画史上，只有崔先生的山水，才有八大山人、徐渭花鸟的野逸与豪迈。崔如琢写山石林木，笔法生于造化。其林木杂草浑厚有活力，峰石古朴，有人的魂魄，沉雄多姿，让人惊叹。观其画，其内涵是淳朴自由的，这方面，从山石的回转、林木的生长就能看得出。

崔如琢指墨画最大的特点就是积墨，其黑、厚、光明、礼智全出于此。他作画，完全是一种玩的心态，轻松自由，无矫揉造作痕迹，该狂醉的时候醉，该清醒的时候醒。在他的指墨山水里，最常见的就是写四季之生盛衰藏。有时以冬写春，有时以春写冬，或者以秋写冬等，以一反三，妙趣自然。偶有景不着时令者，冬景里有花开的气象，有王维雪里芭蕉、倪瓒之为麻为芦的意思。

崔如琢积墨极具己法，无论是混沌还是清晰处，此法都可以施展。如写山石之浑厚、林木之浓荫、花叶之凄迷、雨雪雾露之湿润，皆是以此为主写成的。在崔如琢的山水里，指法、墨色之间的共容共生，十分和谐。他的积墨，不像黄宾虹，也不像李可染，更不像傅抱石。黄宾虹没有崔如琢那么浑厚清晰，也没有崔如琢那样淋漓尽致；李可染是匠心独具的，但破与泼的意思不够浓烈；傅抱石善用浓墨、泼墨，但积染之功相对欠缺，故不及崔如琢那么深沉浑厚，主要是因积墨法得来。令人钦佩的是，他能在团团的墨境里，让人分辨出指的灵活多变。在北宋，米友仁在皴染山水时，也会在没骨墨团里用淡墨勾勒轮廓，但其用墨与笔法，与崔如琢完全不是一回事。

绘画讲究思想，在果断勇猛、高大挺拔处，必然要有阴柔内敛、曲折含蓄。崔如琢之指法，在体现力与势处，墨的收放自如、氤氲有泽，让山林更有气质，更有哲理。在他的画里，其豪迈、雄壮、洒脱处，总见极致。他的山石林木、亭台楼阁、桥梁舟船、侍人高士，总有天理运行其中，不见丝毫刻薄与浅陋。其指法，雄壮处铜铸铁打，精细处，力能扛鼎。

崔如琢不光创生了指墨积墨山水，还开创了指墨积墨花鸟（如《画比真荷大》），这是他对指墨画的第二大贡献。

指墨作积墨花鸟是非常有难度的，更不用说巨制荷花了。要不就是指头不宜带墨，画容易焦躁，要不就是墨的浓淡干湿不能随机控制，往往不能达到所期的效果。除了这些，还有很多需要克服的困难，如用力多少才适宜，力度太大，纸就破损了，一幅画废了，用力小了，笔墨显得轻佻浮滑，没了内涵。故，指墨看似简单，践行起来比笔画更有难度。

荷花是崔如琢最常作的题材，崔如琢写指墨荷花，不同于历史上的任意一家。其荷叶总是在色墨交替中一遍又一遍地积染，显现出来的那种浓淡、干湿、氤氲有泽的墨气境界，不可捉摸。其荷有厚度、有力度、有内涵、有精神，这不光是技法上的讲究，更多地得益于画家对哲理的纯熟把握。

怀素在其《自叙帖》里有这么一句话："奔蛇走虺势入座。骤雨旋风声满堂。"这句话是书画家所追求的境界。即人书（画）俱老，自由挥洒、众美齐出，永不造作。我们熟知的那些卓越的草书家，如张旭、怀素、黄庭坚、徐渭等，笔走龙蛇、暴风骤雨、遒劲华滋，超凡脱俗的杰作，让人惊羡不已。中国画一直强调书画合一，草书与绘画贯通，就了不起。唐代吴道子画嘉陵江山水能一日而就，那必是草书的极大效应。苏东坡在题吴道子的画时这样说，"道子实雄放，浩如海波翻。当其下笔风雨快，笔所未到气已吞"。[①] 未读吴画，单就此评来说，我们定会想到，这是草书的境界。

草书的确能让人心旷神怡，它在大写意画里所显现的魅力出神入化。无论是花鸟、山水，还是人物，那种不拘一格、痛快淋漓的笔墨之法，将画家的心性和盘托出。徐渭之所以托开了明代大写意花鸟画，在很大程度上，归功于他的草书。

海派画家蒲华在题画时说，"溪山无尽住烟萝，茂树虚堂适啸歌。怀素草书摩诘画，赏心乐事得年多"。[②] 他将怀素、王维相提并论，认为两位大师的书画功效略同，意境深远，痛快淋漓，赏心悦目，让人顿

---

① 苏轼《题王维吴道子画》。
② 蒲华山水立轴《溪山真意图》款，纸本，纵182.6cm，横95.1cm，温州博物馆藏。

悟。崔先生作画时，何敢妄比古哲？但高山仰止，思齐景行（见贤思齐），心身全力投入，渴求人画浑一，忘却起止。他写冬景，特别是巨制长卷等作品，草书的意味非常浓烈，雄肆而犷悍的指法，赋予山石极强的生命力。

书画本一体，崔先生在开创指墨的同时，也开创了指书，尤善指墨篆书，在题画或者作书时，指篆的方正朴实与墨气淋漓别具意味。

崔如琢独创的指书并不是凭空产生的，其篆书，指法有魏篆的方正与磊落，墨法有明人的雄壮与洒脱。从他的指墨山水长卷可以看出，指书对其画内涵的补充是十分重要的。尤其写山石轮廓处，那苍朴劲拔、沉雄大气之本，不是笔能达到的。故，指书的出现，是崔如琢在指墨中的又一大贡献。

将指墨从潘天寿所创的丈二、丈六匹，发展到丈八甚至十二条丈二屏是崔如琢的贡献。其作品不染古法，气势宏伟，堪称撼世之作。

崔如琢在指墨上的七大贡献，其中有三项就是其将指墨的尺幅发展到了百开册页、百开团扇以及五六十米长卷。这样的创作形式，前人是不敢想的。把指墨做成百开团扇、百开册页是有难度的，谁能保证一百张小品画不重复呢？可是崔如琢做到了，在他的作品里，你看不到任何一幅有布局、技法、面目上的雷同，这是了不起的。事实上，崔如琢是十分重视论理的，他作画以哲学为上，讲究思想，在下指前不深思熟虑，下指后不斤斤计较，见纸生画，指到意到，指不到处意也到。

《指墨江山——崔如琢指墨山水百开册页》是崔如琢指头墨戏画的代表作之一。该作品在 2011 年 5 月 31 日，香港佳士得举办的春季拍卖会上，被世界某家族企业以 4320 万港元竞购收藏，震惊了国内外艺术收藏界。此作主要以写四时之景为主，堪称指墨巨制画的经典。

《指墨江山——崔如琢指墨山水百开团扇》每开约 1.5 平方尺，尺幅虽小，但气象极大，格外入理。小能尽精微，大能见天地无常、四时无束。

风和日丽春意浓，2011 年，41cm×41cm，2014 年保利香港秋拍 百开团扇之一；

荷塘微雨，2013 年，44cm×44cm，2014 年保利香港秋拍 百开团扇之一；

落花一溪春水香，2010 年，41cm×41cm，2014 年保利香港秋拍 百开团扇之一；

雪后郊原烟林静，2010 年，41cm×41cm，2014 年保利香港秋拍 百开团扇之一

指墨长卷从三米到六十米是崔如琢独创。有十米、二十米、三十米、四十米、五十米、六十米（《指墨江山林峦醉雪》，2010 年，引首：52.5cm×214cm，画心：68cm×5667cm，见后文）等，前人从没有这样作过。作长卷，气息与格局很重要，尺幅越长越不好画。不是说大画就有大气象，关键是大气象是由心生出来的，一个没有境界的人，想作出

大境界的画来，是不可能的，相反，很多人作大画，布置的痕迹相当明显，山石块头虽大，但一看就是小家子气，世俗画。崔如琢的指墨山水，从头至尾气息是连贯的，峰石、林木、屋宇、舟船、人物等是鲜活的、一体的，特别是自然界的那种自生自容状态，在画里体现得相当恰当。他泼破积染的那种大气与随意，让山川古朴磊落，感通古今。

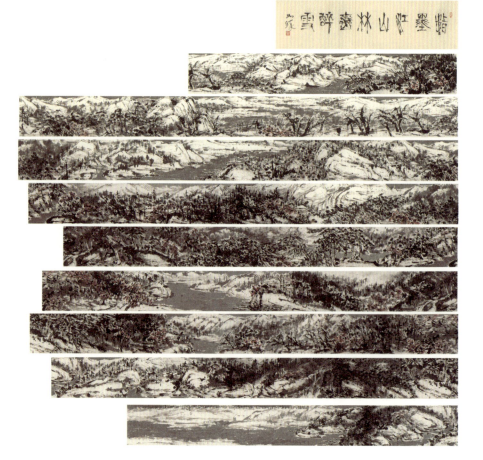

指墨江山林峦醉雪，2010 年，引首：52.5cm×214cm，画心：68cm×5667cm

崔如琢的贡献，不只是在指墨之具体处，其无形是远大的。

活着的艺术家在海外艺术市场上，崔如琢是第一个破亿元的。就是说，推广中国艺术走向世界，第一个在世的艺术家是崔如琢。在中国美术史上，没有一个画家在世时其作品价格破亿元。齐白石、李可染、傅抱石、张大千等都没有做到。

崔如琢的作品在国际拍卖市场上不只是一次破亿，截至 2017 年底，共有 11 件作品过亿。仔细分析崔如琢的拍卖情况，他的成交记录，几乎全是在国内外知名的拍卖公司完成的，如北京瀚海、嘉德、中贸圣佳、荣宝斋、保利、佳士得等，这样的实实在在的成绩，是一般画家很难做到的。由于崔如琢的作品在国际拍卖市场有很大的价值，这一现象，也引起了国际藏家对中国书画的重视，故他对推动中国书画市场，及将中国传统书画推向世界，做出了巨大的贡献。

自崔如琢开始，指墨画的面目，从以前的遮遮掩掩、自我欣赏，到现在，堂堂正正、轰轰烈烈地走进了世界各地国家、地方顶级博物馆、美术馆展厅，万人空巷，万头攒动。凡是举办、收藏过崔如琢指画的单位，都将此次盛况看成一种荣耀，一次文化使命的承载与实现。我们的邻国日本，还专门为崔如琢建立了日本历史上最大的私人美术馆——"崔如琢美术馆"。这一事件，不仅仅关于指墨画，它是中国画走向世界、中国文化走向世界的一次重大的历史事件，其在绘画史上的意义，必将起到举足轻重的作用。可以说，崔如琢之指墨，或者说是中国指墨画，即将风靡全球，马上会是一种必然，世界各地将会刮起国画风，我们正迎来中国画最好的历史发展时期。

饶宗颐称崔如琢为画坛英绝领袖，李瑞环称崔如琢是"继往开来一大家"，日本前首相鸠山由纪夫称崔先生为"一代宗师"。崔如琢的成功，从根本上说，已经超出了艺术上的意义，自近现代以来，其最大的贡献是，国画以中华民族文化的一部分，向世界输出，且被承认。这一惊世之举，让从事传统民族文化艺术的人，有了自信与希望，也让膜拜与从事外来艺术的中国画家，多了一份思考。当代，崔氏艺术向世界输出，在学者看来，这是东学西渐的一个重要篇章。

日本前首相鸠山由纪夫为崔如琢先生题字——"一代宗师"

第十五章　太璞如琢——崔如琢
艺术故宫大展

第一节　捐赠1亿元和15幅作品的过程

崔如琢向故宫捐赠1亿元现金和15幅作品

2016年2月25日下午1时30分，"太璞如琢——崔如琢艺术故宫大展"开幕式暨新闻发布会在人民大会堂中央大厅举行，来自全国上百家媒体和数千名观众见证了这一历史时刻。这是近百年来，故宫第一次给在世画家举办的规格最高、规模最大、展期最长的个人展览。展览地点在故宫午门，展期三个月，截止日期为2016年5月25日。

作为全国最重要的政治会议殿堂，人民大会堂与崔先生也颇有渊源，从20世纪70年代初期，它就收藏了崔先生的一件丈二幅花鸟作品《东风朱霞》，2011年，其二楼回廊北侧墙壁上又挂着一幅崔先生的荷花作品《荷风盛世》。让人记忆犹新的是，2008年，崔先生向灾区捐献5000万元现金的新闻活动，也在这里举行，今天，他又在此地宣布向故宫捐款1亿元现金和15幅画作。这是故宫收到的史上最大一笔个人现金捐款和最大一批由当代在世画家捐赠的画作。

在展览开幕之前，这1亿元已于2月5日、2月24日分两期汇入了故宫指定的官方账户。捐献的15幅作品在5月25日展览结束后完成了

2016 年 2 月 25 日，"太璞如琢——崔如琢艺术故宫大展" 开幕式
暨新闻发布会在人民大会堂中央大厅举行

交付。加上之前，崔如琢先后在 2012 年 6 月 9—20 日 "大写神州——
崔如琢艺术展" 和 2014 年 7 月 1 日至 8 月 1 日 "太璞如琢——崔如琢指
墨大展" 中向主办方国家博物馆捐赠的 40 幅书画作品，他总共给国博、
故宫捐了 55 幅作品。

崔如琢向故宫捐款 1 亿元

故宫博物院院长单霁翔在捐赠仪式上说，北京故宫文物保护基金会一定会将这笔资金用在故宫文物保护和博物馆事业的必需、急需之处。这 1 亿元中的 2000 万元将用于开展故宫文化传播，2000 万元用于故宫研究院开展学术研究，2000 万元用于故宫学院开展社会教育，4000 万元专项资金用于故宫养心殿可移动文物的保护修复工作。2020 年将是紫禁城 600 岁生日，届时一个平安而宏伟的故宫将交给下一个 600 年。

对于捐赠目的，崔如琢说，他从小在故宫临画，受恩于故宫，这次捐赠，一方面是回报故宫和中国古代艺术对他的滋养之恩，另一方面希望能对故宫文物的保护、研究做一点贡献。

捐赠过程

其实，促成崔如琢捐款的人是故宫博物院常务副院长王亚民先生。故宫大展前的某一天，崔先生请好友王亚民来家一起吃午饭叙旧。席间，两人一边喝酒一边聊故宫的过去和现在。听王院长讲，现在故宫很

故宫博物院院长单霁翔在"太璞如琢——崔如琢艺术故宫大展"
开幕式上致辞

缺钱，一些文物、建筑得不到修复和维护。2015 年有企业家马化腾捐
了几百万元，但还是没钱。以前因为资金问题，故宫连自己有多少件文
物都不知道，一直在库房里堆着，直到这一两年，解决了资金问题后，
统计出来故宫有 1862690 件文物。

崔先生听了上述情况后直接说："你们不是有门票收入吗？"

那不由故宫支配，要如数上缴的。王院长答。

既然这么困难，那我给你们捐 1000 万吧。

王院长接着说，那太好了，剩下的我们再想办法。

剩下的总共需要多少？崔如琢有些疑惑。

2.2 亿元。养心殿到现在都没钱修缮。

崔先生不假思索地说：那就 1 亿吧！

啊？这么多！王院长惊讶极了。然后说：算了，太多了，您只是个
画家，靠卖画赚钱，也不容易，又不是企业家，哪能让您捐这么多，还
是 1000 万吧，不能太麻烦您。

就 1 亿吧，崔先生坚定地说。

王院长一听这话，简直不敢相信自己的耳朵：崔先生，您是认真的吗？一个亿啊！

对，就1亿，故宫对我有恩，应该这么做。

此时，王院长饭也不吃了，酒也不喝了，激动地说：那我赶快给院长（单霁翔）打个电话说一声吧，我们一直为这事犯愁，他一定很高兴。

电话打通了，王院长把情况告诉了单霁翔院长，他震惊地说：真的假的？你再问一遍，问清楚，是捐画还是捐钱？电话里的声音外面听得一清二楚。

王院长说：是真的，问清楚了。

电话打完后，王院长又问：崔先生，真的假的？真的一个亿吗？我已经跟单院长说了。

崔先生坚持了自己的承诺。

过了一会，单院长又打给王院长电话问真的假的，到底问清楚了没有？

饭毕，王院长迈出崔先生家门时，又重复了一句：崔先生，真的假的？

总之，两位院长都不敢相信这是事实，因为故宫史上从没有收到过1亿元这么大的现金捐赠。

崔先生答应给故宫捐款后，过了一段时间，星河湾地产黄文仔来他家做客。黄总是崔先生多年的好友，也是崔先生作品的资深藏家、超级买家，外界都知道，他手里的字画，件件是崔先生的重量级作品。

黄总来了要看画，崔先生拿出了他2010年创作的60米指墨山水长卷《指墨江山林峦醉雪》（2010年，引首：52.5cm×214cm，画心：68cm×5667cm）。此画之前从没有对人展示过，画的是南方的雪景，山石气息像浙江富春山一代，但又与崔先生的《富春山居图》完全不同。《富春山居图》才15米不到，而此画尺幅是它的4倍。毫无疑问，这是目前崔先生指墨长卷里最长的作品了。

画是装裱好了的，一位工作人员将它打开，平放在地上用手摁着，另一工作人员在一端负责铺开和卷起。黄总有时默不作声，有时发出一连串的惊叹声，能看出，他很喜欢这幅画。半小时后，工作人员将画收起，他意犹未尽地评论了一番后，突然对崔先生说：崔先生，我很喜欢这幅画，能不能把它给我？崔先生笑着说：这幅画不卖，是我留给女儿的。黄总继续说：你可以再画啊！崔先生开玩笑道：给 200 亿也不卖。黄总继续穷追猛打了一会，崔先生的态度转变了，他想起给故宫承诺的1 亿元事情，便应诺道，那好吧，正好我答应给故宫捐献 1 亿元，既然这样您就 1 亿拿走吧。黄总欣然接受，没多久，钱到了，崔先生原封不动地将这笔钱分两次打给了故宫。故宫展览的那天，这幅画算是主角之一，不过，它的主人已不是崔先生，而是黄文仔，属于借展。

除了收到 1 亿元外，故宫还接收了崔如琢所捐的 15 幅书画作品。按照规定，当代画家捐给故宫的作品数量最多不能超过 10 幅，包括吴冠中等前辈画家。为了此事，《京华时报》记者专门找到故宫书画部相关领导了解情况①，问了两个问题：一、故宫接受作品捐赠的门槛是什么？二、这次崔如琢一共捐赠了 15 件作品，据说故宫以前有规定当代画家捐画最多不能超过 10 件，算是破例吗？该负责人说，"故宫博物院接收当代画家的作品十分严格，因为想进故宫的艺术家太多了，大家都想让自己的作品在这个殿堂里世世代代地永传承下去，所以，当代画家这块，故宫最先考虑的是艺术家的艺术水准。当然，辅助性地也会从多方面综合考量，比如，也会看艺术家在文化艺术、社会发展方面的影响力和贡献，以及对故宫事业发展的贡献。接受崔如琢先生的作品捐赠，正是基于以上原则和条件。严格地说，他符合了我们的每一项要求。至于故宫接受当代画家捐赠作品的件数，虽然 10 幅以下是个大致的范围，但不是绝对的，要从拟捐赠作品中优中选优，最终清单由双方协商确定。崔先生这次捐赠的 15 件作品，从艺术水准考量，专家们一致认为

---

① （本报记者）李韵：《崔如琢捐赠 1 亿元用于故宫保护》，《光明日报》2016 年 2 月 26 日第9 版。

符合入藏标准。同时，他这次捐款 1 亿元支持故宫博物院文物保护、学术研究、教育推广和事业发展的举措，对社会有比较好的示范意义。当下，挣钱的艺术家很多、有钱的藏家也很多，但是拿出这么多钱捐给博物馆的极少"。

由于崔如琢捐赠的数额极大，故宫将崔如琢的名字镌刻进了"建福榜"，在建福宫墙上永久展示。

第二节 北京故宫、台北"故宫"三院长齐赞崔如琢

"崔如琢艺术故宫大展"是中国当代艺术史上的一个奇观，故宫在午门给他举办了史上前所未有的超大型个人展览，并破例接收其捐赠的 15 件书画作品。这一切说明崔先生的学术、社会、文化贡献得到了国家最权威的认可，他必是中国画史上一位举足轻重的人物。

把"崔如琢艺术故宫大展"说成世纪之展一点也不过分，晚清至今的画家，也只有崔如琢经历和目睹了自己如此辉煌的艺术成就，说来悲凉，像吴昌硕、黄宾虹、潘天寿、齐白石、傅抱石、张大千、李可染、李苦禅等都是去世后几十年其艺术才得到社会和国家的认可。他们健在时，根本不敢想国内顶级博物馆会给自己举办史上最大型的个展，并且，还批量收藏了自己的作品。

据说，黄宾虹老人去世前立下遗嘱，希望其夫人宋若婴及家人能将自己的全部遗作和所有藏品无偿捐献给国家，但后来过程曲折。1958年，浙江博物馆接收了这批捐赠之后，竟连包裹都没有拆开，就直接搁置一边了，直到黄宾虹去世后三十年，这些包裹才被打开。

与黄宾虹等前辈比，崔先生赶上了一个空前的好时代，此时，传统文化让中国在伟大复兴的道路上有了独特的文化优势，成为国家和民族的根和魂，国家对知识分子，尤其传统文化特别重视。国家博物馆、故宫博物院大批量收藏崔如琢的作品，还给他举办大型展览，就说明了问题。这不仅仅是对从事传统画法的画家个人的肯定，也是对传统文化的尊重。

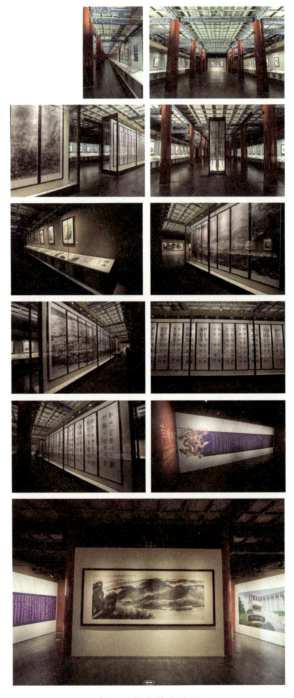

崔如琢艺术故宫大展

"崔如琢艺术故宫大展"展出崔如琢代表性写意山水、写意花鸟、指墨山水、指墨花鸟、指墨书法作品共209件（组），其中有60米山水长卷《瑞雪丹枫溪山无尽》（引首：50.5cm×179cm，画心：47.7cm×5926.5cm 2015年，长卷）等。

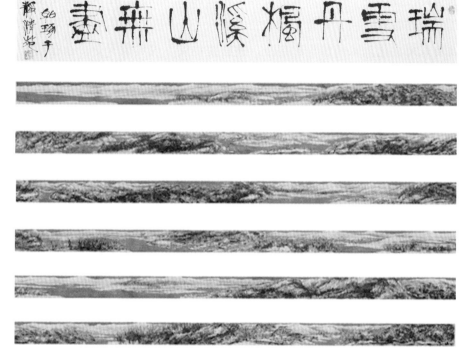

瑞雪丹枫溪山无尽，2015年，引首：50.5cm×179cm

画心：47.5cm×5926.5cm

《瑞雪丹枫溪山无尽》是崔先生给女儿的22岁生日礼物，他将对女儿的爱，用笔墨淋漓尽致地表现了出来。与往常的山水风格不同，此画空灵、秀润、明快的气韵，容易让人想起王羲之的《兰亭序》和文学史上精美的山水诗词。看得出，作者的心境十分愉悦。像崔先生之前用积墨法表现沉郁寡欢的那种文化忧患意识，在这幅画里不多见。可以说，他以前是用哲学、历史的思维作画，而此作完全是文学的、诗词的、书写的。

本次展出的所有作品全部收录于《太璞如琢——崔如琢艺术故宫大展》① 里。故宫博物院院长单霁翔、常务副院长王亚民给画集作序。

单霁翔在《怀抱古今，继往开来》一文里写道，崔如琢先生的作品展，是故宫博物院对未来的探索和拓展。故宫博物院从历史中走来，也有责任参与中华民族未来历史和文化的构建。今天，在午门雁翅楼举办"太璞如琢——崔如琢艺术故宫大展"，更表达了故宫博物院对当代以及未来文化艺术的参与和判断。故宫博物院不仅典藏历史，也在创造历史。凡大家必有大气象、大目标、大追求。在世界艺术史论中，西方价值观主导下的艺术判断，极大低估了中国艺术所取得的成就，因此，崔如琢从理论以及实践两个方面，积极拓展了中国艺术影响力，并对中国艺术争取其应有的评价和国际学术地位。在崔如琢先生的带领下，我国的文化事业会得到越来越多的支持和关注，在发展中迎来新的繁荣。

王亚民在其《器大者墨必闳》里说，崔如琢之指墨，就其创新而言，确是焕然一新的一代风标，是无人可与类同的异军突起，但就其民族风格、中国气魄来说，又是传统山水画的继承和传新，一指一墨，有他对家国的一份情怀、对社会的一份使命，其绘画所反映的是一种奋发有为、乐观进取的时代精神。毫无疑问，如琢先生是 20 世纪以降，与黄宾虹、张大千、傅抱石、李可染、陆俨少诸先生齐名的最为重要的山水画画家。他的指墨山水开宗立派，其艺术成就已达到历史高度，为我们开启了一个指墨绘画的新时代。毫无疑问，自如琢指墨出，今人在画上亦有胜古人处。

一 先生指墨山水，以前人之规矩，开自己之生面

先生指墨山水，以前人之规矩，开自己之生面，不袭不蹈，而天然入谷，可以擢前人而同符，可以传后世而无愧。指墨系是中国传统绘画之秘技，难以掌控，绝少有画家触及，唐宋元明墨迹不见，唯清代高其

---

① 《太璞如琢——崔如琢艺术故宫大展》，故宫出版社 2016 年版。

佩、高凤翰，近代潘天寿偶一为之，题材以花鸟、人物居多，尺幅也小，偶见潘天寿花鸟巨作。如琢指墨继承前人，指、掌并用，别出新意，突破了前人熟纸或半熟纸的指画材质，独创新意地使用了生皮纸，使得指墨从以前适合表现小品，发展到巨幅大作，如长达 60 米的长卷《指墨江山林峦醉雪》（引首：52.5cm×214cm，画心：68cm×5667cm，2010 年，长卷），技艺炉火纯青，画面大气磅礴、气韵生动。其指下的枯树和古坡纵横变化，有环转飞动之势，其烟光草木，如带香气，山苍树秀，水活石润，于天地外，别有一种灵奇。

二　如琢之指墨，气韵生动、天分与学历兼到

《春雨江南》（引首：36.5cm×120cm，画心：36.5cm×427cm，2013 年，指墨长卷）既有笔气、有墨气、有色气，又有气势、有气度、有气机，此间即谓之韵。而生动处，又非韵之可替，生者生生不已，深达难尽，动者动而不板，活泼迎人。《杜牧诗意图》（引首：56.5cm×142cm，画心：67cm×1990cm，2013 年，指墨长卷），尽峦嶂波澜之变，亦尽笔内笔外起伏升降之变，盖其设境也，随笔而转，而构思随笔而曲，气韵行于其间。凡物无气不生，山气从石内发出，以晴明时望山，其苍茫润泽之气，腾腾欲动。见青烟白道而思行，见山川落照而思望，见幽人山客而思居，见岩丘泉石而思游，此思之意外妙也。

搜罗焉，鉴赏焉，收藏焉，皆触诸眼前，不论于天化于人造，无不加砥求探索之功，穷其奥妙，极其底蕴，自然神明于法，既不为法所拘，又不至流无所据。如琢《飞雪伴春》（262cm×918cm，2014 年，指墨十二条屏）等作品，指墨神逸，能于无笔墨处，显出情真景真之活泼形影，其山水画作之妙，如真山真水，四时不同，春融洽，夏蓊郁，秋疏薄，冬黯淡，不为板刻之形，则之气之态变活矣。其烟岚之气四时有异：春山淡冶而如笑，夏山苍翠而如滴，秋山明净而如妆，冬山静穆而如睡，如真在此山中，则烟岚之景象正矣。

如琢用意，墨生指活，横来竖去，空虚实际，轻重绵远，俱有腕中

春雨江南，（春）2013 年，画心：36.5cm×427cm

引首：36.5cm×120cm

指上出之，其指在松。松者，变化不测之先天也。所以寓松于紧，寓远于近，寓今于古，趣在画外，意在手前。

三　如琢指墨，改变了传统笔墨线的流动感

像指墨山水十二条屏《飞雪伴春》（262cm×918cm，2014 年）改变了我们正常看到的线条的流动感，黑白效果超过我们看到的笔墨效果，在二维的黑白墨色中，增加了灰色，色彩更具丰富性、流动性。那

杜牧诗意图，2013 年，引首：56.5cm×142cm

画心：67cm×1990cm

种飞白是我们意想不到的，就是这种带有意料之外的美感在指墨上达到枯和韧有机结合，以寻求笔墨的理解。吾等可从留存至今的历代指墨作品看到，没有先生指墨山水此等境界，指和掌是一种限制，而先生于此限制中，硬生生地开创出这样新的指墨天地。

飞雪伴春，2014 年，262cm×918cm，黄文仔收藏

　　如琢之画，使人振奋，其多彩多姿的指墨山水、花鸟和指书，以强有力的指墨和雄浑的色调，恰好反映了我们时代多彩多姿的面目，是对

吾国大好河山之热烈歌颂。如琢指墨山水、花鸟、指书，在画坛上树立了一个崭新的画派，而且这个画派，将产生越来越大的影响。

数就当世能写善画者，如琢一当其锋，无不披靡，斯已奇矣。

2016年7月16日下午"太璞如琢——崔如琢艺术故宫大展闭幕暨学术研讨会"在北京故宫建福宫举行，故宫博物院院长单霁翔、故宫博物院常务副院长王亚民、故宫博物院前副院长肖燕翼、故宫博物院副院长任万平、故宫博物院副院长宋纪蓉、台北"故宫"博物院前院长周功鑫、日本汉学家、收藏家、日本崔如琢美术馆副馆长对中如云及崔如琢本人等出席了本次会议。

台北"故宫"博物院原院长周功鑫女士在"太璞如琢——崔如琢艺术故宫大展"开幕晚宴上致辞

会议开始前，单院长向崔先生颁发聘书，聘请他为"故宫研究院荣誉顾问"。这个荣誉之前只有国学大师饶宗颐一人获得过，所以，崔先生是第二位故宫研究院荣誉顾问。同时，为了更好地研究、传播中国画艺术，故宫博物院决定设立故宫学院中国画研究院，崔如琢先生出任院长。

聘书 故宫博物院荣誉顾问，2016 年 7 月 16 日

崔如琢发言时说，故宫学院中国画研究院的校训是"正本清源，继往开来"。研究院旨在中国画教育领域开拓一片新天地，并探索出一个全新的教育模式与教学体系，为中国画的长远发展和传统文化复兴尽一份绵薄之力。

学术研讨会上，台北"故宫"博物院前院长周功鑫说："崔先生的作品在技法上超越了前人，乾隆时期的高其佩，用指代笔，是指墨不可逾越的一位开创者，但他没有充分发挥指以外的技法，如手掌、手背等的作用，而崔先生做到了，所以，崔老在前人的基础上将指墨有所完善并突破。"

接着，对中如云发言称："我代表日本艺术界对于崔先生和他的艺术的一点感想。在日本画界看来，崔先生已经开创了一个新境界。他的艺术已经不仅限于文化当中了，算是一种文明，而且是一种全新的，非常深奥的，让世界各国重视的文明。在我心目中，崔先生和他的作品真的很伟大。我常常陪同很多日本学者、艺术家在欣赏崔先生的画作，每次看到他们惊讶、感动的神情，我非常欣慰。凭借崔先生的作品实力，在我们日本学者看来，崔先生超越毕加索等西方所有艺术大师的作品价格和国际影响力指日可待。"

第十六章 崔如琢的三个梦想与
他的国际艺术展

第一节 提出"三个梦想"的历史大背景

文化转型中的西化之路

近代开始，人们对事物的分析，大致可以总结为三个方面：以历史的方法，如梁启超；以纯学问的眼光，如章炳麟、胡适；以外来思想的眼光，如钱玄同。这几点，在细微处不同，但在大处有一个共同的特点，那就是存在着理想和现实的纠结，挣扎于舶来的进化论、社会现实主义与本土文化的矛盾之中。值得肯定的是，民族主义①是近百年中国历史的主体，19 世纪末期的知识分子从政治、民生、经济角度，以旁观者身份，以实用的、利己的思维对传统哲学、文化加以校释过程中，一些人犯了与国外学者一样的错误，始终用外来词解析中国本土问题，从而产生了照搬、借鉴中的水土不服，如爱新觉罗·奕䜣、左宗棠、曾国藩、李鸿章、张之洞等人主导的"洋务运动"。在中国的文化、政治、思想、经济转型中，这几人和梁启超、章炳麟、蔡元培、胡适等是显著的思想性标杆人物，他们每一个人的行为，对风雨飘摇的时代产生

---

① 1902 年梁启超发表《论民族竞争之大势》提出："今日欲救中国，无他术焉，亦先建设一民族主义国家而已。"

了重要影响。甲午海战（1894年7月25日至1895年4月17日），李鸿章凭借着自己的私人部队与日本举国进行战争，结局不言而喻。战败的代价太大了。《马关条约》（1895年4月17日）让中华民族从未有过的愤怒情绪像火山般爆发，清政府在内忧外患中不能左右自己的命运。英国、日本、俄罗斯、德国、法国、美国等如狼似虎的瓜分，中国似乎要成为第二个波兰（波兰被瓜分，18世纪俄、普、奥三国对波兰的3次瓜分，于1795年灭亡）。好在列强分赃不均，在美国主导的"势力均衡"策略下，才让晚清勉强地保持了表面上的领土、主权完整。

康有为、梁启超之"戊戌变法"（1898年）失败后，一系列的灾难接踵而来，拳民进京、八国联军火烧圆明园，慈禧出逃西安（1900年），等等。实质上，变法失败，是导致苟延残喘的晚清政权分崩离析的一大因素。①

文化转型决定了古典学术思想与现代文明之间的冲突。近代知识分子彼此的思想差异，多是由这个问题决定的。上述屈指可数的几个人，却能把百年未有之大变局之事说尽。作为康有为的赞助人，张之洞是反对康有为搞新今文经的，因为他的新今文经里，不但有对传统儒家的颠覆成分，还有西方基督文明在里面。康所谓的儒教，根本上是学问的实用化、功利化、社会理想上的里中外西。而这一切，离不开托古②，以此将新生的物事正统化、合理化。此种方法，早期的广州秀才洪秀全也做过。洪追求的信仰是一个基督的，以个人的儒学世界为宗的大同理想化境③。康与洪相合之处在于，二者最终要建立的是以君权主导下的太平世界（康有为被称为保皇派），想方设法用古今中外各种学说自圆立场。"大同"④与"太平"⑤两词，作为新的内涵，在他们这里最具说

---

① 以上观点参考《剑桥中国晚清史》。
② 见《新学伪经考》《孔子改制考》。
③ 见《天朝田亩制度》。
④ 见康有为《大同书》。
⑤ 如康有为之依据《春秋公羊传》阐述的"三世"说：据乱世、升平世、太平世。见《大同书》。

教，也最具悲情。近代，民权代替君权，是古典政治向现代转变的主流趋势，故洪、康之政治哲学应验失败，晚清灭亡有其必然性。

学术方面，就连"电"这一物理名词，康有为认为即仁即性（仁与性是儒学概念）。就是说，他尝试把西方纯科学化、实用化的具体物事用中国的传统哲学形而上化（也可以视为中西折中，或者中体西用）。可见，科学与玄学原本两个不相干的物事，被知识分子强拉在一起，无非火急火燎中走捷径，给中华民族找出路。

"德先生"与"赛先生"是新文化运动里被人熟知的词，即民主与科学。顾名思义，一对孪生兄弟漂洋过海到中国，意味着中国人将要在心性、道德、践行上由折中（如康有为之托古）转为全面西化。过去由道释儒塑造的天人合一的公私道德及学术、文艺价值、美学标准被唯物论、科学观代替①。因此，科学与玄学对立②，"科学观"压倒"玄学观"是"德先生"与"赛先生"进入中国的反应。

在文学西化的路子上，梁启超是泰斗，其反袁文章《异哉，所谓国体问题者》，白文、古文相济，让读者耳目一新，被认为是新文学的开始。这篇文章，让袁世凯及其智囊杨度精心设计的复辟梦一夜破碎。现在很多人不是很了解新文学是怎么一回事。真要细分的话，过程较复杂，大致有梁启超、鲁迅、胡适这个时期的启蒙文学；抗战期间的抗战文学；中华人民共和国成立以后的革命文学；等等。这三个体系没有严格的界限，统属现实、实用主义范畴。通俗地说，新文学就是我们现在所说的报纸文，新文学作家在特定的历史时期充当的角色，宣传因素多一些。像绘画、戏剧面对的形势与文学没有两样，也开始了新旧之分，立场、意识之分。

文学、诗歌、绘画、戏剧从旧走向新，即使内涵减少了，面目西化了，但社会功能强化了。作家的社会作用、出人头地的机会更大了。不足之处是作品的质量下降了。

---

① 见梁启超《美术与科学》，1922 年发表。
② 如 1923—1924 年发生的一场关于科学与人生观与玄学人生观问题的学术论争。见罗家伦《科学与玄学》。

不是说，近人不识理，而是过去的知识分子将自己的生命、文艺统一成战线，凝结成力量，在实学实用中保种救国。从大处看，自洋务运动起，中国人开始学习西方，在 1800—1949 年的 150 年里，近学日本，远涉英国、法国、德国、美国之学。在 1949 年到 1959 年，直接学苏联。

全面西化中的传统绘画人文境遇

以上谈论的问题是一个时代大体统中的社会转型问题，下面，我们谈谈文艺。

最早在日本的中国年轻人，特别是公费、自费留学生，是在李鸿章、张之洞等掀起的"自强运动"中走出去（也像康有为、梁启超这样的人是逃出去的），学习日本先进的造船、开矿、通信技术及现金的社会思想。他们在外界刺激与磕磕绊绊中产生的民族主义，蔓延到国内的工人、学生、文人中间，就是一股强大的力量，形成了民族精神。尤其是 1895 年甲午中日海战之后，纸面上处于优势地位的李鸿章的北洋军被打败，将国内外社会精英阶层的民族情绪点燃到了极点。在日本，康有为、梁启超，孙中山两系，代表了晚清思想家对政治、经济、文化等方面不同立场的变革思路。当然，这只是两种主要派别，留日学生的思想在派别之间及内部是多样的，复杂的。对于美术界来讲，高剑父、高奇峰也算画坛留洋派的一个缩影。革命派最初远没有康梁的影响，加上革新与革命是两种截然不同的思想与立场，故持这两种立场的人不是一路人，所以革命派起初被边缘化。

西方学者所认为，革命派的相似点源于基督。作为近代史的关键词之一，基督教（尤其是新教）带给中国的文明，应该是医学、教育方面的某些积极因素。它代表了外国先进的科学技术对中国的输入。我们经常所说的"西学"以及"新学"概念的历史背景，就基于此。拿医学方面来说，众所周知的北京协和医院、北京协和医学院是由传教士创建的。但这并不代表基督教对中国思想与教育的改变是彻底的，或有多重要。以乡村为根本的中国传统社会，士大夫阶层对外来宗教、外来文化的干扰，反应是缓慢的，或者说漠不关心。科举制度在 1905 年被废除后，私塾教育依旧是地方精英所推广的，儒家经典依旧是孩子们所必学的课程。与文学诗歌恰恰相反，绘画、书法在传统内涵与面目上，超乎寻常地有了发展，即便在五四文艺时期外国的思想、小说诗歌流派泛滥中国书摊，使得本土文学、诗歌大肆西化，或者完全模仿西方各种经典，但书画始终特立独行，不染尘俗。吴昌硕、齐白石、潘天寿、黄宾虹就能说明问题。

吴昌硕是海派的代表，出生在 1844 年，仙逝于 1927 年。从时间上来看，这个时间段，是晚清政府垂死挣扎与国民政府处于军阀割据最混乱的时期，中华民族经历着史无前例的外敌入侵与生死考验。尤其是"戊戌变法"与义和拳拳民运动失败后，列强对中国的瓜分，是吾国历史上从未面对过的。

两次鸦片战争以后，在吴昌硕定居前，上海已经成了公共租界。接着 1900 年，北京被十一国两千多人的杂牌军占领，我国的 18 个行省被迫承认鸦片贸易合法，且赔款各国共计 4.5 亿两白银，这就是所谓的庚子赔款，及其产生的庚子教育基金。4.5 亿就是四万万五千的意思，这是一个很耻辱的数字，大清朝的四万万五千同胞，每人必须承担 1 两白银（约合当时 0.75 美元），吴昌硕也不例外。

传教、"治外法权"（外国人在租界内不受中国法律约束，包括生活在租界里的中国居民，诉讼、纠纷案件由外国领事裁决。后来这种权利扩大到所有中国境内生活的外国人，包括本地的基督教徒也享有这种权利）是中国近代史的关键词。诸如这些权利，只要在城市海岸或者长江水面的一两艘铁皮军舰上架几门大炮，就能轻而易举地从手无缚鸡之力的清政府手里夺来，出现在条约里。宁波、汉口、九江、天津、青岛、抚顺等就是这么被夺走的。所以，生活在上海的海派艺术家，虽然在租界内享受着外国的治安保护，及经济繁荣所带来的生活稳定，且不受战乱干扰。但割地、赔款的家国、民族屈辱，让他们在抑郁中追思明代、唐代、以及秦汉，甚至先秦。

那么，就不难理解，为什么金石笔法与晚明遗民石涛、八大山人、渐江、髡残之艺术能够风靡近代绘画史至今，成为主流？

从吴昌硕、虚谷、蒲华、齐白石、傅抱石、潘天寿、李苦禅、李可染、张大千等大师到当代崔如琢，无不出于"四僧"，再上溯源头。与其说他们绘画中的高古是文化思想史发展到今天的必然，不如说这是近两百年来中华民族在历史挫折中体现出的民族精神与民族心理。就如本人在一些文章里说过的那样，之所以这些大师得到了历史的认可，是因为他们的笔墨将中华民族的精神境界写得最纯正、最完整、最强大。

吴昌硕代表了生活在租界内知识分子的忧郁，坚定；黄宾虹则代表了传统中国文人的孤傲与执着，体现了19世纪后期至中华人民共和国成立初期，传统自由文人对政治、外来文化的拒斥。即使在几波新文艺思想之后，他依然我行我素，不改绘画的内涵及面目；齐白石则代表了拥有乡村背景、乡村情趣、乡村教育的，以道释儒为本的中国非官方背景的文人本质。在20世纪50年代前，齐老这个群体没有受西化，或者说没有受形式杂乱的文艺思想影响。因此，他们的世界是道家之婴儿般的天真，无忧无虑。故齐老的画，多是以瓜果蔬菜、鱼虫虾蟹这些常见的民生问题为题材，这里面有现实的，也有思想史的原因。种种事实说明，乡村与民生问题是中国近现代史的根本问题，也是整部中国史的关键问题。然而，鸡犬相闻的农业社会里，儒家之人伦，老庄之逍遥无为皆是在这种宗族化、家庭化、人伦化、自由化、乡土化、生活化的氛围里生根发芽的。

与传统派形成鲜明对比的是留洋派。留洋派里两个最大的派系，一个是高剑父、高奇峰、陈树人三人为代表的"岭南画派"，一个是以徐悲鸿、蒋兆和为脉络的写实主义，后简称"徐蒋体系"。

高剑父、高奇峰、陈树人三人借用或者折中近代日本绘画风格，创立了独具特色的岭南画法，从此，广东画坛终于多了一个引以为傲的画派，同时也多了一个紧箍咒，自此开始走向表面上的繁荣，根本上的衰败。客观上，岭南创始人在格调上、笔墨上失去了与吴昌硕等代表的其他画坛的抗衡优势，媚俗成分已初显，尤其是商业与世俗价值。到了何香凝、关山月、黎雄才、杨善深、方人定、关良、赵少昂、黄幻吾等第二代岭南画家处，岭南绘画在意识上转向现实主义文艺，创作上不善传统书写、笔墨不够精练、亮点不够突出。再往下，当代岭南传统画坛基本上丧失了创作能力，前辈留下的家底儿只能当作一种遗产固守。

20世纪从广东走出来的画家有一个十分突出的共性，他们的时代担当意识大于绘画情趣。高剑父、高奇峰、陈树人、关山月、黎雄才、杨善深等两代艺术家都是借现代绘画观念来体现他们的时代立场。自岭南画派从20世纪初期形成体系之后，给人最大的印象除了绘画面目上明艳浓烈，日本因素是其主要特征。在那个借鉴西式经验救国、强国的迫切时代里，具有革命身份的岭南画派先驱者将日本明治维新以来的现代价值融进了自己的绘画，极具启示意义。由于20世纪初期中国文化在现代转型过程中带给岭南绘画在精神上的焦躁、气质上的柔媚这一弊端，如今，正考验着新一代岭南画家解决历史遗留问题的智慧。实际上，当代岭南画家所面临的此类问题，恰恰困扰着当代整个中国画坛。如果这一问题不解决，岭南画家在发扬历史文化优势的同时，也会放大其弊端。

近百年的文化转型史是一部中华民族的血泪史，绘画在抗战文艺、革命文艺中的作用比历史上任何时期都实用，徐悲鸿、蒋兆和、黄胄无疑是这两种文艺精神中最显著人物画家，也代表了一个历史时期，不同阶段的一大主流。他们的作品一改之前画史上的庙堂气息，用西洋技法将绘画从高深莫测的道释儒传统变成简单、易懂、直白的现实说理媒介，着实践行了艺术为人民、为特定阶级服务的精神使命。实际上，"徐蒋体系"，大处指统揽抗战、革命两大文艺路线的美学思想，具体处指以人物画占据主导地位的现代美学教学体制。而黄胄又是这种体系外，受这种美学思想影响的杰出现代绘画大家。这个脉络里的画家，大多遵循内容高于形式的文艺方针，用现实之笔墨，如实反映时代变迁过程中的社会心理、民族情绪、国家意志，并真诚地将历史典故、当下典型人物转化、塑造成激励增强民族自豪感、凝聚力的经典素材。

由于近百年人物画服务的对象主要是社会最基层群体，所以，徐悲鸿的《愚公移山》（1940 年）、蒋兆和的《流民图》（1943 年）、黄胄的《草原颂歌图》（1976 年）成了家喻户晓的时代文艺典范，真正地影响了人物画的发展方向和创作思想。时至今日，依旧笼罩画坛。好处是，文艺更好地为人民服务，让老百姓了解文艺，有了一定的文艺情趣。弊端是，画家的创作才情让位于现实需求，中国美学哲理、民众的美学意识西方化、社会化、通俗化。

由于留洋派艺术思想占据主流，使得 20 世纪中期，传统画家被迫急剧转型，并重新建立新的价值标准、新的思想意识及新的文艺立场。以史学的观点来看，此时，在内容高于形式的文艺环境里，小说、诗歌、散文、杂文、绘画、书法、戏曲充当了实用工具，文艺家的身份定位比较被动。

传统画家在 20 世纪中期的处境是非常艰难的，生存与创作举步维艰。潘天寿代表了刚正不屈的知识分子在现实里的悲惨遭遇，带着壮志未酬的遗憾离开了本该属于自己的时代。潘老是刚强的、沉郁的，是特殊时代里不被形势左右，最具圣贤气质的画家之一。他的艺术高度，不只在笔墨处，更重要的是将小我之境遇，上达到思想上、民族文化命运上。

传统文化复兴之路上的国家梦及个人梦

崔如琢代表了改革开放以来，对过去与未来进行了总结与思考的文化精英。这批人，具有兼收并蓄、发展的思想。从崔先生的作品能看得出，他对 20 世纪一系列存在弊端的文艺思想是直面与思考的，不管是其山水作品还是花鸟作品，都不迎合世俗。如《荷风盛世》，不见以往的世俗反映特征。就是说，当代画家的头脑是清晰的，对文化的继承、发展是豁达的、有方向的。

有一个不争的事实，当下对文人提供的生存、学习、创作环境是历史最好的。与过去不同的是，晚清、民国的民族主义与民族精神，是在战乱、饥饿、动乱、异化中产生的最基础的求生意识与抗拒本能，而今天是在解决了这些问题之后，知识分子超脱温饱，趋于精神、价值理想。随着习近平主席的"中国梦"的提出，当代文化、思想、艺术以前所未有的自信走向世界，崔如琢之指墨，在国际市场上屡受追捧，说明了这个问题。

今天，随着国力的提升，我国的文化已经得到了欧美强国的重视。与之前有根本性不同的是，有留洋经历的文人对民族文化更加自信。从崔如琢身上能看出近百年来留洋知识分子的精神转变。

当代社会精英的民族主义、民族情绪、民族理想与过去一脉相承。近现代知识分子心目中的汉唐理想，也是当代知识分子的文化奋斗目标。这个目标也好，理想也好，用当下的词叫"中国梦"。

2012年12月29日，当习近平主席在参观国家博物馆《复兴之路》展览时发表了《承前启后，继往开来，继续朝着中华民族伟大复兴目标奋勇前进》的讲话，提出的"中国梦"，唤醒了人们深沉的历史记忆，引起了世界各地华夏儿女强烈的共鸣，打动了13亿中国人的心。

习近平主席说："《复兴之路》展览，回顾了中华民族的昨天，展示了中华民族的今天，宣示了中华民族的明天，给人以深刻教育和启示。中华民族的昨天，正可谓'雄关漫道真如铁'。近代以后，中华民族遭受的苦难之重、付出的牺牲之巨大，在世界历史上都是罕见的。但是，中国人民从不屈服，不断奋起抗争，终于掌握了自己的命运，开始了建设自己国家的伟大进程，充分展示了以爱国主义为核心的伟大民族精神。中华民族的今天，正可谓'人间正道是沧桑'。改革开放以来，我们总结历史经验，不断艰辛探索，终于找到了实现中华民族伟大复兴的正确道路，这条道路就是中国特色社会主义。中华民族的明天，可以说是'长风破浪会有时'。经过鸦片战争以来170多年的持续奋斗，中华民族伟大复兴展现出光明的前景。现在，我们比历史上任何时期都更接近中华民族伟大复兴的目标，比历史上任何时期都更有信心、有能力实现这个目标。"

习近平主席指出："每个人都有理想和追求，都有自己的梦想。现在，大家都在讨论中国梦，我以为，实现中华民族伟大复兴，就是中华民族近代以来最伟大的梦想。这个梦想，凝聚了几代中国人的夙愿，体现了中华民族和中国人民的整体利益，是每一个中华儿女的共同期盼。历史告诉我们，每个人的前途命运都与国家和民族的前途命运密切关联。国家好，民族好，大家才会好。实现中华民族伟大复兴是一项光荣而艰巨的事业，需要一代又一代中国人不懈的共同为之努力。空谈误国，实干兴邦。我们这一代共产党人一定要承前启后、继往开来，把我们的党建设好，团结各族人民把我们国家建设好，把我们民族发展好，继续朝着中华民族伟大复兴的目标奋勇前进。"

国家梦、民族梦，落实在个人身上就是个人梦。且看崔如琢先生的"三个梦想"！

第二节　实现三个梦想的思路

2014 年，年逾七旬的崔如琢接受媒体采访时说，他有三个梦想：第一个梦想是艺术梦，梦想在艺术上超越历史；第二个梦想是民族梦，梦想作品在国际市场上超越西方的艺术大师，在价值上给民族艺术重新定位；第三个梦想是慈善梦，梦想成立世界性的"如琢人文艺术奖"，推动中华优秀传统文化走向世界。很多人质疑他的梦太过了，能否实现？不管实现不实现，他都要为此奋斗，让我们的民族艺术在世界上开花，让全世界对中国艺术重新认识①。

自己的艺术成就超越历史之思路

习近平主席在《在文艺工作座谈会上的讲话》中指出，胸怀大志的文艺工作者，应当以先贤为范，向经典看齐，不断进行学习和创新，在超越前人、超越自己的过程中，攀登艺术高峰。并要求艺术家有独辟

---

① 《书画大师崔如琢：文化是一个国家的灵魂》，《光明日报》公众号，光明网记者张薇，2014 年 7 月 18 日 11 时 48 分，https：//mp. weixin. qq. com/s？ src = 3&timestamp = 1644220511&ver = 1&signature = 383zuwdJ3hVabwMT＊7OXJ-OH6zAkf1jyLyF3XkTtZqbDulHCfoYe2QjUwc3lQdrdOS＊－－＊PIaAuuCwXrvy5L＊cxC9S8VEcb-jEHL1In86DzRN3wk4zEZS08Ol2DlMcjNV9HQOOOgFrey3GgBKtGIXw＝＝。

蹊径、开风气之先的勇气，敢于突破藩篱，大胆突破常规，勇于打破窠臼，发挥艺术个性，结合历史，结合时代，不断推出新的创意构思、新的题材内容、新的表现手法，言人所未言，发人所未发。陈寅恪有"四不讲"："前人讲过的，我不讲；近人讲过的，我不讲；外国人讲过的，我不讲；我自己过去讲过的，也不讲。现在，只讲未曾有人讲过的。"①崔如琢正是在新的文艺精神里得到启示，经深入思考后，才会有"不重复历史、不重复前人、不重复自己"的创作原则。在"三不重复"的基础上，诞生了一个梦想：他要在艺术上超越自己，超越前辈，超越历史。这正是新时代里，画家个人在伟大民族文化复兴进程中的艺术梦。

飞雪伴春，2014 年，281cm×198cm

---

① 《陈寅恪文集》，上海古籍出版社 2019 年版。

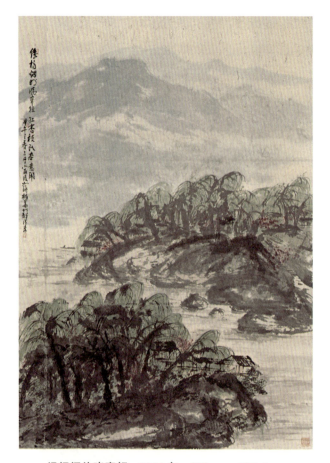

绿杨烟外晓寒轻，2014 年，283cm×197.5cm

崔如琢认为：

一、以历史为标准要求自己，确立努力方向。

我们这个民族的生命力特别顽强，四大文明古国现在就剩中国了。在这种形势下，每个炎黄子孙、每一位艺术家怎样给自己的历史文化重新定位，是一个非常重要的问题。我们的民族站起来，不能只靠 GDP，不能只靠经济，要靠我们五千年的文明和当下、未来的文化软实力。所以，画家创作时不能太微观，要站在历史的高度给自己提要求。当你用这种标准时候，就会有责任、使命在身，然后会确立努力方向。只有这样，我们的本土艺术才能够真正繁荣昌盛。

秋色无远近，2014 年，284.5cm×201cm

二、超越历史必须了解历史。

艺术不能故步自封，艺术家到最后难的是超越自己的美学思想、绘画语言、绘画风格和艺术境界。对于传统要继承，不继承，创新是空洞的。但继承的本质是求发展，只有发展了，艺术才有生命力。因为我们生活在新的时代，所有的方面都改变了，和历史拉开了距离。他一直给学生讲，不要学老师，否则，永远超越不了老师。要学历史，因为历史上有很多伟大的艺术家，他们在各个领域取都得了伟大的成就。现在很多人不这样做，反而学具体之一家，这是近百年来美术界存在的一个弊端。如齐白石，齐白石是伟大的。但齐白石的学生大概一提就是李苦禅

万山飞雨，2014 年，283cm×198cm

和李可染。因为，他俩在老师的基础上有了很大的突破。当我们谈到吴昌硕，立刻想到另一个伟大的画家潘天寿。潘天寿是吴昌硕诸多学生里的一员，大家总觉得其他人是在模仿，在创作形式上没有离开吴昌硕，更谈不上超越。而潘天寿不是，他有自己的理论和创作风貌，在艺术上完全是开创性的。"我们必须反思，不能超越老师，就是说，你的创作学习的方法是错的。不是你没有才华，而是你的努力、学习方法，和美学思想都是有问题的。所以，我奉劝学习艺术的朋友们，应该把学习的精力放在中国的历史上。要向历史学习，向历代艺术大家们学习，来认识历史，改变自己。这样的话，画家的艺术才有可能超越历史。现在，很多艺术家的画在不断地重复，重复自己、重复老师，或者重复画史上的某一家。因为他不研究历史，不做收藏，不懂鉴赏，就认为老子天下第一。所以，这种孤陋寡闻，'无知无畏'的陋习，应该改变。"①

八十岁前，画价超越西方所有的艺术大师之思路

崔如琢认为，市场价格的高企不仅可以提高艺术家的生活品质，让艺术家有更多的精力创作，同时也利于中国文化的推广。"如果一件作品成交过亿，肯定有很多人关注，这些人会去了解一幅画贵的深层次的文化内涵。"实际上，"艺术作品的价格问题，一定程度上反映出对其内在价值的重视与认可"。国外拍卖行动辄以数亿美元拍出毕加索、凡·高、达·芬奇、莫奈等的一张画，而我们近百年的艺术大师作品的价位从 1980 年到现在涨到数万倍的情况下，还与西方艺术大师的作品拍卖价格比相距甚远。

西方艺术在国际市场上占主流地位，对中国艺术领域的影响是不言而喻的。崔如琢忧虑："对于外来文化，中华民族从来都有着一种兼收并蓄的雍容大度。可时至今日，这种恢宏气度与开放精神，正日益弱化。不少知识分子面对西方的冲击，对我们的传统文化所采取的是一种虚无主义态度。因为，他们觉得中国落后、西方先进，故一味地盲目崇拜，盲目向往。外来艺术我们可以从事和发展，但是，我们对自己民族艺术没有准定位，不可忽视它的高度。这一点，很多学者，包括美术青年、我们的后辈不见得很清楚。学习西方的东西，能不能学好？学到超越西方？这里需要打个大问号。"近几年，很多人谈论艺术的时候，往往提到西班牙的毕加索和荷兰的凡·高，还有法国的雷诺阿等西方的艺术大师，但很少关注中国的历史名家。甚至，在国内重要学术会议上，

① 《书画大师崔如琢：文化是一个国家的灵魂》，《光明日报》公众号，光明网记者张薇，2014 年 7 月 18 日 11 时 48 分，https：//mp.weixin.qq.com/s? src=3&timestamp=1644220511&ver=1&signature=383zuwdJ3hVabwMT * 7OXJ-OH6zAkf1jyLyF3XkTtZqbDulHCfoYe2QjUwc3lQdrdOS * - - * PIaAuuCwXrvy5L * cxC9S8VEcb-jEHL1In86DzRN3wk4zEZS08Ol2DlMcjNV9HQOOOgFrey3GgBKtGIXw = = 。

都以西方艺术、艺术理论为标准。这是西方艺术市场的天价影响和国内文化西化的结果。为什么全世界非艺术界的人都知道毕加索和凡·高，就是他们两人的作品，是最早过亿美元的。所以从这种意义上讲，拍卖市场不应该是个人行为。一个画家的拍卖市场成果是否辉煌，对整个民族的文化艺术发展，起到非常大的历史作用。

我国的拍卖事业仅20年历史。当前，我们的艺术家对拍卖事业有一种曲解和偏见。一直到今天，仍有的一些艺术家只当它是一个市场，其艺术应像传统文人一样，跟市场脱钩才算高尚。实际上，我们的文化产业，其中包括拍卖市场，在中国今后的发展中，非常重要，带有战略意义。

文化的复兴要伴随着经济复兴。我国的 GDP 和经济总量十几年后必会超越美国，成为世界第一。但如何让全世界重新认识我们伟大的祖国，认识我们五千年的历史文明和当下的文化软实力，是个很重要的问题。而拍卖市场，会从另一个角度向世界展现我们这方面的优势。今后，我们整个文化产业能否伴随着经济的改革和复兴走在前面，让全世界各国人民，尤其一些欧美发达国家重新认识我们。我们不只是经济上回到汉唐盛世，而且我们的文化艺术同样如此。我们的 GDP 不只是包括我们的工业产品和科学产品，还有文化艺术产品。到了那时，美国人、欧洲人、日本人、俄罗斯人，会回到他们以前的崇拜。崔如琢相信，未来十年，中国艺术品市场会迅猛发展，齐白石、傅抱石、李可染以及石涛、八大山人等历史名家的作品，在国际市场、学术地位上所取得的伟大成就是我们现在想象不到的。"200 年历史的美国，不会再谈毕加索和凡·高，他们一谈就得谈到中国的青铜器、中国的石雕、中国的书法、中国的绘画，和中国许许多多的艺术品。因为，我们的艺术品将会在世界上创造几百亿几千亿的价格。而且，每一件艺术品都将远远超过毕加索和凡·高。西方再谈起来艺术品的时候，美国也好，欧洲各国也好，日本也好，最贵的是中国艺术。美国也会想为什么这么贵？我们会说，这件青铜器是三千年前的，这个石雕是两千年的。然后美国一想，哦，我们才两百年，人家是三千年，这个时候，他自己就给自己定位了，我们中华民族才能真正地复苏，才能真正地立足于民族之林。"他希望，中国的画家团结起来进军世界艺术品市场，让我们民族的艺术放射出新的光芒，将艺术作品作为媒介，让全世界看到已经站起来的中国！他更梦想，80 岁时其作品的艺术高度和单幅价格能够超越西方的毕加索和凡·高！看似有些狂妄的内心，实为民族文化自信的一种表达，民族文化复兴梦的一种标志罢了。

面向世界成立 "如琢人文艺术奖" 之思路

崔如琢的第三个梦想，代表百年中国知识分子的 "中国信心"，他期望，在中华民族伟大复兴的过程中，中华民族的文化艺术标准、美学标准，应是富有历史渊源的本土文化，而不是西学。所以，打破西学牢笼，增强民族文化自信、自尊，是崔先生设立 "如琢人文艺术奖" 的主要根源之一。这样，中华民族文化像 20 世纪之前一样，独领风骚数千年，为世界文明做出贡献。

空谈误国，实干兴邦。只有实干，中华民族才能迎来复兴的那一天。崔如琢的第三个梦想是一项十分艰巨的任务，不过，他已经迈出了第一步，"故宫学院中国画研究院" 已于 2016 年 7 月 16 日正式成立。这是一所具有新时代背景的传统中国画研究院。

除此之外，开办杂志也是计划之内的事情。对历史比较敏感的人会发现，19 世纪文人士大夫阶层，尤其是城市知识分子对这种理想更执着，更狂热。晚清和民国，书院、学堂、教育基金、研究院、杂志是中国近代的思想启蒙、教育的关键。可是，这些大多是在外国资金、外国专家的资助与指导下进行的，北京的清华大学、台湾的东吴大学就是在庚子赔款教育基金的作用下建立起来的。这些事实只要提起来，就会深深地刺痛每一位中国人的心，同时也是激发这一百多年来有识之士自强不息的历史记忆。而崔如琢都是自己出资修建艺术研究院、开办艺术活动等，为热爱艺术的人们争取创造最好的学术自由环境。从而推广传统，培养优秀人才。他的想法是："如何按照老师的教导推陈出新？培养一批优秀的、让世界瞩目的中国艺术家。"当然，做到这一点非常难。所以，崔如琢的这个梦想想要变成现实，还需要很长的路要走！

崔如琢认为，改革开放 40 年，让中华民族真正站了起来，中国的GDP 已经占世界第二位。在这伟大的时代，习近平主席又提出"中国梦"，作为一个艺术家，应该积极响应中央号召，跟上时代步伐。只有这样，才能不辜负祖国的养育之恩，不辜负自己是炎黄子孙。接下来，他立志行动起来，在中国香港、中国台湾、新加坡、马来西亚、韩国、俄罗斯、英国、德国、法国、美国、加拿大展览，把中国的艺术推向世界，改变"以洋为尊""以洋为美""唯洋是从"的现实弊端！

第三节 "太璞如琢——崔如琢艺术俄罗斯巡展"

经历了日本、中国香港、中国台湾、俄罗斯圣彼得堡（于 2016 年 9月 12—25 日）展览后，2016 年 10 月 6 日，"太璞如琢——崔如琢艺术俄罗斯巡展"在俄罗斯最大的展览馆——莫斯科马涅士国家展览中心举行，这是华人艺术家第一次走进俄罗斯举办的史无前例的展览。对于俄本土的艺术家来说，能在这里举办展览，是他们一生的理想与至高的荣誉。开幕仪式按照当地的习俗在晚上举行，中国驻俄罗斯外交大使李辉，俄罗斯联邦总统国际文化合作事务代表米哈伊尔·施维特科依，俄罗斯总统文化顾问弗拉基米尔·托尔斯泰，圣彼得堡列宾美术学院院长西蒙·米哈伊洛夫斯基，俄罗斯美术家协会荣誉主席、人民画家瓦连京·西德罗夫，俄美术家协会主席、人民画家安德烈·卡瓦尔丘克，以及日本阳光财团理事长、日本崔如琢美术馆馆长关口胜利先生，招商银行原行长马蔚华先生等世界各地重要人士出席了画展开幕式，并参观了展览。俄罗斯联邦文化部部长弗拉基米尔·梅津斯基为此次展览发来了贺词。

李辉大使致辞时说："文化的交流是国与国之间真正的交流，崔如琢的艺术代表了当代中国绘画的最高水平，作为世界最有影响力的华人

崔如琢俄罗斯展览

艺术家，他对中国传统文化的发展与弘扬，不遗余力地做出了贡献。当前中俄关系处于历史最好时期，两国领导人高度重视人文领域合作。使馆将积极落实两国领导人达成的共识，促进此类大规模展览在两国互办。"

日本阳光财团理事长，崔如琢美术馆馆长关口胜利先生说："崔如琢是21世纪的世界级艺术巨人，他的绘画征服了日本、俄罗斯，也正在征服全世界。东方文化一定能在全球绽放光彩。"

列宾美术学院院长西蒙·米哈伊洛夫斯基说："列宾学院之所以极力促成这个展览，是因为崔如琢的作品征服了我们，俄罗斯画家从没有举办过如此盛况空前的展览。崔如琢的作品中传达出现代性和古老传统相互融合的表现力，超越了欧洲人印象中中国既往的传统绘画的面貌。毫无疑问，他是一位传统主义者，在他背后是中国艺术的悠久历史。同时，他是一个敢于创新的人，也是当代世界艺术进程的推动者之一。为什么俄罗斯观众期待给崔如琢举办这一展览？因为在其一系列瀑布、森林、竹林、陡峭的悬崖、长满茂密芦苇的河谷中，俄罗斯人会看到真实的中国大地，中国的美丽和清雅会让他们永远不会厌倦。本次展览犹如一个复杂的棋局，大师和观众下了一盘严谨、生动、优雅的棋，将观众置身于深深地黑暗中，他几乎不用看棋盘就从容不迫地赢得了棋局，纯粹的喜悦取代了混乱和误解。俄罗斯给崔先生举办展览，首先是对艺术家、对其代表的文化的尊重，又是写给所有古老本土文化的代表者和守护者的一封信。"

列宾美术学院院长西蒙·伊里奇·米哈伊洛夫斯基在
"太璞如琢——崔如琢艺术俄罗斯巡展"展览现场

88 岁高龄的俄罗斯美术家协会荣誉主席、人民画家瓦连京·西德罗夫说："我研究过齐白石、李苦禅大师的绘画，虽然未曾谋面，但也了解崔如琢先生，知道他是国际最有影响的当代大画家。作为齐白石、李苦禅这一师脉，他的艺术让我震惊，超越了欧洲人印象中的中国绘画史上的传统绘画，我打算向他学习中国画。"

学术研讨会在画展开幕的第二天下午 5 时举行，来自中国、法国、德国、日本等国的学者做了发言，并与观众进行了互动交流。会场座无虚席，有俄罗斯艺术界的朋友，也有大学生等。一些观众不顾自身健康情况，慕名前来参加活动，其中一位长者在会议进行到一半，听到激动处，发病抽搐了起来，后在邻座的帮助下平静了下来，但他还是不愿离开，继续听讲。另一位坐在前排的女艺术家因为疾病而失明，再也无法执笔作画。令人感动的是，她说她以前接触过中国画家，但唯有崔先生这次带给俄罗斯人的中国水墨画给了她艺术希望，即使现在她看不见，也要学习中国画。

会后，俄罗斯联邦艺术科学院向崔如琢颁发了名誉院士称号，这是继已故国画大师潘天寿之后，第二位华人艺术家得到的此项殊荣。该奖是俄罗斯艺术领域的最高奖项，专门颁发给在艺术领域有突出贡献的画家。巧合的是，两位画家都兼善指墨，在传统绘画方面有重要的历史地位。令人兴奋的是，出席本次颁奖典礼的列宾美术学院院长西蒙·米哈伊洛夫斯基手捧着尚未开封的证书，向到场的嘉宾宣布：列宾美院教授以全票通过的方式，聘请崔如琢为列宾美术学院名誉教授。

此次展览可谓是莫斯科的一次大事件。位于克里姆林宫不远处的新阿尔巴特大道是莫斯科最重要的两条主干道之一，这是普京总统及俄国政要上下班要经过的地方。大道旁长 100 米、高 5 米的巨型电子显示屏上持续播放着崔先生的展览信息，65 米雪景山水长卷《瑞雪丹枫溪山无尽》里的红叶，将这个本来就提前进入冬季的街道，映衬得充满活力，道路上经过的车流里总有人将手伸出车窗外拍照，对面商场边路过的行人，带着俄罗斯的浪漫，摆着各种造型留影。这种西方城市的街道

2016 年 9 月 27 日俄罗斯艺术科学院授予崔如琢荣誉院士称号

夜景，虽然不像以往充满宗教色彩的圣诞节氛围，但中国味道让本地人感受别样的喜庆。

近百年来，中俄历史上两次意义深远的民间文艺交流，一次是1935 年梅艳芳以戏剧演出的方式访苏，一次是 2016 年崔如琢访俄。有意思的是，梅老与崔先生的访俄，只是他们文艺访欧计划的一部分，且都将俄罗斯作为第一站。这里面有地理的、历史的、文化的因素。

放眼历史，梅兰芳之访苏，崔如琢之访俄，艺术之本来精神多一些，文人也都处在创作自由的最好阶段，他们都在寻找自己的文化梦与中华民族在世界中的文化定位和身份认同。

文艺作品是让外国了解中国，让中国文化"走出去"的良好载体。崔如琢响应民族复兴的伟大战略精神，用优秀的作品向世界积极传播当代中国人的价值观念、审美追求和中华文化精神。他在讲好中国故事、传播好中国声音、阐发中国精神、展现中国风貌的同时，尝试让世界各

2016 年 10 月 13 日俄罗斯列宾美术学院

授予崔如琢先生荣誉教授称号

国人民通过其作品加深对中国的认识，增进对中国的了解。

美国艺术家、批评家罗伯特・C. 摩根认为，崔如琢的艺术似乎指向了某种精神转换，其内在的"气"通过作品上升到了民族精神与当下的民族理想，从某种程度上，这正是西方社会亟须掌握的对于超越现代主义的中国人的美学哲学与人生、生活理念。

60 米山水长卷《瑞雪丹枫溪山无尽》是"太璞如琢——崔如琢艺术俄罗斯巡展"中最静默有力的作品。罗伯特・C. 摩根在现场通过近一个小时的仔细品味，体会到了艺术家在创作时的内敛与克制，以及诉诸美学意义上的即兴创作。与西方绘画艺术恰恰相反，中国写意画讲究画家的精神内涵与长期的笔墨锻造。

"无念"的形态与禅宗往往紧密相连，在《瑞雪丹枫溪山无尽》中无处不在。雪景在中国传统绘画中一般具有精神指向，而此作中的小径、巉岩、树木、零星散落的红叶则为画面烘托出更为宏大的气韵。气韵的构造和流动考验着一个艺术家的修为，而势的转折、潜藏和释放，更像是一章弦乐的起承转合。

当我们重新观看这幅体量惊人的画作，从着墨厚重的区域出发，似乎能够听到艺术家的手掌落在宣纸上发出的重击声，在彼此的交融中，一片浓密玄化的景致得以显现。值得肯定的是，崔如琢技艺的精湛在于他了解应该于何处停顿：皑皑的白雪覆盖着山坡，苍朴又多变的松柏傲立于风暴之中。景与景变换交错的罅隙间似乎蕴含着虚与实的朴素哲学，从而使画面具有了更深层意味的道德指向。

从近代到当下，中国知识分子一直在文艺上尝试体现个人或者民族的精神转向与道德志向，今天，崔如琢的作品让西方人意识到，传统文化将会和20世纪之前那样，重新占据世界文艺舞台。

令人欣慰的是，"太璞如琢——崔如琢艺术俄罗斯巡展"让我们看到了中国知识分子在传统文化伟大复兴的道路上，迈出了实质性的具有历史意义的一步，西方人在崔如琢的作品里和崔如琢的身上，觉察到了一个充满梦想、希望、文明进步的中国。